KB107025

# 1일 1지식

짧은 시간, 넓은 지식

# 1일 1지식

짧은 시간, 넓은 지식

**초판 1쇄 발행** 2022년 8월 13일
**2쇄 발행** 2023년 8월 20일

**지은이** 김대웅
**펴낸이** 김형호
**펴낸곳** 아름다운날
**편집책임** 조종순
**북디자인** Design이즈

**출판등록** 1999년 11월 22일
**주소** (05220) 서울시 강동구 아리수로 72길 66-19
**전화** 02) 3142-8420
**팩스** 02) 3143-4154
**e-mail** arumbook@hanmail.net
**ISBN** 979-11-6709-013-3 (03100)

# 1일 1 지식

김대웅 지음

# 짧은 시간, 넓은 지식

아름다운날

## 머리말

이 책은 서양문화의 양대 산맥인 헬레니즘(Hellenism, 주로 신화)과 헤브라이즘(Hebraism, 성서)에서 비롯된 고사와 일화 그리고 고대에서 현대에 이르기까지 유명한 사람들의 명언들을 소개한 것이다. 이것들은 역사의 한 페이지를 장식하기도 했고, 또 어떤 것들은 우리의 일상생활 속에 스며들어 사람들의 입에 오르내리며 교양인의 필수 지식으로 자리잡기도 했다.

하지만 이런 고사들과 일화들 그리고 그들이 남긴 말들이 과연 어떤 배경에서 나와 어떤 의미를 지니게 되었는가를 정확히 알고 있는 사람은 그리 많지 않다. 이 책의 목적은 바로 그러한 배경과 의미를 충실히 전달함으로써 우리가 교양인으로서 생활하는 데 도움이 되도록 하는 것이다.

혼돈(Chaos, 카오스) 속에서 우주(Cosmos, 코스모스)가 생성되고 세상에 신과 인류가 탄생했다. 그 후 신의 후광을 입은 인간은 자신의 노동을 통해 문명을 일구어냈으며, 흥망성쇠를 거듭하는 과정을 거쳐 현대의 물질문명으로까지 나아갔다. 그리고 인간은 그러한 역사 속에서 수많은 일화와 말들을 남겼다. 구슬 한 알 한 알이 꿰어져 목걸이가 되듯이, 이 주옥 같은 말들은 비록 단편적일지라도 하나씩 모여 역사를 일구어냈던 것이다.

인류의 역사에 남은 이 말들은 오늘날 복잡한 정보화 시대를 살아가고 있는 우리에게 때로는 자극을 주고 우리의 삶을 반영해주는 거울이 되기도 하며, 때로는 위안을 주는 지식의 길라잡이이자 교양의 보물창고 역할을 톡톡히 하고 있다.

상당량의 사진과 그림 그리고 일러스트가 실려 있는 이 책은 편의상 신화 편, 성서 편 그리고 시대 순으로 고대 편, 중세와 르네상스 편, 근대 편, 현대 편으로 구분해놓았다. 하지만 독자 여러분들은 아무데서부터 읽어도 상관이 없다. 그리고 책 마지막에는 요즘 우리들이 자주 인용하는 라틴어 관용구도 영어와 우리말로 번역해놓았다. 필요할 때 요긴하게 사용했으면 한다.

끝으로 이 책이 나오기까지 애써주신 출판사 사장님과 편집장님께 다시 한번 감사의 말씀을 드린다.

김대웅

# 1일 1지식

## 짧은 시간, 넓은 지식

머리말 _4

# 1

## 신화 편 _13

# 2

## 성서 편 _103

# 3

# 4

## 중세와
## 르네상스 편 _211

# 5

**I WANT YOU**

**TO TELL YOUR FRIENDS ABOUT THIS!**

# 6

## 현대 편 _353

# 1

## 신화 편

# DAY 001 | 카오스와 코스모스

READ ☐

그리스 인들은 우주가 태초에는 무질서한 혼합물로 구성되어 있을 것이라고 상상했다. 그래서 이것을 '입을 벌린 구멍'이라는 뜻의 chaos(혼돈, 무질서)라고 불렀다. chasm[공백(blank), 빈틈, 간격(gap)]의 어원도 chaos이다. 여기서 유래된 '카오스 이론(chaos theory)'이란 겉으로 보기에는 불안정하고 불규칙적으로 보이면서도 나름대로 질서와 규칙성을 지니고 있는 현상들을 설명하려는 것으로, 자연의 무질서나 혼돈 현상을 그대로 두지 않고 그 속에서 질서와 규칙을 찾아내 이를 해석하려는 사고의 대전환 이론이다.

카오스 이론을 소개하면서 가장 많이 등장하는 것이 '나비 효과(butterfly effect)'이다. 이것은 1963년 미국의 기상학자이자 수학자인 에드워드 로렌츠(Edward Lorenz, 1917~2008)가 기상 현상을 이해하기 위한 연구 과정에서 처음 발견했는데, 브라질 상공에서 나비 한 마리가 펄럭인 영향이 몇 개월 뒤 텍사스에서 토네이도를 가져올 수 있다는 것이다. 즉 초기 조건의 미세한 차이가 증폭되어 엄청난 변화를 가져올 수 있다는 원리로, 후에 카오스 이론의 토대가 되었다.

지금부터 약 500년 전 석탄에서 발생하는 증기를 발견했던 플랑드르의 화학자 헬몬트는 그 명칭을 chaos에서 따왔다. 그는 ch를 g로 바꾸고 o를 탈락시켜 gas라고 불렀던 것이다. 자동차 연료인 휘발유도 액체 상태로 방치해두면 기체로 바뀌기 때문에 gasoline이라고 하며, 줄여서 gas라고도 한다. 그래서 미국에서는 주유소를 gas station이라고 부른다.

이후 카오스에서 형태가 갖춰진 물체 kosmos(코스모스)가 창조되었는데, 그리스 어로 '질서(order), 조화(harmony), 정연한 배열(arrangement)'을 뜻한다. 라틴 어에는 k가 없기 때문에 c를 대신 썼는데, 영어로도 코스모스(cosmos)라고 표기한다. 오늘날에는 우주(universe)를 cosmos라고도 부른다. 형용사 cosmic은 '우주처럼 넓고 무게 있는'이라는 뜻이 있어 cosmopolitan은 '자신을 세

에드워드 로렌츠

계 전체의 일부로 보는 사람', cosmopolitanism은 '사해동포주의(四海同胞主義)'를 뜻하며, cosmic rays[우주선(宇宙線)]라는 단어에도 쓰인다.

Cosmos는 얼굴을 정연하게 배열해주는 도구들, 즉 파우더, 크림, 립스틱, 마스카라 등을 가리키는 코스메틱(cosmetic, 화장품)이라는 단어도 탄생시켰다. 여자들이 화장하는 모습을 보면 마치 카오스에서 코스모스를 창조해내기 위해 혼신을 다하는 것처럼 보이니 아주 그럴듯한 표현이라 할 수 있다.

# DAY 002 | 가이아와 우라노스

그리스 신화를 보면 카오스에서 탄생한 최초의 존재는 인간이 아닌 신 가이아(Gaia)와 우라노스(Ouranos)이다. gaia는 그리스 어로 '대지'를 뜻하고, ouranos는 '하늘'을 뜻한다. 그리스 인들은 대지를 여성으로 인식하여 가이아는 '대지의 여신'으로 간주했으며, 우라노스는 그에 대응하여 '하늘의 신'으로 여겼던 것이다.

Geography(땅에 대한 설명, 지리, 지리학), geology(땅에 대한 학문, 지질학), geometry(땅에 대한 측정, 기하학) 등 'geo-'로 시작하는 단어들은 바로 이 고대의 여신에서 유래된 단어들이다. 지구가 우주의 중심이고 태양과 달, 행성은 지구 주위를 공전한다는 프톨레마이오스의 이론은 geocentric theory(지구 중심설, 천동설)라 하며, 지표면이나 지구 내부의 물리적 과정, 열이나 자성 또는 해류나 대기의 움직임 등을 연구하는 학문은 geophysics(지구물리학)라고 한다.

로마 신화에서 Terra 또는 Tellus는 '대지의 여신'으로, 가이아와 동일시했다. 이 여신은 terra(땅, 토지, 대지), terrain(영역, 분야), territory(영토, 영지)라는 단어에 자신의 흔적을 남겼다. 그리고 형용사 terrestrial[지구상의, 세속적인 ↔ celestial(하늘의, 거룩한, 옛날 중국의)]에 라틴 어 접두어 extra(외부)가 붙으면 '외계인', '외계에서 온 생명체(ET)'를 뜻한다.

우라노스에서 유래한 단어 uranography는 천체의 별자리를 설명하는 것을 말하며, uranology(astronomy)는 천문학을 말한다. 특히

1781년 독일계 영국인 천문학자 윌리엄 허셜 경(Sir Frederick William Herschel, 1738~1822)은 새로운 행성을 발견한 뒤 Uranos(천왕성)라고 이름 붙였다.

월리엄 허셜

　이어 1789년에는 화학자 마르틴 클라프로트(Martin Heinrich Klaproth, 1743~1817)가 새로운 금속을 발견해 uranium(우라늄, 방사능 금속 원소)이라고 불렀다. 이 우라늄은 1945년 일본의 히로시마(8월 6일)와 나가사키(8월 9일)에 투하된 원자폭탄으로 유명해졌고, 결과적으로 가장 오래된 그리스 신이 가장 치명적인 살상 무기와 관련된 이름으로 지금까지 살아남게 되었다.

# DAY 003 | 티탄족

파괴적인 힘을 가진 티탄족들 중 키클롭스(Cyclops, 복수는 Cyclopes, 키클로페스)는 그리스 어로 Cycl(cycle, 원, 고리, 순환)과 Op(optical, 눈, 시력, 광학)의 합성어이다. 즉 '둥근 눈'이라는 뜻인데, 이마 한가운데에 커다란 눈이 달려 있는 외눈박이들이었다. 우라노스와 가이아 사이에서 태어난 이들은 '브론테스', '스테로페스', '아르게스'라 불리는 삼형제였는데, 각각 '천둥(thunder)', '번개(lightning)', '벼락 (thunderbolt)'을 뜻한다. 이들은 화산 속에서 주물을 담당하는 대장장 이였다. 그래서 고대 그리스 인들은 화산에서 가끔씩 우르르 하는 이상한 소리가 들리면 바로 이들의 소행으로 여겼다.

또 티탄족들 중 올림포스 신의 편을 든 이들은 손재주가 뛰어나 제 우스에게는 번개(Astrape)를, 포세이돈에게는 삼지창(Triana)을, 하데스 에게는 마법의 황금 투구(Kynee)를 만들어주어 티타노마키아 (Titanomachia; 티탄족과 올림포스 신들과의 전쟁)에서 올림포스(Olympos) 신족들이 거인족들에게 승리를 거둘 수 있도록 해주었다.

이 밖에 키클롭스들은 그리스 초창기에 가장 강력했던 두 도시 미 케네와 티린스의 성곽을 건설한 것으로 알려졌다. 그리스 인들은 어떻게 엄청나게 큰 바윗덩어리들을 그토록 잘 짜맞출 수 있었던 사람들이 누구인지 궁금했다. 그리고 한참을 고민한 끝에 그런 성곽을 쌓을 수 있는 족속은 오로지 키클롭스들 같은 거인뿐이라고 결론지었다. 지금도 흙 반죽이 아닌 거대한 돌덩어리로만 건설된 성벽을 사이클로피

안 월(cyclopean wall)이라고 부른다.

엄청난 양의 지식이 담긴 백과사전 (cyclopedia, encyclopedia), 회오리바람이나 인도양의 열대성 저기압 cyclone, 자전거나 순환, 주기라는 뜻의 cycle도 모두 키클롭스에서 나온 단어들이다.

이처럼 우라노스와 가이아의 거인 자손들 가운데 가장 중요한 존재는 바로 티탄족이다. 그리스 인들은 그들을 엄청난 체구의 거인들로 생각했기 때문에 타이탄(titan)은

〈키클롭스〉, 요한 티슈바인, 1802

자이언트(giant)와 동일한 뜻을 갖게 되었으며, 따라서 gigantic이라고 묘사할 수 있는 것은 대부분 titanic으로 바꿔 쓸 수 있다.

1911년 당시로서는 굉장히 큰 초호화판 여객선이 건조되었는데, '타이타닉(Titanic)'이라고 이름 붙였다. 1912년 4월 10일 영국의 사우샘프턴 항구를 떠나 뉴욕으로 첫 항해에 나선 이 배는 4월 14일 북대서양 뉴펀들랜드 남쪽 해역에서 빙하에 부딪혀 세 시간 만에 가라앉고 말았다. 2,223명의 탑승객 가운데 1,517명이 익사했던 그날의 참사는 유사 이래 가장 큰 선박 사고로 기록되었다.

만약 배의 소유주들이 신화에 대해 조금만 알고 있었더라면 그토록 허영심 가득한 이름은 피했을 것이다. 신화에 나오는 티탄 족들은 모두 '파괴적 행위'를 담당했기 때문에 이 이름을 사용하는 것이 아주 불길한 징조라는 것을 잊고 있었던 것이다.

1789년 영국의 목사이자 지질학자인 윌리엄 그레거(William Gregor)는 새로운 금속을 발견했는데, 이 금속은 클라프로트의 제안에 따라 'titanium(티타늄)'으로 명명되었다. 우연의 일치겠지만 티타늄은 원래

영국의 사우샘프턴 항구를 떠나는 '타이타닉' 호

불순물과 섞여 있으면 잘 부서져 그리 쓸모가 없는 금속이다. 하지만 화학자들이 티타늄을 아주 순수한 상태로 만드는 데 성공하면서 매우 단단한 금속이 되었다. 따라서 티타늄은 그 '엄청난(titanic)' 강도에 걸맞은 이름이라 할 수 있다.

이 밖에 'The weary titan(기진맥진한 타이탄)'은 영국이나 구 소련처럼 '전성기가 지나 기세가 꺾인 대국'을 가리킨다.

# DAY 004 | 크로놀로지

티탄 족 가운데 가장 강력한 존재는 크로노스(Cronos)였다. 크로노스는 티탄 족을 이끌고 아버지 우라노스에 맞서 반란을 주도했다. 그러자 어머니인 가이아는 아들 크로노스에게 '스퀴테(Schythe)'라는 거대한 낫을 건네주며 우라노스를 죽이도록 사주했다. 최초의 철기 문화를 가졌던 스키타이 족(Scythian)이라는 이름도 바로 이 낫에서 유래되었다.

Cronos라는 단어는 그리스 어가 아니라 선주민의 언어이다. 하지만 사람들은 그리스 어 chronos(시간)와 어원이 같을 것이라고 생각하고, 그 때문에 사람들은 크로노스를 '시간의 신'으로 여기기도 하는데, 전혀 관련이 없다. '자식을 낳는 족족 모두 잡아먹는' 크로노스의 행위와 '모든 시작을 말끔히 없애버리는' 시간의 의미를 동일시하여 그를 '시간의 신'으로 여기는 사람들도 있는데, 여기서 유래된 단어로는 chronology(연표, 연대기), chronometer(정밀시계), chronograph(스톱워치), chronic(만성의, 오래가는) 등이 있다.

아마도 그리스 인들이 정착하기 이전에 살던 주민들에게 크노로스는 '농경의 신'이었을 것이다. 아버지 우라노스를 살해할 때 썼던 스퀴테는 곡식을 수확하기 위한 도구였기 때문이다. 그래서 로마 인들은 사투르누스(Saturnus)라고 불리는 '농경의 신'을 크로노스와 동일시했다. 그들은 12월 17일부터 23일까지의 일주일을 축제기간(saturnalia)으로 정하고 사투르누스를 기리며 즐겁게 보냈다. 하지만 이 기간 중에

〈스퀴테로 우라노스를 거세하는 크로노스〉, 조르지오 바사리, 16C

지나친 방종과 과음이 만연하는 바람에 결국 saturnalia는 '야단법석'이나 '방종과 과음이 판치는 파티'라는 뜻으로 변질되었다.

망원경이 없었던 당시에는 그리스 인들에게 알려진 행성 중 여섯 번째 행성인 토성(土星)이 지구로부터 가장 멀리 떨어져 있었고 운행이 느려 늙은 신인 크로노스를 토성과 관련지어 생각했다. 로마 인들은 이 행성을 Saturn(새턴)으로 명명했고, 지금까지 사용하고 있다. 여섯 번째 날인 토(土)요일(Saturday)도 농경이나 흙과의 연관성을 잘 보여주고 있다.

토성의 영향을 받고 태어난 아이를 'saturnine baby'라 하는데, 이 낱말은 토성이 무거운 납의 성질과 연결되어 있기 때문에 '무뚝뚝한(blunt)', '음울한(gloomy)'이라는 뜻이 있다. saturnine[lead] poisoning도 '납중독'이라는 뜻이다.

DAY
**005** | 아틀라스

아틀라스(Atlas)가 티탄 족의 후손인지 아닌지는 확실하지 않다. 고대 그리스 신화 중에는 그를 우라노스의 아들이자 크로노스, 오케아노스, 이아페토스 등의 티탄 족과 형제지간으로 묘사한 것도 있지만, 그를 이아페토스의 아들이자 우라노스의 손자, 즉 크로노스와 오케아노스의 조카로 묘사한 것도 있다. 그리스 작가들이 각자 자신의 스타일대로 신화를 지어냈기 때문이다.

아무튼 아틀라스는 다른 티탄 족들과 연합해 제우스가 이끄는 보다 젊고 강력한 신들을 상대로 싸웠다. 하지만 티탄 족들이 패배하자 아틀라스에게 어깨로 하늘을 떠받드는 형벌이 주어졌다. 실제로 atlas는 그리스 어로 '지탱하다'라는 뜻이다.

그리스 인들은 아틀라스가 서쪽 끝의 지브롤터 해협 부근에 살고 있다고 여겨 그를 찾아 서쪽으로 떠났지만 찾을 수가 없었다. 그 대신 거대한 산악지대를 발견하고는 아틀라스가 돌덩어리로 변한 것이라고 생각했다. 그래서 모로코와 알제리에 걸쳐 있는 이 산맥을 Atlas Mountains(아틀라스 산맥)라고 불렀다.

또한 그리스 인들은 아틀라스를 아틀란티스들의 아버지라고 여겼다. 이 여신들도 아버지처럼 서쪽 끝에 산다고 여겨져 '서쪽'이라는 의미가 들어 있는 헤스페리데스(Hesperides)라고 불렸다. '저녁의 아가씨들'이라 불리는 헤스페리데스는 아이글레, 아레투사(에리테이아), 헤스페리아(헤스페라레투사) 등 세 명을 가리키며, 대지의 서쪽 끝에 있는 황금

**지구를 짊어지고 있는 아틀라스**

사과나무 정원을 지켰다. 이 황금사과는 헤라가 제우스와 결혼할 때 가이아가 헤라에게 선물한 가지에서 열매를 맺은 것이다. 하지만 나무들이 뽑히고 마는데, 헤라는 헤스페리데스를 믿을 수 없어 잠도 자지 않고 머리가 100개인 용 라돈을 파수꾼으로 배치했다.

시간이 흐르면서 그리스 인들이 천문학을 깊이 연구하여 하늘은 적어도 지구에서 수백만 마일 이상 떨어져 있다는 것을 밝혀냈고, 이때부터 아틀라스가 하늘이 아니라 '지구를 떠받치고 있다'는 생각을 하게 되었다. 그래서 오늘날에도 아틀라스는 커다란 지구를 어깨 위에 짊어지고 있는 '피곤에 지친 거인'으로 묘사되고 있다.

인간의 신체에도 아틀라스와 같은 역할을 하고 있는 뼈가 있다. 두개골은 등을 타고 올라가는 척추에 의해 지탱되고 있는데, 가장 윗부분에서 머리를 지탱하고 있는 뼈가 바로 atlas[제1경추, 환추(環椎)]이다.

한편 1,500년경 네덜란드(당시에는 플랑드르)의 지리학자 G. 메르카토르가 최초의 근대식 지도를 펴내면서 아틀라스를 표지 그림으로 썼다. 그 덕분에 지도책의 제목이 '아틀라스'가 되었다. 이후 지도책뿐만 아니라 인간의 해부도처럼 어떤 대상을 그림이나 사진으로 설명해주는 책들은 모두 아틀라스라고 부르게 되었다.

# DAY 006 | 아틀란티스

그리스 인들은 젊은 처녀의 모습을 한 작은 여신들을 님프(nymph)라고 불렀다. 이것은 그리스 어로 '어린 소녀'라는 뜻이다. 이 때문에 동물학에서는 곤충의 초기 형태인 '애벌레'도 님프라고 한다. 그리고 이 님프들은 여러 가지 자연물을 상징하고 있다고 여겨져 수목들 사이, 바위나 산속, 그리고 호수와 강에 사는 존재들로 그려졌다. 말하자면 님프들은 특정한 나무나 특정한 개울의 '요정(spirit, elf)'이었던 셈이다.

아틀란티스는 바다와 연관된 님프들이다. 이 밖에 물과 관계된 요정들로는 오케아노스와 테티스 사이에서 태어난 3,000명의 딸들 오케아니데스(Oceanides, 단수형은 오케아니스Oceanis), 고대 '바다의 신' 네레우스(Nereus)와 오케아노스의 딸 도리스 사이에서 태어난 50명의 딸들 네레이데스(Nereides, 단수형은 네레이스Nereis)가 있다. 특히 아틀란티스들은 오케아노스가 있는 서쪽 끝 바다와도 연관이 있었다. 그래서 이 바다는 Ocean뿐만 아니라 Atlantic이라고도 불렸는데, 오늘날에는 Atlantic Ocean(대서양)으로 불린다.

기원전 355년, 그리스 철학자 플라톤은 지진이 일어난 후 서쪽 바다 속으로 가라앉은 거대한 육지에 대한 이야기를 지었는데, 그는 이 땅을 아틀란티스(Atlantis)라고 불렀다. 순전히 지어낸 이야기에 지나지 않지만, 그 뒤부터 아틀란티스가 실제로 존재했다고 주장하는 사람들이 계속 등장했다. 1960년대를 풍미했던 영국의 포크 가수 도노반(Donovan Phillip Leitch)도 이 이야기를 주제로 '아틀란티스'(1968년)라는 노래를 불러 세계적인 인기를 끌기도 했다.

# DAY 007 | 옴파로스

　최초의 하늘의 신 우라노스는 아들 크로노스에 패배해 쫓겨나면서 크로노스 역시 아들들 중 가장 센 자에게 쫓겨날 것이라고 예언했다. 그러자 불안해진 크로노스는 아내 레아가 아들을 낳을 때마다 잡아먹어버렸다. 남편이 아들을 잡아먹을 때마다 괴로워하던 레아는 여섯째 아이로 사내를 낳자 곧바로 숨기고, 대신에 돌멩이에 아기 옷을 입혀서 대신 먹게 했다. 그렇게 해서 살아난 막내가 바로 제우스이다.

　제우스는 염소 아말테이아(amaltheia)의 젖을 먹고 자랐다. 이 염소의 뿔에는 신들이 마시는 술 넥타르와 신들의 음식인 암브로시아가 가득 차 있었으며, 바라는 것은 무엇이든 이루어지게 하는 힘이 있었기 때문에 '코르누코피아(cornucopia)'라고 불렀다. 성인이 된 제우스는 어머니 레아의 도움으로 속임수를 써서 하늘나라로 올라가 크로노스의 시중을 들게 되었고, 크로노스에게 구토 약을 섞은 음료를 먹여 나머지 형제들과 돌을 토해내게 했다.

　나중에 델포이 사람들은 '아폴로 신전(The Temple of Apollo)'을 세우고 이 돌을 보관했다. 이 돌을 '옴파로스(Omphalos)'라 불렀는데, '배꼽, 세계의 중심, 방패의 중심 돌기'라는 뜻이다. 자기네 도시를 지구의 중심이라 생각했기 때문이다. 기원전 3~4세기경에 만들어진 것으로 추정되는 이 신전은 길이 60m, 폭 23m로 38개의 도리스식 기둥이 전실, 내실, 후실을 둘러싸고 있다. 내실에는 아폴론상이 놓여 있었으며, 전실의 지하에 바로 옴파로스가 있었다. 현재 이 돌은 '델포이 박물관'에

소장되어 있다.

서양의 세계관에서 천동설(天動說)은 지구가 우주의 중심이라는 생각에서 나온 이론이며, 지구의 중심에 있는 바다라는 뜻의 지중해(地中海) 역시 마찬가지이다. 세계지도를 제작할 때도 열강들은 모두 자기 나라를 중심에 놓고 딴 나라를 외곽에 배치했다. 이렇듯 세상의 모든 현상을 자신들이 속해 있는 세계를 중심으로 판단하는 일방적 자기중심주의를 '옴파로스 증후군(Omphalos syndrome)'이라고 부른다. 또 타

델포이 박물관에 소장되어 있는
옴파로스

인을 배척하고 타 문화가 이식되는 것을 어색해하며 외지인과 잘 어울리지 못하는 것, 즉 동일 집단 속에서만 안주하고 타자의 집단에서는 안절부절못하는 우물 안 개구리를 가리키기도 한다.

# DAY 008 | 기간토마키아

우라노스와 가이아의 자식들인 티탄족처럼, 또 다른 엄청난 체구와 강력한 힘을 가진 무서운 존재가 있다. 이들을 Gigantes(기간테스, 거인 족)라고 불렀는데, 영어로는 giants(자이언츠)라고 한다.

이 거인족으로부터 '거대한'이라는 뜻의 gigantic이라는 단어가 파생 되었다. '무수한'이라는 뜻의 접두어 giga는 byte에 붙어 '10억 바이트 (gigabyte)'의 정보 단위를 만들어냈다. 이와 반대는 nano로 '10억 분의 1'을 가리킨다.

기간테스는 크로노스에 의해 잘린 우라노스의 성기에서 흘러내린 피가 땅, 즉 가이아에게 떨어져 태어난 스물네 명의 거인들이다. 제우스 는 '티타노마키아'에서 크로노스를 제압하고 신들의 지배자가 된 뒤에 자신에게 대항하였던 티탄 족을 타르타로스에 가두었는데, 이에 불만 을 품은 가이아가 다시 기간테스를 부추겨 올림포스 신들을 공격하게 했다. 이 전쟁을 기간토마키아(Giganthomachia)라고 하는데, 그리스 어 로 '거인들의 싸움'이라는 뜻이다.

거인족인 기간테스는 커다란 나무와 바위를 무기 삼아 신들을 습격 하였으며, 땅이 울리고 해일이 일어나는 등 격렬한 전쟁이 시작되었다. 올림포스 신들은 번개로 무장한 제우스가 앞장서고 포세이돈과 헤파 이스토스, 아폴론, 아레스, 아테나, 디오니소스 등이 전투에 나섰으며, 승리의 여신 니케가 이들의 편에 섰다. 기간테스들의 전투력도 만만치 않아서 싸움은 쉽게 끝나지 않았다. 기간테스를 물리치기 위해서는 몸에 사자 가죽을 걸치고 약초의 보호를 받는 인간의 힘이 필요하다는 신탁에 따라 제우스는 아테나를 보내 헤라클레스를 데려오게 했다.

한편 가이아는 기간테스에게 불사(不死)의 생명을 줄 약초를 찾아 나섰는데, 이를 알아차린 제우스는 태양의 신 헬리오스와 달의 여신 셀레네, 새벽의 여신 에오스에게 자신이 약초를 찾아낼 때까지는 모습을 드러내지 말라는 명령을 내려 암흑을 드리운 뒤 약초를 먼저 찾아 없애버렸다고 한다. 결국 이 전쟁은 올림포스 신들의 승리로 막을 내렸는데, 이는 선주민(구세대)에 대한 이주민(신세대)의 역사적 승리를 신화화한 것으로 볼 수 있다.

승리를 거둔 제우스는 포세이돈(Poseidon, 넵투누스, 넵튠)에게 바다를 주었다. 그래서 son of neptune은 '뱃사람'을 뜻한다. 하데스(Hades, 플루토스, 플루토)에게는 지하세계를 주고 자신은 하늘을 차지했다. 그리스 어로 '보이지 않는 것'이라는 뜻의 하데스는 지하세계를 관장했기 때문에 '죽음의 신'으로 간주했다. 지하세계는 늘 죽음과 관련이 있었기 때문에 죽은 자들의 영혼이 살고 있는 장소도 죽음의 신의 이름을 따 하데스라고 불렀다. 그래서 하데스는 올림포스의 신이 아닌 '지하세계의 신'이다.

# DAY 009 | 올림피아드

그리스 인들은 제우스를 비롯해서 그 형제자매들과 자손이 올림포스 산에 살고 있다고 믿었기 때문에 그들을 '올림포스의 신들(the Olympians gods)'이라고 불렀다. 이들은 그리스 어로 '모든(pan) 신들(theon)'이라는 뜻의 판테온(Pantheon) 신전의 주역들이다. 거기에는 열두 명의 신들이 살고 있는 것으로 여겼는데, 제우스, 포세이돈, 헤라, 데메테르, 헤스티아, 아레스, 아테나, 아프로디테, 헤파이스토스, 헤르메스, 아폴론, 아르테미스가 바로 그들이다.

그리스 남서부의 엘리스(Elis)라는 지역에서는 제우스를 기리기 위해 4년마다 특별한 경기를 벌였다. 이를 올림피아드(Olympiad)라 부르는데, 기원전 776년 올림피아(Olympia)라는 계곡에서 처음 개최되었기 때문에 붙여진 이름이다. 고대 올림픽 종목으로는 육상, 5종 경기(원반던지기, 창던지기, 달리기, 레슬링, 멀리뛰기), 복싱, 레슬링, 승마 경기가 있었다.

이 경기는 황제 테오도시우스 1세가 모든 이단 숭배 및 예배를 금지했던 서기 393년에 폐지되었다. 이후 프랑스의 쿠베르탱(Pierre de Coubertin, 1863~1937) 남작이 '올림픽 경기(Olympic Games)'라는 명칭으로 이 경기를 부활시켰다. 평생 신봉했던 헬레니즘적 이상, 즉 '인격, 지성, 체력의 삼위일체'를 표방하는 고대 그리스의 정신을 올림픽 경기의 이념으로 삼은 그는 1894년에 IOC를 창설했다. 그리고 2년 뒤인 1896년에 그리스 아테네의 '파나티나이코 스타디움(Panathinaiko Stadium)'에서 마침내 제1회 올림픽을 개최했다. 올림픽 경기는 2년마다 하계 올림픽과 동계 올림픽이 번갈아 개최된다.

　이처럼 제우스는 올림픽 경기의 이름만으로도 자신에 대한 존경심을 여전히 지속시키고 있는 셈이다.

# DAY 010 | 아프로디테의 허리띠

제우스가 권력을 장악한 후부터 신들의 세계에서는 더 이상 통치권의 찬탈 행위가 일어나지 않았다. 대신에 그들은 평화적으로 올림포스신의 일원이 될 수 있었으며, 다른 신들과 동등한 지위를 부여받았다. 하지만 모든 신들은 제우스의 지배를 받는 상태였다.

아마도 올림포스 신의 후손들은 본래 그리스와 동맹을 맺은 여러 선주민들이 숭배하던 신들이었을 것이다. 몇몇 신들은 현실적으로 하나의 이름 아래 묶였을 수도 있다. 이 때문에 특정한 신에 대해서 제대로 짜여지지 않은 이야기들이 몇 개씩이나 나오게 되었다. 아프로디테의 탄생에 대해서도 완전히 다른 두 가지 이야기가 있다.

하나는 그녀가 우라노스와 가이아의 딸로 묘사되어 있다. 그녀는 조개껍데기에서 분비된 바다거품[그리스 어로 aphro는 '거품(foam)'이라는 뜻이다]에서 탄생했다. 티탄 족의 자매로 올림포스 신들보다 훨씬 더 오래된 신이며, 그녀에 관한 이야기는 그리스 인들 이전의 원주민들이 숭배했던 여신에 관한 신화로 볼 수 있다. 또 그리스 인들은 아프로디테를 제우스와 티탄 족 여신 디오네 사이에서 태어난 딸로 여기고 '올림포스 열두 신'의 일원으로 섬기기도 했다. 이처럼 아프로디테가 어떻게 탄생했든 그리스 인들이 그녀를 가장 아름다운 '미와 사랑의 여신'으로 생각했던 것만은 틀림없다. 그래서 육체적인 사랑, 즉 '성애를 자극하는 미약(媚藥), 최음제'는 aphrodisiac, '성적 흥분, 성욕'은 aphrodisia라고 한다.

로마 인들은 아프로디테를 베누스(Venus, 영어로 비너스)와 동일시했기 때문에 두 여신 모두 아름다움의 원형이라고 할 수 있다. 또 로마 인들은 베누스를 매우 존경해 그 이름에서 유래한 'venerate'라는 말은 '삼가고 경외하다'라는 뜻을 갖게 되었다. 또 나이 먹은 사람들은 존중받아야 하기 때문에 노인들에 대해서는 venerable(존경할 만한)이라고 표현한다.

아프로디테는 케스토스(cestos)라는 자수를 놓은 띠를 남편 헤파이스토스로부터 선물 받았다. 이 띠는 사랑을 일으키게 하는 힘을 가지고 있었으며, 그녀의 매력을 한층 돋보이게 하고, 사람들의 눈길을 사로잡는 것으로 알려져 있다. 그래서 아름답고도 매력적인 여자를 보면 '아프로디테의 허리띠(cestos himas, Aphrodite's belt)'를 차고 있다고 표현한다. 그런데 고대 로마 시대에 들어와 케스토스는 '가죽으로 된 권투선수 장갑'으로 쓰였고, 또 의학자들은 띠처럼 생긴 '촌충(cestoid)'에 케스토스라는 이름을 붙임으로써 본디 이 단어가 갖고 있던 서정성을 퇴색시키고 말았다.

아프로디테는 주요 행성에 이름이 부여된 유일한 여신이기도 하다. '금성(金星)'이 바로 그것이다. 금성은 태양계에서 태양과 달 다음으로 밝고 아름다우며 별 중에서는 가장 밝게 빛나는 별로서, 태양의 어느 쪽에 자리잡고 있느냐에 따라 어둠별(evening star)이라 불리기도 하고, 샛별(morning star)이라 불리기도 한다.

처음에 그리스 인들은 샛별과 어둠별을 두 개의 다른 행성으로 생각했다. 그래서 각각 다른 이름을 붙여주었는데, 샛별은 포스포로스(Phosphoros, '빛의 전령'이라는 뜻)라고 불렀다. 이 별이 동쪽 하늘에 뜨고 나면 곧 여명이 밝아왔기 때문이다. 반면 어둠별은 일몰 후 서쪽 하늘에서 빛을 냈기 때문에 헤스페로스(Hesperos, '서쪽'이라는 뜻, vesper)

라고 불렀다. 그러다 나중에 포스포로스와 헤스페로스가 같은 별임을
알게 되고는 그 아름다움에 걸맞게 아프로디테(비너스)라는 이름을 붙
여주었던 것이다.

# DAY 011 | 아도니스 콤플렉스

'아도니스 콤플렉스(adonis complex)'란 현대 사회에서 남성들이 외모 때문에 갖는 강박관념이나 우울증 또는 '남성외모집착증'을 말한다. 아도니스는 그리스 신화에 나오는 미청년으로, 미의 여신 아프로디테의 애인이었다.

아프로디테의 아름다움을 깎아내리다가 여신의 저주를 받은 시리아의 공주 스미르나(Smyrna)라는 여인이 있었다. 그녀에게서 아도니스라는 사내아이가 태어났는데, 아프로디테는 어린 아도니스를 빼앗아 하데스의 부인인 페르세포네에게 맡겨 기르도록 했다. 아도니스가 너무나 아름다운 청년의 모습으로 자라자, 아도니스에게 반한 페르세포네는 아프로디테에게 아도니스를 돌려주지 않았다. 두 여신이 한 청년을 두고 다툼을 벌이자, 제우스가 중재에 나서 1년의 3분의 1은 지하세계에서 페르세포네와, 3분의 1은 아프로디테와, 나머지 3분의 1은 아도니스 마음대로 지내도록 했다.

하지만 아도니스는 자신에게 맡겨진 3분의 1도 아프로디테와 함께 보냈으며, 아프로디테도 아도니스에게 푹 빠져 잠시도 그에게서 떨어지려 하지 않았다. 여신이 잠깐 아도니스를 남겨두고 올림포스로 올라간 사이 아도니스는 사냥을 하다 그만 멧돼지에게 받혀 죽었다. 너무 순식간에 일어난 일이라 아프로디테가 아도니스의 비명소리를 듣고 달려왔을 때는 이미 때가 늦어 버렸다.

아도니스의 죽음을 슬퍼하던 여신은 그가 흘린 붉은 피 위에 넥타

멧돼지에게 받혀 죽는 아도니스

르(nectar)를 뿌렸다. 피와 신주가 섞여 거품이 일더니 얼마 후 석류꽃 같은 핏빛 꽃 한 송이가 피었다. 꽃은 얼마 지나지 않아 시들었는데, 그것이 바로 아네모네(Anemone), 즉 바람꽃(windflower)이다. 이 아네 모네는 마치 아도니스의 운명처럼 1년 중 3분의 1은 땅속에 있고, 3분 의 1은 성장하고, 나머지 3분의 1은 곡물 형태를 취한다.

# DAY 012 | 아테나의 올빼미

신화에서는 제우스가 그의 첫 번째 아내인 메티스(Metis)를 잡아먹고는 바로 헤라와 결혼했다고 한다. 하지만 제우스의 몸 안에서는 메티스의 딸이 자라고 있었다. 그가 심한 두통으로 스스로 자기 머리를 열자 아테나(Athena)가 성인의 몸으로 무장을 한 채 튀어나왔다. metis는 그리스 어로 '지혜(wisdom, sagacity)'라는 뜻이다. 그래서 아테나는 '지혜의 여신'이자 '전쟁과 평화의 여신'으로 여겨졌다. 이 신화는 제우스가 권력을 잡은 후에 지혜를 얻었으며, 머리로 생각을 하면서부터 기술이 발달해 가져다준 지식이 생겨났음을 의미하고 있다. 그래서 아테나 여신은 항상 '지혜의 상징'인 올빼미를 데리고 다녔다고 한다.

아테나는 그녀를 찬미하기 위한 도시 아테네(Athenai, 영어로 Athens)를 특별히 감독하는 여신이기도 하다. 그리스 문명의 전성기에 아테네는 그리스에서 가장 강력하고 문명화된 도시로서의 명성을 지니고 있었다.

아테나의 또 다른 이름은 팔라스(Pallas)이다. 팔라스라는 여신을 숭배하던 부족이 정복자인 그리스 인들에게 편입되면서 팔라스와 아테나를 동일한 여신으로 간주했을 가능성이 높다. 어쨌든 시문학에서는 종종 아테나가 '팔라스 아테나'로 그려지고 있다.

트로이아(트로이)라는 도시에는 팔라디움(palladium)이라고 불리는 팔라스 아테나의 동상이 있었다. 트로이아 시민들은 팔라디움이 도시 안에 있는 한 트로이아는 멸망하지 않을 것이라 믿었다. 하지만 그들

아테나 여신과 올빼미

은 이 동상을 잃어버렸고 트로이아는 함락당하고 말았다. 이에 유래해서 요즘에는 한 나라를 수호하고 있는 어떤 상징물이나 전통 또는 소중한 미풍양속을 팔라디움(palladium)이라고 부른다.

또 아테나는 극장이나 경기장이 아니라 실존했던 역사상 가장 아름다운 한 건물과 연관이 있다. 아테나는 결혼이나 연애를 한 적이 없었기 때문에 그리스 인들은 종종 그녀를 '아테나 파르테노스(Athena Parthenos, 처녀 아테나)'라고 불렀다. 아테네 사람들이 그녀를 경배하기 위해 지은 아름다운 신전의 이름이 바로 파르테논(Parthenon, 기원전 438년 완공)이다.

로마 인들은 수예와 목공의 여신 미네르바(Minerva, 라틴 어로 '정신'이라는 뜻)를 아테나와 동일시했지만, 라틴 어 이름보다는 그리스 이름이 우리에게 더 잘 알려져 있다. 아마도 아테네 시의 높은 명성 때문일 것이다. 이 미네르바도 올빼미가 상징이라 "미네르바의 올빼미는 황혼녘에 난다"는 말이 나왔다.

# DAY 013 | 헤르메스의 지팡이

READ ☐

　제우스의 아들 가운데 헤르메스(Hermes)라는 신이 있었다. 그의 어머니는 마이아(Maia)로, 플레이아데스(Pleiades, 단수형은 플레이아드 Pleiad)라 불리는 아틀라스의 일곱 딸 중 한 명이었다. 그러던 어느 날, 그녀들은 험악한 사냥꾼(오리온이라는 거인족)에게 쫓기게 되었다. 그러자 신들은 그녀들을 비둘기로 변신시켜 하늘로 올려 보냈고, 그녀들은 황소자리에 조그맣고 귀여운 별무리를 이루고 있다. 지금도 우리는 '정확히 일곱 명의 유명인사 모임' 가운데 한 사람을 '플레이아드'라 부르곤 한다.

　헤르메스는 '신들의 전령'이었다. 따라서 매우 빨리 움직이는 신이라 보통 그의 신발과 투구에는 날개가 달려 있는 것으로 그려진다. 또한 그는 통상과 계략, 발명의 신이기도 했다. 그리스 시대 후반기에는 이집트의 학문의 신 토트(Thoth)를 받아들여 헤르메스와 동일시했는데, '헤르메스 트리스메기스토스(Hermes Trismegistos)'라고 불렀다. 이것은 '세 번 위대한 헤르메스(thrice-great Hermes)'라는 뜻으로, 그가 우주 전체의 지혜의 세 부문, 즉 해와 달과 별을 완전히 알고 있다는 것을 의미한다. 또 다른 설에 의하면, 그는 기원전 3,400년경 사람으로 인류 역사상 최초의 연금술 대가이자 연금술의 원조로 숭배되는 인물이라고도 한다.

　사실 chemistry(화학)는 '이집트'의 옛 명칭이며, 옛말로 화학은 hermetic art(헤르메스의 기술)였다. 화학자들은 어떤 용기의 내용물이

**헤르메스의 지팡이**

바깥 공기와 접촉하지 않게 하려고 용기의 뚜껑을 꽉 조여 닫아놓곤 했다. 그래서 공기가 압축되어 있는 상태를 hermetically sealed라고 표현한다.

고대에는 전령사들이 통치자와 통치자 사이, 또는 각 군부대 사이에 메시지를 전달하는 일을 했다. 이들을 살해하는 것은 금지되어 있었으며 어느 정도 우대를 받았다. 그들은 카두케우스(caduceus)라는 특별한 지팡이를 임무의 징표로 가지고 다녔는데, 신들의 전령 헤르메스의 카두케우스에서 비롯된 것이다. 헤르메스는 아주 빠르게 움직여야 했기 때문에 투구와 신발뿐만 아니라 지팡이에도 날개가 달려 있었다. 나중에 그가 헤르메스 트리스메기스토스가 되었을 때에는 지팡이뿐만 아니라 의약품까지 가지고 다녔다. 이것은 상처를 치료하는 데 쓰이는 가상의 가루약으로 hermetic powder라 불렀다. 뱀이 허물을 벗는 것을 젊음을 소생시키는 능력으로 본 그리스 인들은 의사들에게서 회춘을 기대했다. 그래서 헤르메스의 지팡이는 두 마리의 뱀이 감아 오르고 끝에 날개가 한 쌍 달려 있는 모양으로 그려졌으며, 후에 의사나 약사, 군대의 의무병과를 상징하는 데 쓰였다.

태양계에서 별들 사이를 가장 빠르게 움직이는 첫 번째 행성의 이름[수성(Mercury, 水星)]도 발 빠른 헤르메스의 이름에서 따왔다. 로마 인들은 헤르메스를 자신들의 '상업의 신' 메르쿠리우스[Mercurius, 영어식은 Mercury(머큐리)]와 동일시했는데, 장사는 계산이 빨라야 하기 때문에 잘 어울리는 이름이다. 또 mercury는 수은(水銀, quicksilver, 원소 기호 Hg)을 가리키기도 하는데, 상온에서 액체인 유일한 금속이라서 붙인 이름이다. mercurial은 '재치 있는, 변하기 쉬운, 경박한'이라는 뜻을 가지고 있으며, mercurochrome은 찰과상에 바르는 '빨간 약'을 말하는데, 알코올 성분이 들어 있어 빨리 증발한다.

헤르메스와 아프로디테 사이에 헤르마프로디토스(Herma-proditos)라는 아들이 있었는데, 소아시아 이다(Ida)의 산속 요정들이 그를 키웠다. 미소년으로 자란 그는 어느 날 연못에서 목욕을 하고 있었다. 그런데 그를 본 연못의 요정이 첫눈에 반해 사랑을 고백했다. 매번 거절을 당했지만 이 요정은 포기하지 않고 헤르마프로디토스와 영원히 하나가 되겠다고 신들에게 간절히 빌었다. 결국 둘은 하나가 되어 남성과 여성을 동시에 지닌 자웅동체(雌雄同體)가 되었다. 바로 여기서 남녀 구별이 힘들거나 양성의 특징을 모두 가진 '자웅동체(hermaphrodite)'라는 단어가 탄생했다.

# DAY 014 | 에로스의 화살

아레스와 아프로디테(로마 신화의 베누스, 영어로는 비너스) 사이에 에로스(Eros, 로마 신화의 쿠피도 영어로는 큐피드이기 때문에 '큐피드의 화살'이라고도 한다)라는 어린아이가 있었다. 그는 '연애의 신'으로 활을 가지고 다니는 꼬마로 그려지는데, 그가 쏜 황금화살에 맞은 사람들은 모두 사랑에 빠지고 납으로 된 화살에 맞으면 증오심에 불탔다.

대표적인 이야기가 '태양의 신' 아폴론과 다프네(Daphne) 이야기이다. 아폴론이 꼬마라고 비웃은 것에 화가 난 에로스는 다프네라는 아름다운 님프에게 사랑의 마음을 없애는 납으로 만든 화살을 쏜 다음 아폴론에게는 사랑의 마음을 불러일으키는 황금화살을 쏘았다. 그래서 아폴론은 다프네를 사랑하게 되었지만 다프네는 도망칠 뿐이었다. 아폴론이 끝까지 쫓아가 다프네를 거의 다 잡은 순간 다프네는 월계수로 변해버렸다. 그래서 비통에 빠진 아폴론은 월계수를 자기를 상징하는 나무로 삼았다고 한다.

그런데 에로스 자신도 정말로 아름다운 공주 프쉬케(Psyche, 사이키)를 운명적으로 만나게 되었다. 그녀를 한번 본 남자들은 누구나 곧 사랑에 빠졌다. 그래서 아프로디테(베누스)가 이를 질투하게 되었다. 그녀는 아들 에로스를 시켜 프쉬케가 거렁뱅이와 사랑에 빠지도록 사랑의 화살을 쏘아 혼내주라고 했다.

임무를 수행하려고 지상으로 내려온 에로스는 프쉬케에게 화살을 막 쏘려는 순간 실수로 자기 화살에 찔리고 말았다. 결국 에로스 자신이 그녀를 사랑하게 된 것이다. 그는 한밤중에 그녀를 찾아가 구애한 후 마침내 결혼에 성공하게 되었다. 그는 이 소문이 아프로디테의 귀에 들어가지 않게 하기 위해 그녀에게 자신의 얼굴을 보여주지 않았다.

하지만 프쉬케의 자매들은 그들의 사랑을 시기했다. 그래서 프쉬케에게 네 남편은 어쩌면 못생긴 괴물일지도 모른다고, 그렇지 않으면 왜 얼굴을 보여주지 않느냐고 했다. 그녀는 정말 그럴지도 모른다는 생각이 들어 에로스가 잠든 사이 그의 침대로

〈프쉬케와 큐피드의 첫 키스〉, 프랑소와 제럴드, 1798

다가갔다. 그녀는 에로스의 얼굴을 보려고 램프를 그의 얼굴 가까이에 대고 허리를 숙였다. 바로 그때 램프에서 흘러나온 기름이 얼굴에 떨어지는 바람에 놀란 에로스가 눈을 떴다. 그리고 에로스는 안타깝게도 약속을 못 지키고 자신의 얼굴을 본 그녀를 떠나버렸다.

프쉬케와 에로스의 이야기에는 단순한 사랑 이야기 이상의 의미가 있다. 영혼(프쉬케)은 원래 모든 것이 사랑(에로스)으로 이루어진 하늘나라에 있었으나, 한동안 고통과 슬픔을 참아내며 지상에서 방황해야 하는 형벌을 받는다. 그래도 영혼이 순수하고 진실하다면 결국 하늘나라로 돌아와 그 사랑과 함께하게 된다는 것이 바로 이 신화에 숨어 있는 진정한 의미이다.

이는 마치 애벌레의 상황과 아주 비슷하다. 못생긴 애벌레는 무덤 속에 있는 사람처럼 죽은 듯이 가만히 고치 속에 있다가 사람의 영혼이 좀 더 나은 삶을 향해서 무덤에서 나오듯 허물을 벗고 아름다운 나비로 변하기 때문이다. 이런 생각 때문에 예술가들은 종종 프쉬케를 나비 날개가 달린 모습으로 묘사했다. 그래서 psyche에는 '나비, 나방'이라는 뜻도 있다. '정신'이나 '영혼'이라는 뜻을 가진 psyche는 지금까지도 psychology(심리학), psychiatrist (정신의학자), psychedelic(환각제), psychoanalysis(정신분석학), psychopath(반사회적 성격장애자), psychosis(정신이상), psychotherapy(정신·심리요법), psychic(영매) 등 여러 단어에 남아 있다.

에로스는 종종 눈가리개를 한 모습으로도 그려지는데, 이것은 젊은 이들이 맹목적인 사랑에 빠질 수 있음을 암시한다. 정신분석학에서는 에로스를 리비도(Libido)에서 발생하는 성적 쾌락을 목적으로 하는 본능으로 규정하고 있다. 이처럼 에로스는 성애의 뜻이 강하기 때문에 erotic(관능적인)과 eroticism(성욕, 성적 흥분)이라는 말을 낳았으며, 이런 종류를 다룬 문학과 예술을 erotica 또는 erotology라고 한다.

로마 인들에게도 에로스와 동일시한 신 쿠피도(Cupido)가 있다. 낭만적이기보다는 현실적인 로마 인들의 성격을 반영하듯, 쿠피도에서 유래된 cupidity(욕심, 탐욕)는 성애보다는 돈이나 물질을 지나치게 사랑하는 것을 뜻한다.

# DAY 015 | 나르시시즘

산의 님프였던 에코(Echo, 그리스 어로 '소리'라는 뜻)는 장황한 수다로 헤라를 욕하고 다니다가 결국 몇 마디 말밖에 할 수 없는 벌을 받게 되었다. 그나마도 다른 사람이 그녀에게 한 말 중 마지막 몇 마디만 되풀이할 수 있었다. 그러던 중 나르키소스(Narcissos, 나르시스)라는 젊은 미남 청년을 사랑하게 되었다. 하지만 자신이 한 말의 마지막 몇 마디를 반복하는 것밖에 할 수 없었기 때문에 감정을 표현할 길이 없었다.

점점 야위어 간 그녀는 마침내 목소리 외에는 아무것도 남지 않았

〈에코와 나르키소스〉, J. W. 워터하우스, 1903

다. 그녀의 목소리는 지금도 산속에서 들을 수 있으며, echo(메아리, 흉내)라고 부른다.

그리고 그녀에게 가혹하면서도 오만하게 굴었던 나르키소스에게도 파멸의 시간이 찾아왔다. 어느 날 나르키소스는 물에 비친 자신의 모습을 보게 되었다. 자신의 모습을 한 번도 본 적이 없었던 그는 자신인 줄 전혀 깨닫지 못하고 자신을 사랑하게 되었다. 당연히 물그림자는 아무런 반응이 없었다. 이제 나르키소스 자신이 거부당한 셈이었다. 그는 점점 야위어 결국에는 죽고 말았다. 죽은 후 그는 꽃이 되었는데, 사람들은 그의 이름을 따서 narcissus[(수선화, 水仙花)]라고 불렀다.

나르시시즘(narcissism, 자아도취) 또는 자기애(自己愛)는 정신분석학 용어로 자신의 외모나 능력이 지나치게 뛰어나다고 믿거나 사랑하는 '자기중심성'을 가리킨다. 대부분 청소년들이 주체성을 형성하는 과정에서 거치는 하나의 단계이기도 하지만, 정신분석학에서는 보통 인격적인 장애증상으로 간주한다. 즉 자기의 신체에 대해 성적 흥분을 느끼거나, 자신을 완벽한 사람으로 여기면서 환상 속에서 만족을 얻는 증상을 말한다.

바로 여기서 narcissistic(자아도취의, 허영에 찬), narcotic(마취성의), NARC(속어로 마약 단속반), narcotism(마약, 마취), narcosis(혼수 상태, 마취법), nark(앞잡이, 밀고하다) 등의 단어들이 생겨났다.

# DAY 016 | 피그말리온 효과

키프로스의 왕이자 조각가인 피그말리온(Pygmalion)은 여성에 대한 혐오감이 있었다. 하지만 여자에 대한 생각을 잊으려고 하면 할수록 한층 더 여자에 대한 강박관념에 사로잡히게 되었다. 이상적인 여성을 발견할 수 없음을 한탄한 나머지 그는 자신이 원하는 여성을 직접 조각하여 갈라테이아(Galateia)라는 이름을 지어주었다. 그 후 피그말리온은 상아로 된 이 조각상과 사랑에 빠지고 말았는데, 그는 '아프로디테(비너스) 축제' 때 자기가 조각한 갈라테이아 같은 여성을 배필로 맞게 해달라고 여신에게 기원했다.

아프로디테는 아름다움과 사랑에 대한 간절한 마음을 갖고 있는 피그말리온을 기특하게 여겨 갈라테이아에게 생명을 불어넣어줌으로써 그의 소원을 들어주었다. 이 둘은 결혼했고 그렇게 해서 태어난 딸이 바로 파포스(Paphos)인데, 아프로디테에게 봉헌된 도시 파포스는 바로 이 딸의 이름에서 따온 것이다.

그래서 '피그말리온 효과(pygmalion effect)'란 지극한 사랑으

〈피그말리온과 갈라테이아〉, 장 레옹 제롬, 1865-70

로 어떤 대가를 얻었을 때 표현하는 말이다.

이와 비슷한 개념의 교육학 이론으로 '로젠탈 효과(Rosenthal Effect)'가 있다. 1968년 하버드 대학교 사회심리학과 교수인 로버트 로젠탈(Robert Rosenthal)과 초등학교 교장을 지낸 레노어 제이콥슨(Lenore Jacobson)은 미국 샌프란시스코의 한 초등학교에서 전교생의 지능을 검사한 후 검사 결과와 별개로 한 반에서 20% 정도의 학생을 추려냈다.

그리고 이 학생들의 명단을 교사에게 넘겨주면서 '지적 능력이나 학업성취도의 향상 가능성이 높은 학생들'로 믿게 했다. 몇 개월 뒤 다시 지능검사를 실시했는데, 그 결과 명단에 든 학생들은 다른 학생들보다 성적이 크게 향상되었다. 이 학생들에 대한 교사의 기대와 격려가 크게 작용했던 것이다. 이는 교사가 학생에게 거는 기대가 실제로 학생의 성적 향상에 영향을 미친다는 것을 입증한 것으로 긍정의 힘을 보여준 것이라 할 수 있다.

반대로 나쁜 사람으로 낙인 찍히면 그에 걸맞게 행동하는 것을 '낙인 효과(stigma effect)'라고 한다.

# DAY 017 | 야누스의 두 얼굴

야누스(Janus)는 로마 신화에서 드물게 그리스에 기원을 두거나 서로 대응하는 신이 아니다. '문의 신(God of gate)'인 야누스는 시작(beginnings, 문을 통해 들어가는 입구)과 끝(endings, 문을 통해 나가는 출구)을 주재하며, 집이나 도시의 출입구 등을 지키는 수호신이기도 하다. 고대 로마 인들은 야누스가 문의 안팎을 지키기 때문에 그 얼굴이 두 개라고 여겼지만, 어떤 그림에서는 네 개로 그려지기도 한다. 아마도 야누스가 문의 앞뒤뿐만 아니라 양옆도 지켜주기를 바랐기 때문일 것이다. 이처럼 야누스는 출입문의 앞뒤뿐만 아니라 동서남북 네 방향을 철통같이 지켜주는 문지기 신이었다.

그런데 로마 인에게 야누스는 단순한 문지기가 아니었다. 로마 인들은 야누스가 밤과 낮, 과거와 미래 등 시간의 문까지도 지켜준다고 믿었다. 그들에게 문은 새로운 시간으로 들어가는 입구였을 뿐만 아니라 전쟁을 시작하는 것도 야누스 신의 소관이었다. 그래서 전쟁의 기미가 보일 때는 아예 신전 문을 열어놓았다. 언제든지 야누스가 뛰쳐나와 전쟁의 서막을 열어주기를 바랐기 때문이다.

로마의 제2대 왕 누마 폼필리우스(Numa Pompilius)는 야누스에게 바치는 신전을 지었다. 신전의 문은 로마 중앙으로 들어오는 중요한 관문으로, 누마는 전시에는 이 문이 열리고 평화 시에는 닫힌다고 공표했다. 누마가 로마를 다스릴 때는 한 번도 열리지 않았던 문이 누마가 죽은 후에는 줄곧 열린 채로 있다가 옥타비아누스가 안토니우스와

두 얼굴의 야누스

클레오파트라의 연합군을 무찌른 기원전 31년 '악티움 해전' 이후에야 비로소 닫혔다고 전해진다.

1년 중 1월은 지난해를 마감하고 새로운 한 해를 시작하는 시기이다. 과거를 추억하고 미래의 희망을 가져보는 달을 기념하기 위해 사람들은 이 달을 야누스(Janus)의 이름을 따서 January라고 불렀다.

Janus-faced는 '대칭적인, 양면의, 표리부동한'이라는 뜻이기 때문에 a janus-faced foreign policy는 '양면외교'를 말한다. 또한 문의 이미지에 걸맞게 건물 입구에서 그 건물을 지키는 사람을 janitor(수위, 건물 관리인)라고 한다.

# DAY 018 | 메두사의 머리채

그리스 인들은 반수반인(대개는 여성)의 괴물들을 정밀하게 묘사하곤 했다. 하르파이들(Harpies, 단수형은 Harpy. '낚아채다'라는 그리스 어에서 유래)은 새의 몸통에 여자의 머리를 가지고 있는 것으로 그려졌다. 처음에 그녀들은 죽어가는 인간의 영혼을 낚아채는 '바람의 요정'들이었다. 시간이 흐르면서 더러운 악취를 풍기는 '탐욕스러운 존재'로 그려졌다. 그들이 원하는 대상이 인간의 영혼 대신 음식물로 바뀐 것이다.

더욱 끔찍한 몰골을 한 존재는 고르고(Gorgo, 단수형은 Gor-gon)이다. 사실 고르고 세 자매에 관한 이야기는 여러 가지가 있다. 세 자매의 이름에 대해서는 '스테노(힘)'와 '에우리알레(멀리 날다)', '메두사(여왕)'라는 것이 정설이지만 '에키드나'가 들어가는 경우도 많다. 이들은 날개와 새의 발톱을 가졌다는 점에서는 하르파이들과 같지만 머리칼이 꿈틀거리는 뱀의 모습이다. 지금도 혐오스러울 정도로 추한 여인을 빗대어 gorgon이라고 한다.

세 명의 고르고 가운데 가장 유명한 존재는 바로 메두사(Me-dusa)이다. 그녀는 세 자매 중 가장 나이가 어렸지만 가장 공포스러운 존재였다. 그녀의 이름은 동물학에서 쉽게 발견할 수 있다. 해파리(jellyfish)는 먹이를 찾아 꿈틀거리는 많은 촉수를 가지고 있는데 그 모습이 마치 꿈틀거리는 뱀처럼 보인다. 그래서 해파리를 medusa라고 부르기도 하며, 바닷속에서 흐느적거리기 때문에 '의지가 약한 사람'이나 '기개가 없는 사람'을 뜻하기도 한다. 그리고 medusa locks는 '헝클어진 머리

메두사의 머리를 벤 페르세우스

채'를 뜻한다. 해부학 용어로 혈액순환이 원활하지 못해 배꼽 주변의 정맥이 부풀어 오르는 증상도 메두사의 머리채와 비슷하다고 해서 caput medusa(라틴 어로 '메두사의 머리')라고 한다.

메두사는 결국 페르세우스(Perseus)에게 죽는다. 아르고스의 왕 아크리시오스(Acrisios)는 장차 외손자의 손에 죽을 것이라는 신탁을 두려워한 나머지, 딸 다나에(Danae)와 아버지가 제우스인 외손자 페르세우스를 상자에 넣어 바다에 떠내려 보냈다. 세리포스 섬에 다다른 모자는 폴리데크테스(Polydectes) 왕의 궁전에 머물게 되었다. 그 왕이 어머니와 강제로 결혼하려 하자 페르세우스는 어머니를 구하기 위해 어머니 몸값으로 메두사의 목을 가져오겠다고 제안했다.

신들의 총애를 받았던 그는 여러 신들의 도움으로 천신만고 끝에 메두사의 목을 잘라 자루에 넣고 귀환했다. 도중에 그는 아틀라스를 만나 메두사의 머리를 보여줌으로써 아틀라스를 거대한 돌산으로 만들어 지리한 형벌에 종지부를 찍어주었다. 이것이 바로 아프리카 북서부의 아틀라스 산맥이다.

에티오피아의 왕 케페우스(Cepheus)는 그리스 어로 '정원을 가꾸는 사람'이라는 뜻인데, 카시오페이아와 결혼하여 안드로메다(Andromeda)를 낳았다. 허영심 많은 카시오페이아는 자기 딸이 바다의 님프 네레이스보다 더 아름답다고 으스대다가 바다의 신 포세이돈의 노여움을 샀다. 포세이돈은 안드로메다를 제물로 바치지 않으면 바다괴물을 보내 에티오피아를 혼란에 빠뜨리겠다고 협박했다. 그러자 왕은 안드로메다를 바닷가 바위에 제물로 묶어두었다.

때마침 메두사를 처치한 뒤 페가수스를 타고 하늘을 날아가던 페르세우스가 안드로메다를 발견했다. 페르세우스는 케페우스에게 안드로메다와의 결혼을 허락하면 그녀를 구해주겠다고 제안했다. 왕은 목숨이 위태로운 딸을 살리기 위해 이를 허락했다. 페르세우스는 다가오는 괴물에게 메두사의 머리를 보여주어 돌로 변하게 만든 다음 그녀와 결혼해 어머니에게 데려갔다.

페르세우스가 아테나에게 바친 이 메두사의 머리는 '아테나의 방패'에 붙여져 완벽한 방어 능력을 갖추게 되었다. 이 방패는 제우스가 딸에게 선물한 것으로 아이기스(aegis, 이지스)라 불렸는데, aegis는 '보호, 후원, 지도'라는 뜻을 가지고 있으며, 'under the aegis of'는 '…의 보호(후원) 아래'라는 뜻이다. 오늘날 레이더에 걸리지 않는 군함도 '이지스 함'이라고 한다.

# DAY 019 | 프로메테우스의 고통

　그리스 신화에는 인간이 어떻게 창조되었는지에 대한 설명이 별로 없다. 그나마 티탄 족인 프로메테우스(Prometheus)에 관련된 부분에서 잠깐 나올 뿐이다. 그의 이름은 그리스 어로 '미리 알다(forethou-ght)'라는 뜻이며, 동생 에피메테우스(Epimetheus)는 '뒤늦게 알다'라는 뜻이다. 말하자면 프로메테우스는 어떤 일의 결과를 미리 내다볼 수 있을 정도로 지혜로웠지만, 에피메테우스는 아둔해서 일이 다 끝난 후에야 그 결과를 이해한 인물이었다.

　두 명 모두 티탄 족 이아페토스(Iapetos)의 아들이었기 때문에 아틀라스와는 형제지간인 셈이다. 하지만 아틀라스 등의 티탄 족이 올림포스 신들과 전쟁을 치를 때 프로메테우스는 올림포스의 신들이 승리할 줄 미리 알았기 때문에 동생 에피메테우스까지 설득해 티탄 족 편을 들지 않았다. 그래서 이 두 형제는 대부분의 티탄 족들에게 내려진 징벌을 면할 수 있었다. 티탄 족과의 전쟁이 끝나자 제우스는 프로메테우스에게 인간을 창조하라는 명령을 내렸다.

　프로메테우스는 인간들이 올림포스 신들에게 맞설 수 있도록 도와주기 위해 최선을 다했다. 제우스가 대홍수로 인류를 멸망시키려고 하자 프로메테우스는 데우칼리온(Deucalion, 몇몇 신화에서는 프로메테우스의 아들로 나와 있다)이라는 인간에게 이 사실을 미리 알려주었다. 그래서 데우칼리온은 배를 만들어 아내인 피라(Pyrrha, '빨간 머리'라는 뜻으로, 보통 에피메테우스의 딸로 묘사된다)와 함께 탈출할 수 있었다.

인류는 대홍수를 피하려고 안간힘을 썼지만 올림포스 신들은 아무런 도움도 주지 않았고, 인간들은 고통스럽고 원시적인 삶에서 헤어나지 못했다. 하지만 인간을 창조한(또는 인간의 조상이었던) 프로메테우스는 인간들을 불쌍히 여겼다. 그래서 인간들이 좀 더 편안하게 살 수 있도록 여러 가지 기술과

독수리에게 간을 쪼이는
프로메테우스

과학 지식을 가르쳐주었으며, 특히 제우스 몰래 불을 훔쳐와 그 사용법을 알려주었다.(이 이야기는 프로메테우스가 그리스 원주민들에게 '불의 신'으로 숭배되고 있었으나, 그리스 인들의 정복 전쟁 이후부터는 헤파이스토스가 그를 대신했음을 말해주고 있다).

더구나 프로메테우스는 제우스의 장래에 관한 비밀을 제우스에게 밝혀주지 않았다. 이에 화가 치민 제우스는 그를 코카서스(카프카스) 바위에 쇠사슬로 묶어놓고, 낮에는 독수리에게 간을 쪼아 먹히고, 밤이 되면 간은 다시 회복되어 영원한 고통을 겪도록 만들었다. 그러다가 마침내 영웅 헤라클레스에 의해 독수리가 사살되고, 자기 자식 헤라클레스의 위업을 기뻐한 제우스에 의해 고통에서 해방되었다고 한다.

이처럼 프로메테우스가 행한 모든 일들은 제우스의 권위에 대항하는 것이었다. 그래서 그의 이름에서 유래한 promethean은 '독창적인, 과감하게 어떤 권위에 도전하는 행위' 또는 '독창적인 행위나 정신'을 뜻하며, promethean agonies는 인간에게 불을 건네준 죄로 제우스가 내린 형벌, 즉 독수리에게 프로메테우스의 간을 쪼아 먹게 한 '형벌의 고통'을 뜻한다. 오늘날 영어에서 pro(앞선)는 prologue(머리말. 맺는말은 epilogue), progress(진보, 추이), professional(전문가) 등의 접두어로 쓰이고 있다.

# DAY 020 | 판도라의 상자

제우스는 자기의 허락도 받지 않고 인간에게 불을 전해준 프로메테우스에게 앙갚음하기 위해 대장간의 신 헤파이스토스에게 아름다운 여인을 만들라고 명령했다. 그리스 신화에 나오는 최초의 여성 인간인 그녀는 올림포스의 신들로부터 아름다움, 우아함, 재기발랄함과 어여쁜 목소리 등 모든 재능을 부여받았다. 그녀가 바로 판도라(Pandora)인데, 그리스 어로 pan은 '모든(all)', dora는 '선물(gift)'이기 때문에 '팔방미인'을 뜻한다.

제우스는 그녀를 곧 프로메테우스의 동생인 에피메테우스에게 보냈다. 프로메테우스는 코카서스로 끌려가 독수리에게 간을 쪼아먹히는 형벌을 받으러 가기 전에 동생에게 제우스의 선물은 아무것도 받지 말라고 당부했었다. 하지만 약간 모자란 동생은 판도라의 아름다움에 반해 아내로 삼고 말았다. (앞에서도 말했듯이 프로메테우스는 그리스 어로 '미리 깨달은 자, 선각자'라는 뜻이며, 에피메테우스는 '나중에 깨달은 자, 후각자'라는 뜻이다. 그래서 신화에서 프로메테우스는 똑똑하고 영리한 사람으로 묘사되는 데 반해, 에피메테우스는 어리석고 뒤늦게 후회하는 사람으로 묘사된다.)

어느 날 판도라와 에피메테우스는 신들에게서 상자 하나를 선물로 받았고, 프로메테우스가 판도라에게 무슨 일이 있어도 상자를 열어보지 말라고 했지만, 호기심이 발동한 판도라는 그만 뚜껑을 열고야 말았다. 상자 뚜껑이 열리자 늙음, 죽음, 배고픔, 병치레, 슬픔 등 인간이라면 누구나 겪어야만 하는 고통의 악귀들이 모두 밖으로 뛰쳐나왔다. 상자 밑바닥에 남은 것은 오로지 '희망'밖에 없었다. 무거운 고통을 짊어져야 할 때에도 인간이 계속해서 살아갈 수 있는 것은 바로 이 희망이 남아 있었기 때문이다. 하지만 비관적인 관점에서는 '불행 속에서 이루어지지 않는 것을 바라는 헛된 희망'이란 의미로 쓰이기도 한다.

이 때문에 별일이 없을 때에는 번거롭지 않지만, 사태가 심각해지면 수많은 골칫거리를 낳는 것을 '판도라의 상자(Pandora's box)'라고 부른다. 이 '판도라의 상자'는

〈상자를 열어보는 판도라〉, J. W. 워터하우스

인류의 불행과 희망의 시작을 나타내는 상징으로도 유명하다.

판도라의 이야기는 일종의 교훈이다. 에피메테우스의 경우에서는 앞으로 벌어질 일의 결과를 잘 생각해서 행동하라는 경고를, 판도라의 경우에서는 쓸데없는 호기심을 갖지 말라는 주의를 준 것이다.

# DAY 021 | 시시포스의 바위

시시포스(Sisyphus, 시지프)는 고대 그리스 코린토스(코린트)의 왕으로 꾀가 많은 인간이다. 그는 신을 속이려고 한 죄 때문에 나락으로 떨어진다. 하루는 제우스가 독수리로 둔갑한 후 아에기나(Aegina)라는 요정을 유괴하여 사랑을 나누고 있을 때, 시시포스가 이것을 엿보았다. 그는 딸 걱정을 하고 있던 '강의 신'인 아소포스(Asopos)를 찾아가 자신의 도시에 샘을 하나 만들어주면 딸의 행방을 알려주겠다고 했다. 비교적 높은 지역에 위치한 코린토스는 물을 얻기 어려웠는데, 애가 탄 아소포스는 코린토스의 산에 샘을 하나 만들어주었다. 그 대가로 딸의 행방을 알아낸 아소포스는 곧장 제우스와 딸이 도망친 섬으로 달려가 사랑을 나누고 있던 방을 급습했다. 이에 화가 난 제우스가 벼락을 던져 아소포스는 불에 타 죽고 말았다. 이때부터 아소포스 강의 바닥에서는 새까만 석탄이 나온다고 한다. 그리고 시시포스를 지하의 신 하데스에게 보내 다시는 신들의 비밀을 누설하지 못하도록 만들었다.

시시포스는 죽음의 사자 타나토스가 찾아왔을 때도 교활하게 타나토스를 속이고 그를 감금했다. 그래서 전쟁의 신 아레스가 직접 내려와 타나토스를 구하고, 시시포스를 지옥으로 데려간다. 하지만 영악한 시시포스는 지옥에서도 지하의 신 하데스에게 거짓말을 하고 지상으로 다시 올라가 오래 잘살았다고 한다.

그러나 제우스의 비밀을 폭로하고, 두 번이나 죽음을 피한 것을 못

마땅하게 여긴 신들은 결국 인간으로서 수명을 다한 시시포스를 지옥으로 떨어뜨려버렸다. 기슭에 있는 큰 바위를 밀어올려 바위가 언제나 산꼭대기에 있게 하라고 명령한 것이다.

하지만 바위가 산정에 오르는 순간 다시 기슭으로 굴러내렸기 때문에 시시포스는 항상 바위를 다시 밀어 올리는 일을 반복해야만 했다. 그래서 Sisyphean labor는 '헛수고'를 뜻한다.

이 이야기는 주어진 임무에 충실해야 하는 삶의 현실을 말해주는 단골 소재가 되었다. 특히 프랑스의 작가 알베르 까뮈(Albert Camus, 1913~1960)는 시시포스에게서 인생의 부조리에 대한 상징을 발견하고 『시시포스의 신화. 부조리에 대한 시론 (Le Mythe de Sisyphe)』(1942)이라는 작품을 썼다. 인간은 부조리한 삶속에서 절망하지 않고 항상 새로이 자신의 '바위'를 산 위까지 밀어올림으로써 스스로 삶의 의미를 찾아야 한다고 주장했다.

〈시시포스〉, 티치아노, 1549

# DAY 022 | 탄탈로스의 갈증

제우스 또는 리디아의 통치자 트로몰로스의 아들 탄탈로스(Tan-talos)는 제우스를 비롯한 모든 신들로부터 총애를 받았다. 덕분에 탄탈로스는 신들의 연회에 참석해서 신들의 음식인 암브로시아(ambrosia)와 넥타르(nectar, 신주)를 먹을 수 있었다. ambrosia는 앞에서도 말했듯이 그리스 어로 '죽지 않다'라는 뜻이며 nectar는 '죽음을 물리치다'라는 뜻이다. 이 음식 때문에 신들에게는 피가 아닌 이코르(ichor)라는 물질이 흘러 영원히 죽지 않았던 것이다.

오늘날 nectar와 ambrosia는 맛있는 음식을 뜻하는 단어가 되었다. 특히 넥타르는 감미로운 액체를 말한다. 벌이 꿀을 만들 때 사용하는 꽃 속의 달콤한 액체를 넥타(nectar)라고 한다. 부드러운 껍질에 싸인 복숭아의 한 종류도 달콤한 맛 때문에 nectarine(천도복숭아)이라고 부른다.

그는 신들과의 친분을 과신한 나머지 이 음식과 음료수가 마치 자기 것인 양 마음대로 지상으로 가져가 친구들에게 나눠주며 자랑하고 다녔다. 곧 네메시스가 뒤따라와 그를 타르타로스 지옥에 가두고 음식과 관련된 특이한 고문을 가했다. 목까지 차오르는 물 한가운데에 서 있는 고문이었다. 그가 물을 마시려고 몸을 굽히면 물이 저 아래로 내려갔다가 이내 소용돌이치며 사라져버렸다. 그러다 그가 다시 일어나면 다시 목까지 차올라 영원히 굶주림과 목마름에 시달리게 했다.

이 때문에 tantalize라는 말은 곧 이루어질 것처럼 기대를 품게 하지만 막상 아무것도 실현되지 않는 행위, 감질나게 하는 행위를 가리킨다. 또 포도주 병이 진열되어 잠긴 진열장도 '탄탈로스'라고 부른다. 눈앞에 술이 있어도 열쇠가 없으면 손댈 수 없기 때문이다.

굶주림과 목마름에 시달리는 탄탈로스

한편 탄탈로스의 딸 니오베(Niobe)는 아버지의 비참한 운명을 알지 못했다. 그녀는 일곱 명의 아들과 일곱 명의 딸을 두었다. 자식들은 모두 용모가 준수한 데다 재주도 뛰어났기 때문에 니오베는 자식들 칭찬에 시간 가는 줄 몰랐다. 더구나 레토가 아무리 대단하다 해도 그녀에게는 아들딸 한 명씩밖에 없지 않느냐고 비아냥거리기까지 했다.

레토의 자녀인 아폴론과 아르테미스는 어머니를 조롱한 니오베에게 앙갚음을 했다. 아폴론은 그녀의 일곱 아들을 모두 활로 쏘아 죽였고, 아르테미스도 일곱 명의 딸을 모두 죽여버렸다. 니오베는 마지막으로 죽은 막내딸을 끌어안고 하염없이 눈물을 흘렸다. 신들은 그녀를 가엾이 여겨 샘물이 계속해서 흘러나오는 비석으로 만들어주었다.

# DAY 023 | 유혹의 상징 세이렌

READ □

그리스 신화의 괴물 중 일부는 무섭기는커녕 아주 매력적인 존재들로 묘사되었다. 세이렌들(Seirenes, 단수형은 Seiren)은 보통 아주 어여쁜 아가씨들로 그려졌다. 그녀들은 노래를 불러 자신들 곁을 지나가는 선원들의 넋을 잃게 한 다음, 자기들 쪽으로 유인해 바위에 부딪혀 죽게 만들곤 했다. 이처럼 그녀들의 노래는 저항할 수 없을 정도로 매혹적이어서 수많은 남성들이 목숨을 잃었다.

그러나 세이렌은 두 차례에 걸쳐 목적을 달성하는 데 실패했다. 오디세우스는 세이렌의 유혹을 이겨내려고 부하들에게 자신의 몸을 돛대에 묶고 절대로 풀어주지 말라고 당부했다. 세이렌의 매혹적인 노랫소리가 들려오자 오디세우스는 결박을 풀려고 몸부림쳤지만 귀마개를 쓴 부하들은 오히려 그를 더욱 단단히 묶어버렸다. 결국 노랫소리가 점점 약해지고 마침내 오디세우스는 세이렌의 유혹으로부터 벗어나 무사히 항해를 계속할 수 있었다. 그러자 세이렌들은 모욕감을 느낀 나머지 모두 자살하고 말았다.

그리고 뛰어난 음악가이자 시인인 오르페우스가 황금 양털을 찾기 위해 아르고 호를 타고 가던 중 세이렌의 노래를 듣게 되었다. 그러자 그는 세이렌보다 더 아름다운 노래를 불러 대응했고, 이에 모욕감을 느낀 세이렌들은 모두 바다에 뛰어들어 바위가 되었다. 세이렌에게는 남자들이 자신의 유혹에 넘어오지 않으면 자살하는 암묵적인 원칙이 있었기 때문이었다.

'스타벅스' 로고 속의 세이렌(왼쪽)과 새의 모습을 한 세이렌

하르파이들과 마찬가지로 세이렌들도 처음에는 죽은 사람들의 영혼을 데리고 가는 '바람의 요정'들이었다. 이런 공통점 때문에 종종 세이렌들이 하르파이들처럼 새의 몸통을 지닌 존재로 그려지기도 했다. 하지만 세이렌은 늘 바다와 관련이 있었기 때문에 나중에 허리 윗부분은 여인이며 아랫부분은 물고기인 존재로 많이 그려졌다. 즉 인어(mermaid)가 된 것이다.

지금은 남자들을 유혹해서 사랑에 빠지게 만든 다음 그가 비참해지는 꼴을 즐기는 요부를 영어로 siren이라고 한다. 또한 남자들을 그럴듯한 말로 속여서 어쩔 줄 모르게 만드는 것을 siren song이라고 한다. 하지만 세이렌은 아름다운 소리가 아니라 경찰차나 소방차에 부착된 경적(사이렌)을 뜻하기도 한다. 그리고 인어의 모습에서 따온 siren suit는 상하가 붙은 작업복, 아동복, 방공복을 뜻한다.

바다에는 바다소(海牛. 해마는 sea horse, hippocampus)라 불리는 포유류가 있다. 이 동물은 어깨에서 머리까지 바다 위에 내놓은 채 어미가 자식을 포옹하듯이 새끼를 꼭 껴안고 있는 습성이 있다. 그래서 선원들이 멀리서 이 동물들을 보면 처음에는 새끼를 끌어안고 있는 사람처럼 착각한다. 그러다가 곧 물속으로 들어가는 모습을 보면 지느러미가 보이기 때문에 선원들은 인어를 본 듯한 착각에 빠진다. 이런 착각 때문에 바다소와 그 과에 속하는 동물들을 Sirenia(Sirenian)라고 한다.

# DAY 024 | 고르디우스의 매듭과 미다스의 손

　　고르디우스[Gordius 또는 고르디아스(Gordias)]는 소달구지를 타고 소아시아 프리지아(Phrygia)의 수도로 들어와 신탁에 따라 왕으로 추대된 인물이었다. 고르디우스는 소달구지의 멍에를 복잡한 매듭의 고삐로 묶고 이 매듭을 푸는 사람은 앞으로 동방 전체를 지배할 것이라고 공언했다. 그 후 수많은 사람들이 이 매듭을 풀려고 시도해보았지만 아무도 성공하지 못했다. 그때부터 Gordian knot(고르디우스의 매듭)는 복잡하게 얽혀 있어서 도무지 해결의 기미가 보이지 않는 막막한 문제를 말할 때 사용되었다.

〈고르디우스의 매듭을 자르는 알렉산더 대왕〉, 페델 피쉐티, 18C

그 매듭은 실제로 존재했다. 기원전 333년 알렉산드로스(Alexandros, 알렉산더) 대왕이 소아시아의 서안 프리지아의 고르디움을 함락하고 시내의 신전을 찾아갔었다. 거기에는 신을 모시는 가마가 있었는데, 그 손잡이에 복잡한 매듭이 지어져 있었고, 이것을 푸는 자만이 아시아의 왕이 되리라는 신탁이 붙어 있었다. 알렉산드로스는 이 매듭을 잠시 들여다보더니 갑자기 칼을 뽑아 잘라버렸다. 그야말로 일도양단(一刀兩斷)의 해결이었다.

그래서인지는 모르겠지만 알렉산드로스는 아시아의 전 지역을 한 번도 패하지 않고 정복해 나갔고, 이때부터 'to cut the Gordian knot'라는 말은 '단도직입적이고 기발한 방법으로 복잡한 문제를 해결하다'라는 뜻이 되었다. 이것은 그리스 인들이 신화를 통해 설파했던 "자만을 버려라"라는 교훈과 완전히 다른 교훈이라 할 수 있다.

한편 고르디우스의 아들 미다스(Midas)는 꽤 부자였음에도 더 큰 부자가 되고 싶어했다. 그는 어느 날 길을 헤매던 디오니소스의 스승 실레노스(Silenos)를 환대하고 그를 디오니소스에게 안내해주었다. 그러자 디오니소스는 그에 대한 보답으로 소원을 들어줄 테니 바라는 것을 말해보라고 했고, 미다스는 자신이 손대는 것은 무엇이든지 금으로 변하게 해달라고 부탁했다.

하지만 진수성찬과 포도주조차 모두 금으로 변하는 바람에 그는 굶어죽기 직전에 이르렀다. 자신의 욕심을 후회한 그는 디오니소스에게 본래대로 돌려달라고 애원하고서야 겨우 마법이 풀렸다. 그 후 미다스 왕은 부귀영화를 버리고 시골에 은둔하면서 판(Pan)을 숭배하며 여생을 보냈다고 한다.

이 이야기에서 바로 Midas touch(미다스의 손) 또는 golden touch(황금 손길)라는 말이 나왔다. '닿는 것은 무엇이든지 금으로 변하게 하는 손'이라는 뜻의 이 말은 현재 '사업상 눈에 띄게 성공한 사람'이나 '돈 버는 재주'를 가리키는 말로 쓰이고 있다. 대부분의 사람들은 이 능력을 찬양하고 부러워하지만, 정작 그리스 인들이 말하고자 한 것은 "돈이 전부가 아니다"라는 교훈이다.

# DAY 025 | 아마조네스

아마조네스(Amazones)는 그리스 신화에 나오는 '여성 무사족'인 아마존(Amazon)의 복수형이다. 이들은 전쟁의 신 아레스의 자손으로 코카서스와 소아시아 지방에 살았는데, 무술이 뛰어났으며 말 타기에도 능했다.

또 이들은 여성들만으로 종족을 유지하기 위해 해마다 축제 기간에는 다른 나라에서 남자들을 데려와 함께 잠자리를 한 뒤, 거세를 해서 노예로 부렸다. 그래서 태어난 아이가 사내이면 이웃나라로 보내거나 죽였고 여자아이만 키웠다고 한다. 그리고 이들이 여전사가 되는 데 방해가 된다고 하여 어릴 때 오른쪽 유방을 도려내 활을 쏘기 좋게 하였다. 아마존이라는 말도 원래 그리스 어로 '가슴, 즉 유방이 없다'라는 뜻이다.

'헤라클레스의 열두 가지 과업'에도 그녀들이 등장하는데, 이 중 아홉 번째가 아마존 족의 여왕 히폴리테(Hipolyte, '벌거벗은 미혼의 암말'이라는 뜻)의 허리띠를 훔쳐오는 것이었다. 이 허리띠는 아레스가 히폴리테에게 선물로 준 것이었다. 헤라클레스가 아마존을 방문하자 남자에게 저항적인 아마존 족은 저항하기는커녕 오히려 히폴리테는 헤라클레스를 환영하고 그와 동침한 뒤 허리띠를 선물로 주었다. 헤라클레스가 허리띠와 히폴리테를 데려가자 아마존 족은 헤라클레스를 추격했다. 그러자 헤라클레스는 히폴리테가 자신을 배신한 것으로 알고 그녀를 죽이고 말았다.

1500년 1월 26일 콜럼버스의 동생 핀슨(Vicente Yáñez Pinzón, 1462~1514)이 이끄는 스페인의 남미 탐험대가 폭풍우를 만나 정박한 곳 근처에서 강의 어귀를 발견했다. 그는 이 강에 'Río Santa María de la Mar Dulce(달콤한 바다의 산타 마리아 강)'라는 이

헤라클레스와 싸우는 아마조네스

름을 붙였다. 이후 잉카제국을 멸망시킨 스페인의 정복자 프랜시스코 피사로의 휘하 장교인 프랜시스코 드 오렐라냐(Francisco de Orellana, 1511~1546)가 1542년 이 강을 본격적으로 탐험했다. 그는 피사로의 명령에 따라 군대를 이끌고 강을 거슬러 올라가던 중 원주민들의 습격을 받았다. 많은 병사들을 잃고 간신히 살아 돌아온 그는 이 원주민들이 여인 무사들이었다고 보고했다. 물론 원주민 무사들은 여자가 아니었다. 지칠 대로 지친 오렐라냐가 풀잎으로 만든 모자를 썼던 원주민들을 여자로 잘못 보았던 것이다.

이 이야기는 스페인 국왕 카를로스 5세의 귀에도 들어갔다. 그리스 신화에 나오는 아마존 여전사 이야기에 부합된다고 생각한 국왕은 그 강을 '아마존'으로 부르라고 명령했다. 이후 탐험가들은 세계에서 가장 긴 이 강을 '아마존 강'으로 불렀으며, 이 원주민 전사들을 '아마조네스'로, 이들이 사는 지역을 '아마조니아(Amazonia)'로 부르게 되었다.

# DAY 026 | 다이달로스의 미궁

READ ☐

　'대장간의 신' 헤파이스토스의 자손인 다이달로스(Daedalos)는 '명장(名匠)'이라는 뜻을 가지고 있는데, 말 그대로 그는 수많은 연장을 발명했다. 조카인 탈로스를 제자로 삼았으나 그의 뛰어난 솜씨를 시기하여 죽이고 크레타 섬으로 도망쳤다. 크레타의 왕 미노스에게서도 기술을 인정받은 그는 흰 소를 사랑한 왕의 아내 파시파에([Pasiphae)가 괴물 미노타우로스를 낳자 이 괴물을 가두기 위한 미궁(迷宮) '라비린토스(labyrinthos)'를 지어주었다. 그래서 labyrinthine은 '복잡하게 얽힌, 착잡한'이라는 뜻으로 쓰이며, daedal은 '교묘한(elaborate), 복잡한(intricate), 다양한(varied)', 그리고 daedalian은 '재주가 좋은, 창조적인'

추락하는 이카루스와 미궁

이라는 뜻으로 쓰인다.

그러나 미노스 왕과 말다툼을 한 그는 아들 이카루스(Icaros)와 함께 자신이 만든 미궁에 갇히고 말았다. 그러자 이들은 밀랍에 깃털을 단 양 날개를 만들어 가까스로 미궁을 탈출했다. 그는 하늘을 날면서 아들에게 태양 가까이 다가가지 말라고 주의를 주었다. 하지만 흥분한 이카루스는 충고를 무시하고 너무 높이 올라가다 그만 밀랍이 녹아내리는 바람에 바다에 추락하고 말았다. 사람들은 이카루스가 추락한 곳을 '이카루스 해(Icarian Sea)'라고 불렀으며, 영어로 icarian은 '무모한(reckless), 저돌적인(rash)'이라는 뜻으로 쓰이고 있다.

# DAY 027 | 아리아드네의 실꾸리

아테네인들은 해마다 미노스 왕에게 각각 일곱 명의 젊은 남녀를 공물로 바쳤다. 이들은 라비린토스에서 키운 미노타우로스, 즉 '미노스의 황소' 먹이가 되었다. 하지만 미노스 왕은 아테네 인들 가운데 누구든 미노타우로스를 죽이고 미궁을 빠져나오면 더 이상 공물을 안 바쳐도 된다고 선언했다.

어느 해 공물을 바칠 때가 오자, 아테네의 왕 아이게우스(Aigeus)의 아들 테세우스(Theseus)가 미노스 왕에게 공물로 보내는 젊은 남녀 각 일곱 명 가운데 살짝 끼어 크레타 섬으로 건너갔다. 이때 미노스 왕의 딸 아리아드네(Ariadne)가 테세우스를 사랑하여 그에게 칼과 실꾸리(clue)를 건네주었다. 그는 이 실의 끝을 미궁의 입구에 매어놓아 길을 잃지 않고 괴물 미노타우로스를 퇴치한 뒤 아테네 인들과 함께 아리아드네를 데리고 무사히 섬을 빠져나왔다.

Clue는 원래 '작은 뭉치'라는 뜻으로, 지금은 '단서, 길'이라는 뜻으로 많이 쓰이며, '정보, 사견(私見)'이라는 뜻도 갖게 되었다. 그리고 여기서 cloud(구름), clod(흙 한 덩어리, 시골뜨기), clot(엉긴 덩어리, 바보), clew(실꾸리, 단서) 등의 단어들이 파생되었다.

테세우스는 미노타우로스를 물리치고 돌아오는 도중 아리아드네를 낙소스 섬에 홀로 두었는데, 아테네 항구 가까이 배가 이르렀을 때 무사함의 표시로 흰 돛을 달기로 한 약속을 그만 깜박 잊어버리고 말았다. 이전까지 미노스 왕에게 바칠 공물을 실어 나르는 배는 슬픔의 표시로 검은 돛을 다는 것이 관습이었는데, 테세우스는 미노타우로스를 물리치고 돌아오면 흰 돛을 달겠다고 아버지에게 약속했었다.

그러나 검은 돛을 단 테세우스의 배를 본 아버지 아이게우스는 비탄에 빠져 바다에 몸을 던져 죽었다. 그래서 지금도 그리스와 터키 사이의 바다를 '아이게우스의 바다'라는 뜻의 '에게 해(Aegean Sea)'라고 부른다.

# DAY 028 | 프로크루스테스의 침대

READ ☐

'늘이는 자' 또는 '두드려서 펴는 자'를 뜻하는 프로크루스테스 (Procrutes)는 아테네 교외의 언덕에 집을 짓고 살면서 강도질을 했다고 전해진다. 그는 지나가는 나그네를 집에 초대해 쇠침대에 누이고는 침대 길이보다 다리가 짧으면 다리를 잡아 늘이고 다리가 길면 잘라버렸다. 그의 침대에는 길이를 조절하는 보이지 않는 장치를 했기 때문에 침대에 키가 딱 들어맞는 사람이 아무도 없었다고 한다.

결국 자신이 저질렀던 만행은 아테네의 영웅 테세우스에 의해 끝이 난다. 테세우스는 프로크루스테스를 잡아서 침대에 누이고는 똑같은 방법으로 머리와 다리를 잘라내어 처치했다. 그리고 프로크루스테스를 처치한 일은 테세우스의 마지막 모험이 되었다.

이 신화에서 '프로크루스테스의 침대(Procrustean bed)'나 '프로크루스테스 체계(Procrustean method)'라는 말이 생겨났다. 자기 생각에 맞추어 남의 생각을 뜯어고치려는 행위, 남에게 해를 끼치면서까지 자신의 주장을 굽히지 않는 횡포, 자신이 정한 일방적인 기준에 다른 사람들의 견해를 억지로 짜맞추려는 '아집과 편견(distortion, sophistry), 또는 융통성 없음'을 비유한 말이다. 형용사 procrustean은 '견강부회의'라는 뜻이다.

# DAY 029 | 오이디푸스 콤플렉스

소포클레스(Sophocles, 기원전 496~406)의 『오이디푸스 왕』에 따르면, 오이디푸스는 테베를 건설한 카드모스(Cadmos)의 증손자 라이오스 (Laios)와 이오카스테(Iocaste) 사이에서 태어난 아들이다. 그는 아들이 아비를 죽이고 어미를 범한다는 신탁을 받자 태어나자마자 양치기에 의해 코린토스 산에 버려졌다. 양치기는 갓난아이를 차마 죽일 수 없어 나무에 매달아놓았는데, 지나가던 농부가 발견하여 코린토스 왕에게 데려다주었다. 왕은 아이를 양자로 삼아 오이디푸스(Oedipous)라고 이름을 지어주었다. 이는 '부어오른 발'이라는 뜻으로, 아이가 버려질 당시 복사뼈에 쇠못이 꽂혀 부어 있었기 때문에 붙여진 이름이다.

〈안티고네의 부축을 받고 테베를 떠나는 오이디푸스〉, 샤를 프랑수아 잘라베르, 1849

청년이 된 오이디푸스는 자신의 뿌리를 알고자 델포이에서 신탁을 받았는데, 그것은 바로 앞의 내용과 같았다. 그는 신탁을 피하려고 방랑하다가 테베로 가는 좁은 길에서 한 노인을 만나 사소한 시비 끝에 그를 죽이고 말았다. 그 노인이 바로 자기의 아버지인 줄도 모르고 죽인 것이다.

당시 테베에는 스핑크스(Sphinx)라는 괴물이 나타나 수수께끼를 내어 풀지 못하는 사람을 잡아먹고 있었다. 에키드나(Echidna)의 자식인 스핑크스는 사람의 머리에 사자의 몸통을 가지고 있었다. 이때 수수께끼를 푼 사람이 바로 오이디푸스였다. "아침에는 네 발, 낮에는 두 발, 밤에는 세 발인 것은 무엇이냐"는 질문에 "사람"이라고 대답한 것이다. 이에 스핑크스는 굴욕감을 이기지 못해 스스로 목숨을 끊어버리고 말았다.

원래 sphinx는 그리스 어로 '꽉 졸라매다'라는 뜻이다. 그래서 '이해하기 어려운 사람이나 수수께끼 같은 말을 하는 사람'을 가리켜 sphinx라고 하며, 말을 거의 하지 않는 사람도 역시 이해하기 힘들기 때문에 '과묵한 사람'을 가리킬 때에도 사용된다. 그리고 입을 오므릴 때 사용하는 근육처럼 구멍을 조이는 근육을 가리켜 sphincter(괄약근)라고 부른다.

이집트 인들은 사자의 몸 위에 자신들이 모시는 왕의 머리를 붙인 동상을 세우고 세스프앙크라 불렀는데, 그리스 인들은 이를 스핑크스라고 불렀다. 지금도 이집트에는 길이가 약 70m, 높이가 약 20m, 폭이 약 4m나 되는 '대스핑크스(Great Sphinx)'가 남아 있다.

한편 이 괴물을 죽이는 자에게 왕위는 물론 자기 자신까지도 바치겠다고 한 왕비의 약속에 따라 오이디푸스는 테베의 왕이 되었다. 그러던 중 테베에 돌림병과 기근이 만연하자 그 원인을 알아보니 전왕을 죽인 범인 때문이라고 했다. 왕이 아버지를 죽이고 어머니와 결혼했기 때문이라고 했다. 이 사실을 전해들은 어머니 이오카스테는 자살하고, 오이디푸스는 자신의 눈을 찌르고 누이이자 딸인 안티고네(Antigone)의 부축을 받으며 방랑하다 불행한 삶을 마감했다. 이때 아테네의 영웅 테세우스가 후한 장례식을 치러주어 그의 영혼을 조금이나마 달래주었다.

이 비극의 주인공 이름을 딴 '오이디푸스 콤플렉스'는 엘렉트라 콤플렉스와 반대로 '친모복합(親母複合)'을 말한다. 프로이트는 유아에게도 성징이 존재하며, 3~4세 때는 이미 정신적·성적 발달이 이루어져 '남근기(phallic stage)'에 도달해 6~7세까지 계속된다고 주장했다.

이 시기에는 성의 구별 능력이 생겨 성적 관심을 품는데, 특히 사내아이는 어머니에게 애정을 느껴 아버지를 연적으로 여기고 질투를 느낀다. 하지만 아버지도 사랑하기 때문에 스스로의 적개심에 고통을 느끼며, 또 그 때문에 아버지에게 벌을 받지 않을까 하는 '거세 불안(castration anxiety)'을 느끼기도 한다. 이와 같이 어머니에 대한 애착, 아버지에 대한 적의, 그에 따른 체벌에 대한 불안 등 이 세 가지를 중심으로 발현하는 관념복합체를 프로이트는 '오이디푸스 콤플렉스'라고 불렀다.

# DAY 030 | 콜키스의 황금 양털

　보이오티아 지방의 오르코메노스 왕 아타마스(Athamas)와 님프 네펠레(Nephele) 사이에서 프릭소스(Phrixos)와 헬레(Helle) 남매가 태어났다. 하지만 아타마스는 네펠레와 헤어진 뒤, '물거품의 흰 여신'이라는 뜻의 이노(Ino)를 새 아내로 맞이했다. 전처의 자식들을 눈엣가시로 여긴 이노는 삶은 씨앗을 심어 곡식이 자라지 않게 한 다음, 프릭소스를 제물로 바쳐야만 곡식이 자랄 수 있다는 신탁을 꾸며냈다.

　아타마스가 거짓 신탁에 따라 프릭소스의 목을 베려고 하자, 네펠레가 보낸 황금 양이 남매를 태우고 날아서 도망쳤다. 안타깝게도 헬레는 바다를 건너 날아갈 때 황금 양의 등에서 떨어져 죽었는데, 그곳을 '헬레의 바다'라는 뜻의 헬레스폰투스 또는 헬레스폰트(Hellespont, 지금의 다르다넬스 해협)라 부르게 되었다. 콜키스의 황금 양털(Golden Fleece)은 바로 이 양의 가죽이다.

　여동생의 죽음을 슬퍼하던 프릭소스는 콜키스의 왕 아이에테스에게 모든 사실을 말하고 왕의 사위가 되었고, 황금빛 양은 제우스 신에게, 황금 양털은 아이에테스 왕에게 바쳤다. 왕은 황금 양털을 나무에 걸어두고 라돈이라는 용에게 그것을 지키게 한다. 그 후로 콜키스에 풍년이 계속되자 이 황금 양털을 차지하려는 사람들이 많아졌지만 모두 용에게 죽임을 당했다.

　이아손(Jason, 제이슨)도 이 황금 양털을 차지하기 위해 아르고호를 타고 모험을 시작했다. 테살리아의 대도시 이올코스의 왕이었던 아버

〈동생을 바다에 빠뜨리는 메데이아〉, H. J. 드레이퍼, 1864

지 아이손(Aison)은 그가 아직 어렸을 때 이부형제(異父兄弟) 펠리아스 (Pelias)에 의해 왕위에서 쫓겨났다. 그래서 이아손의 어머니는 켄타우로스 족의 현자(賢者) 케이론(Chiron)에게 어린 이아손을 보내 양육을 부탁했다.

어른이 된 이아손은 왕위를 되찾기 위해 펠리아스에게 가던 중 노파로 변장한 여신 헤라를 만났다. 부탁을 받은 이아손은 그녀를 업어 강을 건네주다가 신발 한쪽을 잃었다. 이아손은 한쪽 신발만 신은 채 그대로 펠리아스 앞에 나타나 자기가 아이손의 아들로 정당한 왕위 계승자라고 주장했다. 이전에 한쪽 신발만 신은 남자가 나타나 자기를 파멸시킬 것이라는 신탁을 받았던 펠리아스는 이아손을 없애기 위해 계략을 꾸몄다. 그에게 콜키스로 가서 황금 양털을 가져오면 왕위를 물려주겠다는 어려운 조건을 내세운 것이다. 그래서 이아손은 아르고호라는 커다란 배를 건조하여 그리스의 영웅들을 이끌고 천신만고 끝에 콜키스에 도착한다.

콜키스의 왕 아이에테스에게는 메데이아(Medeia)라는 딸이 있었는데, 그녀는 순수한 영혼과 총명함, 마법을 사용하는 능력까지 지니고 있었다. 그녀는 아버지의 소유물인 황금 양털을 훔치러 온 이아손에게 첫눈에 반했다. 그때부터 메데이아는 오직 이아손만을 위해 헌신하지만 거기서 비극이 시작되었다.

이아손은 금전과 권력에 눈이 먼 파렴치한 자였다. 아이에테스가 이런저런 핑계를 대고 황금 양털을 주지 않자 이아손은 메데이아를 이용했다. 황금 양털을 훔쳐온 메데이아는 이아손과 함께 도망치다가 이를 알고 추격해온 동생 압시르토스를 처참하게 죽여 바다에 빠뜨리고, 충격으로 넋이 나간 가족들이 장례를 치르는 틈을 타 무사히 콜키스를 탈출했다. 사랑에 눈이 멀어 가족을 살해하고 조국을 배신한 여자가 되고 만 것이다.

황금 양털을 가지고 돌아온 이아손은 펠리아스가 약속을 지키지 않자 메데이아의 마법의 힘을 빌려 복수할 것을 결심한다. 펠리아스의 딸들에게 아버지를 젊어지게 할 수 있다면서, 딸들이 보는 앞에서 양을 가마솥에 넣은 다음 다시 새끼 양으로 만들어 보였다. 이에 속은 딸들은 아버지 펠리아스를 가마솥에 넣어 죽게 만들고 말았다.

그 후 이아손은 메데이아와 함께 코린트로 건너가 두 아들을 낳으며 겉으로는 행복하게 살았다. 그러나 테바이(테베)의 왕 크레온이 자신의 사위가 되어달라고 하자 이아손은 조강지처를 헌신짝처럼 버렸다.

헌신과 사랑에 대한 대가가 배신이란 것을 깨달은 메데이아는 질투와 분노의 화신이 되어 복수를 감행했다. 남편의 신부가 될 글라우케에게 독을 바른 선물을 주어 그 독 때문에 처참하게 죽게 했다. 더구나 이아손에게 끔찍한 고통을 주는 것만이 철저하게 복수하는 길이라는 생각에 자기가 낳은 두 아들마저도 죽이고 용이 끄는 마차를 타고 사라진다.

# DAY 031 | 헤라클레스의 열두 가지 과업

READ ☐

"헤라클레스 없이는 되는 일도 없다"라는 속담이 있듯이, 그는 초인적인 힘을 지닌 가장 위대한 그리스의 영웅이다. 그는 제우스와 알크메네(Alcmene) 사이에서 태어났다. 알크메네는 암피트리온과 부부로 지내면서 쌍둥이 형제를 낳았는데, 하나는 제우스의 아들인 헤라클레스였고 또 하나는 암피트리온의 아들인 이피클레스였다. 신화에 따르면, 제우스의 아내 헤라의 지시를 받은 분만의 여신 에일레이티아가 주술로 헤라클레스의 탄생을 방해했으나, 알크메네의 여종인 갈린티아스가 이미 아들을 낳았다고 거짓말을 한 틈을 타 무사히 헤라클레스를 낳았다고 한다.

헤라클레스의 이름에서 나온 herculean은 '(헤라클레스 같은) 큰 힘이 필요한, 매우 어려운, 괴력의'라는 뜻으로 쓰이며, a herculean task는 '아주 어려운 일'을 가리킨다. 그리고 'the Choice of Heracles(헤라클레스의 선택)'는 '쾌락이나 안락함 대신에 고난의 길을 택하는 것'을 의미한다.

하지만 헤라클레스는 헤라가 내린 광기 때문에 자신의 아이들을 죽였고, 그 죗값을 치르기 위해 자신의 적인 에우리스테우스(Eurysteus) 밑에서 '열두 가지 과업'을 수행해야 하는 업보를 졌다. 그는 첫 번째 과업인 '네메아의 사자 죽이기'에 성공해 그 가죽을 벗겨 옷을 해입었다. 이 사자 가죽 덕분에 그는 어떤 무기라도 방어할 수 있었다. 두 번째는 레르나의 히드라를 퇴치할 것, 세 번째는 케리네이아의 암사슴을 생포할 것, 네 번째는 에리만토스의 멧돼지를 생포할 것, 다섯 번째 과업은 30년 동안 한 번도 치우지 않은 아우게이아스(Augeas)의 외양간을 하루 만에 치우는 것이었다. 그래서 '아주 더럽거나 썩은 것'을 'Augean stables(아우게이아스의 외양간)'이라고 하며, 그가 두 개의 강줄기를 끌어들여 가볍게 일을 마쳤기 때문에 신속 강력한 조치로 범죄나 부패를 일소하는 것을 'cleanse the Augean stables(쌓인 악폐를 일소하다)'라고 한다.

그리고 여섯 번째는 스팀팔로스의 새를 퇴치할 것, 일곱 번째는 크레타의 황소를 생포할 것, 여덟 번째는 디오메데스의 야생마를 생포할 것, 아홉 번째는 히폴리테의 허리띠를 훔칠 것, 열 번째는 게리온의 황소 떼를 데려올 것, 열한 번째는 헤스페리데스의 사과를 따올 것, 마지막 열두 번째는 하데스의 케르베로스를 생포할 것 등이었다.

# DAY 032 | 『일리아스』와 『오디세이아』

기원전 850년경 전설적인 장님 시인 호메로스(Homeros, 호머)는 서양에서 가장 위대한 장편 서사시 『일리아스(Ilias, 일리아드)』와 『오디세이아(Odysseia, 오디세이)』를 지었다. 이 작품들은 서양 문학의 최초이자 최고의 걸작으로, 기원전 8세기경에 구전으로 성립되고, 기원전 6세기경에 문자로 기록되었다고 추정된다. 지금으로부터 무려 수천 년 전의 작품이 그토록 짜임새 있는 구조와 풍부한 내용을 담고 있다는 사실은 경탄을 자아내고 있다.

이 두 서사시는 트로이 전쟁의 발발에서부터 전쟁이 끝나고 그리스로 귀환하는 과정까지 영웅들이 펼치는 드라마틱한 이야기다. 원래 이 도시는 건설자 트로스(Tros)의 이름을 따서 '트로스의 도시'라는 뜻의 '트로이아'라 불렀으며, 아들 일리오스(Ilios)의 이름을 따 '일리오스의 도시'라는 뜻의 '일리온'이라고도 불렀다. 일리아스는 '일리온에 대한 이야기'라는 뜻이며, 오디세이아는 '오디세우스의 여정'이라는 뜻이다.

호메로스

『일리아스』는 10여 년에 달하는 트로이 전쟁의 단 며칠 동안의 이야기에 집중된다. 이 서사시의 가장 뛰어난 주인공은 그리스의 영웅 아킬레우스이다. 처음에는 아킬레우스가 그리스 군의 총사령관 아가멤논과 싸우고 나서 더 이상 전투에 참여하지 않겠다고 선언한다. 그래서 그리스 군은 헥토르가 이끄는 트로이 군에게 무참히 짓밟힌다. 하지만 자신의 투구를 쓰고 헥토르와 겨루다 죽은 친구 때문에 전투에 복귀한 아킬레우스는 결국 헥토르를 죽여 원수를 갚는다. 여기에서는 아가멤논, 오디세우스, 아이아스, 디오메네스, 헥토르, 파리스, 아에네아스, 프리아모스 등 양쪽 진영의 주요 영웅들의 용맹과 지략에 관한 이야기, 그리고 그 전투를 지켜보며 가끔씩 참견하는 신들의 이야기가 전개된다.

트로이 전쟁이 끝나고 귀향길에 오른 오디세우스는 10년 동안이나 더 바다를 떠도는 신세가 된다. 『오디세이아』도 『일리아스』처럼 중간에서 시작되어 과거를 회상하는 형식으로 이야기가 펼쳐진다. 바다 요정 칼립소의 섬을 떠나 알키노스 왕의 궁전에 도착한 오디세우스가 자신의 모험을 회고하는 긴 이야기가 끝나고, 마침내 고향으로 돌아가 오랜 세월 동안 자기 가족을 괴롭힌 자들에게 복수하고 아내와 재회함으로써 막을 내린다.

『오디세이아』는 『일리아스』보다 박진감이 떨어지지만, 감미로운 노래로 선원들을 유혹하는 세이렌, 오디세우스 일행을 가둬두고 한 명씩 잡아먹는 키클로페스, 오디세우스를 구출해준 나우시카 공주, 돌아오지 않는 남편을 기다리며 구혼자들을 속이기 위해 매일 베를 짜고 또 풀기를 되풀이했던 페넬로페, 텔레마코스에게 부친을 찾아갈 방법을 조언하는 멘토르 등 오랜 방랑 생활 동안 주인공이 마주친 온갖 기이한 사건들과 사물들 때문에 수많은 작가들의 상상력을 자극했고, 또 수많은 비유를 낳아 영어의 단어로 자리잡기도 했다.

호메로스의 서사시가 사실임을 믿은 독일의 사업가이자 고고학자인 하인리히 슐리만(Heinrich Schliemann, 1822~1890)이 부인과 함께 1870~1873년까지 터키의 북서쪽 해안가에 있는 히살리크 언덕에서 유적을 발견함으로써 트로이 전쟁 이야기는 사실로 밝혀졌다.

# DAY 033 | 파리스의 사과

이야기는 바다의 여신 테티스(Thetis)에서부터 시작된다. 그녀는 너무 아름다워 신들이 앞다퉈 결혼하려고 했으나, 그녀가 신과 결혼해서 낳은 아들이 제우스를 죽일 것이라는 예언이 있었다. 그래서 제우스는 그녀를 인간인 펠레우스(Peleus)와 결혼시켰다. 성대한 결혼식 후 모든 신이 모인 피로연이 열렸지만, 우연한 실수로 '불화의 여신' 에리스(Eris, 아레스의 누이 또는 딸)를 초청하지 않았다.

화가 난 에리스는 피로연장에 나타나 '최고의 미인에게'라는 금박이 새겨진 사과를 바닥에 던졌다. 그러자 헤라, 아테나, 아프로디테는 서

〈파리스의 심판〉, 15C

로 자기 사과라고 우겼다. 하지만 누가 최고의 미인이라고 결론 내릴 수 있는 신들은 아무도 없었다. 그래서 선택 결정권은 파리스(Paris)라는 목동에게 넘어갔다.

당시 트로이 왕은 프리아모스(Priamos)였는데, 헤카베(Hekabe, 헤쿠바)에게서 낳은 장남이 헥토르(Hector)였고, 둘째가 파리스(Paris)였다. 헤카베는 파리스를 낳기 전에 태어날 아이가 장작불로 변하는 꿈을 꾸었는데, 신탁을 들어보니 트로이 멸망의 원인이 될 것이라고 했다. 그래서 아이를 낳자마자 하인에게 맡겨 죽여 없애라고 명령했다. 하지만 하인은 아기를 불쌍히 여겨 산속에 버리고 돌아왔고 파리스는 기적적으로 양치기에게 발견되어 그의 손에서 자랐다. 그가 바로 '불화의 사과(apple of discord)'의 주인을 선택해야만 했던 것이다.

헤라는 부(富)를, 아테나는 전사의 영예를, 아프로디테는 인간 중 최고의 미인을 파리스에게 제안했다. 파리스는 아프로디테를 지목했다. 이것이 바로 그 유명한 '파리스의 심판(judgement of Paris)'이다. 사실 제대로 된 판단이었으나 헤라와 아테나는 심한 모욕감을 느낀 나머지 파리스와 트로이를 증오하게 되었다. 그 후 파리스는 간직하고 있던 증표를 아버지 프리아모스에게 보여주고 트로이의 왕궁으로 귀환했다.

프리아모스에게는 카산드라(Cassandra)라는 딸이 있었다. 그녀는 아폴론이 구애하자 사랑을 받아들이는 대신 예언의 능력을 달라고 요구하여 미래를 알 수 있는 힘을 갖게 되었다. 하지만 예언의 능력만 받고 약속은 지키지 않자 성난 아폴론은 아무도 그녀의 예언을 믿지 않게 만들어버렸다. 그래서 카산드라가 파리스가 돌아오면 트로이를 멸망으로 이끌 것이라고 예언했지만 아무도 그녀의 말을 믿지 않았다.

아프로디테는 절세 미녀 헬레네를 파리스에게 넘겨주고 약속을 지켰다. 파리스는 헬레네(Helene)를 트로이로 데리고 왔으나 그녀는 이미

아가멤논(Agamemnon)의 동생인 스파르타의 왕 메넬라오스(Menelaos)의 아내였다. 그리스 인들은 헬레네를 되찾기 위해 트로이 원정을 감행했고, 이로써 이른바 '트로이 전쟁'이 시작되었다. 헬레네는 오늘날에도 Helena, Ella, Ellen, Ellena, Ellain, Eleanor, Elenora 등의 이름으로 변형되어 여전히 뭇 남성들로부터 사랑을 받고 있다.

# DAY 034 | 아킬레스건

아킬레우스(Achilleus, 아킬레스)는 인간 펠레우스와 바다의 여신 테티스 사이에서 태어난 아들이다. 그가 태어나자 테티스는 그를 스틱스 강물에 담가 불사의 존재로 만들려고 했다. 하지만 아쉽게도 그녀가 잡고 있던 발뒤꿈치 부분을 물에 적시지 못했다.

그런데 이상한 것이 하나 있다. 펠레우스와 테티스의 결혼식이 끝나고 얼마 되지 않아 트로이 전쟁이 일어났는데, 어느새 아킬레우스가 커서 참전까지 했는지, 더구나 10년 정도 걸린 전쟁이 끝나기도 전에 아킬레우스의 아들 네오프톨레모스(Neoptolemos)까지 참전했는지 시간상 도무지 이해가 안 간다. 하지만 신들은 시간을 초월한 존재이기 때문에 가능했을 것이다.

아무튼 아킬레우스는 그리스 신화에서 헤라클레스 다음으로 유명한 영웅이지만, 무력 위주의 헤라클레스와는 달리 문무를 겸비한 영웅으로 성장했다. 그래서 그리스의 예언자 칼카스는 오디세우스에게 아킬레우스 없는 그리스 군이 트로이 전쟁에서 승리할 수 없다고 말했다. 그러자 오디세우스는 참전을 원치 않았던 아킬레우스를 설득해 전쟁으로 끌어들였다.

그는 이 전쟁에서 트로이의 왕자 헥토르를 죽이는 등 큰 공을 세웠으나 헥토르의 동생이자 트로이 전쟁의 원인 제공자인 파리스가 쏜 화살에 발뒤꿈치를 맞고 목숨을 잃었다. 이 때문에 '치명적인 약점, 급소'를 'Achilles heel(아킬레스의 뒤꿈치)'이라 하며, 장딴지 근육과 뒤꿈

치 뼈를 이어주는 튼튼한 힘줄을 'Achilles tendon(아킬레스건)'이라고
한다.

아킬레스를 처음으로 의학용어에 도입한 사람은 네덜란드(플랑드르)
출신의 해부학자 페어하인(P. Verheyen, 1648~1711)이다. 그는 자기 발뒤
꿈치를 직접 갈라 해부하고 그 부위의 힘줄을 라틴 어로 아킬레스건
(chorda Achillis)이라 이름 붙였다. 이 용어를 오늘날 사용하는 Tendo
Achillis로 바꾼 사람은 독일의 해부학자 하이스터(Lorenz Heister,
1683~1758)이며, 이것이 영어로 Achilles tendon이 되었다.

# DAY 035 | 엘렉트라 콤플렉스

미케네의 왕 아가멤논이 트로이 전쟁에 나간 틈을 타 아가멤논의 아내 클리타임네스트라는 예쁜 딸 이피게네이아를 전쟁의 제물로 빼앗긴 것에 대한 복수로 아이기스토스(Aegisthos)와 통정을 하고 만다. 전쟁이 끝나 남편이 귀환하자 그녀는 정부(情夫) 아이기스토스와 짜고 아가멤논을 살해해버렸다. 그녀는 보복이 두려워 어린 아들 오레스테스(Orestes)까지 없애려고 했다. 이때 아가멤논의 장녀 엘렉트라(Electra, '현명한 사람'이라는 뜻)는 몰래 아가멤논의 처남인 포키스의 왕 스트로피오스(Strophios)에게 오레스테스를 보내 훗날을 기약했다.

복수의 기회를 엿보던 엘렉트라는 마침내 동생이 장성하자 동생과 함께 어머니와 정부를 미케네로 불러들여 죽이고 아버지의 원수를 갚았다. 이 이야기는 비극 작품의 좋은 소재가 되어 아이스킬로스의 『오레스테이아』 3부작 등 많은 비극 작품을 낳기도 했다.

하지만 모권제 사회였던 당시 이 모친살해는 최고의 범죄에 해당하는 엄청난 사건인지라 재판에 부쳐졌다. 모권제(母權制)의 수호자인 퓨리스 세 자매는 모권제 사회에서 모친 살해라는 중죄를 지은 오레스테스를 고소했지만 새로운 제도인 부권제(父權制)의 수호자 아폴론과 아테나는 오레스테스를 옹호했다. 결국 심판장인 아테나가 오레스테스의 손을 들어줌으로서 오레스테스는 살아남았다. 이는 젊은 세대의 신들이 구시대의 신들을 이겼다는 의미이자 모권제에 대한 부권제의 승리를 의미하기도 한다.

어머니를 살해하는 오레스테스

엘렉트라 이야기는 우발적으로 일어난 오이디푸스 이야기와는 사뭇
다르다. 엘렉트라는 처음부터 계획적이고 치밀하게 복수를 실행에 옮겼
던 것이다. 여자가 한을 품으면 오뉴월에도 서리가 내린다는 말이 맞긴
맞는 모양이다.

여자아이가 무의식적으로 어머니에게는 적의를 품고 아버지에 애정
을 품는 심리 상태, 즉 '친부복합(親父複合)'을 '엘렉트라 콤플렉스
(Electra Complex)'라고 한다. 이 용어를 처음 사용한 사람은 스위스의
심리학자 칼 융(Carl Jung, 1875~1961)이다.

엘렉트라는 그 외에도 섬뜩할 정도로 찌릿찌릿한 성격에 걸맞은 단
어들을 몇 개 만들어냈다. 엘렉트라는 그리스 어로 '호박(琥珀, amber)'
이라는 뜻도 있는데, 그녀의 눈이 호박색이었다는 이유에서였다. 이것
을 명주 천에 문지르면 정전기가 발생하기 때문에 electricity(전기),
electric current(전류), electron(전자) 등의 단어들이 엘렉트라에서 비
롯되었다.

# DAY 036 | 트로이의 목마

그리스와 트로이가 지중해 무역에서 주도권을 놓고 서로 경쟁하면서 대치하다가 트로이의 왕자 파리스가 스파르타 왕비인 헬레네를 트로이로 데리고 가버린 사건을 계기로 발발한 것이 바로 트로이 전쟁이다. 이 트로이 전쟁의 승리는 오디세우스의 전략에서 나왔다. 그는 거대한 목마를 만들어 그 안에 병사들을 가득 채우고 성문 밖에 세워두었다. 나머지 병사들은 성 위쪽으로 매복하기 위해 승선하고 있었다. 트로이 병사들은 이를 보고 그리스 동맹군이 철수하는 것으로 착각해, 목마를 아테나 여신에게 바치는 전리품으로 여겨 성 안으로 들여놓았다.

아폴론을 모시고 있던 사제 라오콘(Laocoon)은 이런 경솔한 행동에 경고를 했다. "저는 그리스 인들이 선물을 가져오더라도 두렵기만 합니다." 이 말에는 오랫동안 적대시하던 사람이 갑자기 친절하다고 해서 그를 믿어서는 안 된다는 경고가 들어 있다. 그러자 그리스 편을 들고 있던 포세이돈은 바다뱀을 보내 그와 아들들을 목졸라 죽였다.

**트로이의 목마**

트로이 군사들이 승리에 도취해 잔치를 벌인 뒤 잠이

들자 목마에 숨어 있던 그리스 병사들이 뛰쳐나와 성문을 열어주었고, 성 밖에 매복해 있던 병사들이 물밀듯이 들이닥쳤다. 트로이는 순식간에 아수라장이 되었다. 프리아모스와 나머지 가족들도 몰살을 당했고 헬레네도 붙잡혔으나 메넬라오스는 너무도 아름다운 그녀를 차마 죽이지 못하고 다시 스파르타로 데려갔다.

이렇게 해서 10여 년에 걸친 트로이 전쟁은 대단원의 막을 내렸다. 로마의 전설에 따르면, 트로이 왕족 가운데 아이네이아스(Aeneas)는 그의 아버지와 아들 이울루스(Iulus)와 함께 탈출에 성공했고, 그 후손들이 로마를 건설했다고 한다.

지금도 적의 심장부에 잠입해 공격 기회를 노리는 집단을 트로이의 목마(Trojan horse)라고 부른다. 그리고 악성 루틴이 숨어 있는 프로그램으로, 겉보기에는 정상적인 프로그램으로 보이지만 실행하면 악성 코드가 깔리는 컴퓨터 바이러스에도 똑같은 이름이 붙여졌다.

# DAY 037 | 달력과 1년 열두 달의 유래

초기 로마력(Roman Calendar)은 로마를 건국한 로물루스와 레무스 형제가 제정했다. 고대 로마 초기에는 춘분일을 1년의 시작으로 삼아 1년이 10개월(298일)밖에 없었는데, 라틴어로 Martius(마르티우스 1월), Aprilis(아프릴리스 2월), Maius(마이우스 3월), Junius(유니우스 4월), Quintilis(퀸틸리스 5월), Sextilis(섹스틸리스 6월), Septembris(셉템브리스 7월), Octobris(옥토브리스 8월), Novembris(노벰브리스 9월), Decembris(데셈브리스 10월)라고 불렀다.

이후 제2대 왕 누마 폼필리우스(Numa Pom-pilius)가 기원전 713년, 그동안 없었던 겨울의 달 2개월을, 즉 Januarius(야누아리우스)와 Februarius(페브루아리우스)를 추가해 1년을 12개월로 만들었다. Januarius는 당시 Decembris로 끝나는 1년의 다음 첫 달이어서 '문의 신' Janus에서 이름을 따왔으며, 마지막 달 Februarius는 묵은 때를 씻고 새해를 맞는 '속죄 정화 의식' Februa에서 따왔다.

누마 폼필리우스

가이우스 율리우스 카이사르(Gaius Julius Caesar)가 이집트 원정 후 역법을 도입, 기원전 46년에 태양력의 시초인 율리우스력을 만들었다. 평년을 365일로, 4년에 한 번씩 윤년을 366일로 정한 것이다. 또한 1, 3, 5, 7, 9, 11월은 31일로, 나머지 짝수 달은 30일로 하되 2월은 평년 29일, 윤년 30일로 정했다.

그리고 계절과 달력을 일치시키기 위해 이미 기원전 153년에 Januarius를 1월로, Februarius를 2월로 정했지만 Martius가 1월이라는 구습에 젖어 제대로 지켜지지 않았다. 그러자 카이사르는 다시 한 번 강력한 포고령을 내렸고, 결국 Martius는 1월에서 3월로 확실히 밀려나게 되었다.

그리고 자기가 태어난 7월의 명칭을 원래 '다섯 번째 달'이라는 뜻의 Quintilis(퀸틸리스)에서 자신의 이름을 딴 율리우스(Julius, July)로 개칭했으며, 2월에서 하루를 뺏어와 31일로 정했다. 카이사르에 이어 황제가 된 조카 아우구스투스(Augustus, 본명은 가이우스 옥타비아누스)도 자신의 생일과 대전투에서의 승리를 기념하기 위해 원래 8월의 명칭을 '여섯 번째 달'이라는 뜻의 Sextilis(섹스틸리스)에서 자신의 이름을 딴 아우구스투스(Augustus, August)라고 바꾸었다. 그리고 율리우스의 달인 7월이 31일인 것과 균형을 맞추기 위해 2월에서 하루를 떼어와 8월도 31일로 정했다. 하지만 7, 8, 9월이 연속해서 31일이 되므로, 9월부터 12월까지는 짝수 달만 31일로 정했다.

이러한 율리우스력은 100년에 하루의 오차가 생겼다. 그래서 교황 그레고리우스 13세는 1582년 부활절의 날짜를 맞추기 위해 그레고리력을 선포했다. 그레고리력은 윤년을 원칙적으로 4년에 한 번을 두되, 연수가 100의 배수인 때에는 평년으로, 다시 400으로 나누어떨어지는 해는 윤년으로 하며, 4000년으로 나누어지는 해는 윤년이 아니라 평년이 되도록 만들었다. 그래서 2000년은 윤년이 아니었던 것이다. 우리나라도 고종 31년(1894)부터 바로 이 그레고리력을 사용하고 있다. 그러면 각 달의 명칭은 어디서 유래했는지 한번 알아보도록 하자.

### ❖ 1월 January

얼굴이 두 개인 야누스(Janus)는 과거(한쪽의 끝)와 미래(다른 한쪽의 시작), 즉 지난해와 새로운 해를 모두 볼 수 있는 '문의 신'이었다. 그래서 새해의 문을 여는 1월은 이 야누스에서 나온 라틴어 Janua(door)에서 따왔다.

### ❖ 2월 February

**페브루아를 휘두르는 청년들**

고대 로마 인들은 로마력에서 2월이 마지막 달이었기 때문에 이때 몸과 마음을 깨끗이 하는 의식을 가졌다. 이는 로마의 사비네(Sabine)지방에서 해마다 2월 15일(dies febratus)에 열렸던 '루페르칼리아(Lupercalia)'라는 축제에서 유래했다. 이것은 늑대로부터 '양떼를 보호해주는 신' 루페르쿠스(Lupercus)를 기리는 축제인데, 다산의 상징인 루프스(lupus, 암늑대)에서 그 이름을 따왔다.

이때 페브루아(Februa)라는 의식을 치렀는데, 청년들이 제물로 바친 산양의 가죽으로 'februa(정화하는 것, 맑게 하는 것)'라는 가늘고 긴 채찍을 만들어 거리로 나가 사람들에게 채찍을 휘두르고 다녔다. 특히 여자들이 이 채찍을 맞으면 부정이 달아나고 불임이 치유되어 다산을 할 수 있다고 믿었다. 이처럼 2월은 '정화, 깨끗함의 달'이라는 뜻의 라틴어 페브라리우스(febrarius)에서 따왔다.

### ❖ 3월 March

당시는 추운 겨울을 피해 주로 봄에 전쟁을 시작했기 때문에 로마 신화에서 '전쟁의 신'인 마르스(Mars)에서 이름을 따왔다.


### ❖ 4월 April

싹이 움트고 꽃이 피는 4월은 '열리다'라는 뜻의 라틴 어 aperire (open)에서 유래되었다. 그리스 신화의 '미의 여신' 아프로디테에서 유래되었다는 설도 있다.


### ❖ 5월 May

머큐리의 어머니이자 '풍요의 여신'인 마이라(Maia)에서 따왔다. 이 여신의 이름은 magnus(위대한, 큰)와도 어원이 같다. 이 magnus에서 나온 단어로는 magnum(1.5리터짜리 와인 병), magna carta(마그나 카르타, 대헌장), magnify(확대하다), magnanimous(관대한), magnificent(장엄한) 등이 있다. 형용사 magnus의 비교급은 maior이고 최상급은 maximus이다. 비교급 maior에서 나온 단어로는 major(더 큰), majesty(위엄)가 있으며, 최상급 maximus에서 나온 단어로는 maximum(최대), maxim(금언)이 있다.


### ❖ 6월 June

여성을 보호하는 로마의 여신 유노(Juno)에서 유래되었다. 그래서 서양에서는 6월에 결혼하는 여성들이 많다. 이 밖에 로마의 명문 집안의 하나인 유니우스(Junius)에서 나왔다는 설도 있다.

## ❖ 7월 July

위대한 로마의 지도자 율리우스 카이사르(Julius Caesar)의 이름에서 유래되었다. 그의 생일이 로마력으로 다섯 번째 달(Quintilis), 즉 7월 12일이었기 때문에 자신의 달로 삼았다. 카이사르가 인류 최초로 제왕절개 수술로 태어났기 때문에 '제왕절개수술'을 카이사리안 오페레이션 (Caesarian Operation)이라 부른다.

## ❖ 8월 August

카이사르의 조카이자 로마 최초의 황제인 아우구스투스(Augu-stus, 가이우스 옥타비아누스)의 이름에서 유래되었다. 그도 여섯 번째 달 (Sextilis)의 명칭을 자기 이름으로 바꾸었다.

## ❖ 9월 September

숫자 7을 뜻하는 라틴 어 'septem'에서 유래되었다. 9월에서 12월 까지는 라틴 어 숫자가 그대로 사용되었는데, Martius가 1월에서 3월 로 밀리는 바람에 9월, 10월, 11월, 12월은 모두 원래 숫자보다 2가 더 많다.

## ❖ 10월 October

숫자 8을 뜻하는 라틴 어 'oct'에서 유래되었다.

## ❖ 11월 November

숫자 9를 뜻하는 라틴 어 'novem'에서 유래되었다.

## ❖ 12월 December

숫자 10을 의미하는 'decem'에서 유래되어 december가 되었다. 이 단어에서 나온 'deci'는 10분의 1을 의미하는데, 1리터의 10분의 1을 deciliter, 소수점을 decimal point라고 한다. 이 밖에 decimal(10진법의), decade(10년), decimate(학살하다. 고대 로마에서 죄수 열 명 중 한 명을 제비뽑아 죽이던 관행에서 유래) 등의 단어들도 여기서 나왔다.

# DAY 038 | 일, 월, 화, 수, 목, 금, 토

READ ☐

고대인들은 사람이 태어날 때 일곱 행성(수성, 금성, 화성, 목성, 토성 및 태양과 달)들이 어떻게 위치해 있었는지를 연구하면 그 사람의 운명에 대한 정보를 얻을 수 있다고 생각했다. 이것을 '점성술(astrology)'이라고 한다.

예를 들면 수성은 어느 행성보다도 움직임이 빠르기 때문에 수성 아래에서 태어난 사람은 재치와 생기가 넘치고 활기차지만 변덕스럽다고 생각한다. mercurial이란 단어에는 바로 그런 뜻이 들어 있다. 또 반대로 토성 아래에서 태어나면 무겁고 침울하며 둔한 성격을 지니게 된다. saturnine은 바로 그런 뜻이다. 화성 아래에서 태어난 사람은 호전적(martial, bellicose, warlike)이다. 목성 아래에서 태어난 사람은 누구나 행복해진다. 그래서 jovial은 바로 '즐겁다'는 뜻을 가지고 있다.

달은 사람들의 마음에 불안감을 심어주었을 것이다. 사람들은 보름달의 빛을 쏘이게 되면 미쳐버릴지도 모른다고 생각했다. crazy(미친)보다는 좀 고상한 lunatic이라는 말은 '달의 여신' 루나에서 유래했는데, 보통 loony(머리가 돈)로 표현되기도 한다. 'moon strike'는 달을 치는 것이 아니라 '달 착륙'을 말한다. 그리고 달을 따달라는 'ask for the moon'은 '무리한 요구를 하다', 달을 보고 짖는 'bark at the moon'은 '쓸데없이 떠들어대다'라는 뜻이다.

일곱 개의 행성들은 각각 일주일 중 특별한 하루를 책임지고 있다고 생각했다. 첫째 날(태양), 둘째 날(달), 셋째 날(화성), 넷째 날(수성),

다섯째 날(목성), 여섯째 날(금성), 일곱째 날(토성). 각각의 요일은 행성의 라틴 어 명칭에 따라 지어졌으며, 이 명칭은 라틴 계통의 언어에 이어져왔다. 실례로 프랑스 어로는 월요일, 화요일, 수요일, 목요일이 각각 lundi, mardi, mercredi, jeudi이다. 토요일은 dies saturni(사투르누스의 날)의 영역 saturn's day가 Saturday로, 일요일

**노르만 신화의 오딘**

은 dies Solis(태양의 날)의 영역 Sun's day가 Sunday로, 월요일은 dies Lunae(달의 날)의 영역 moon's day가 Monday로 된 것이다.

그러나 영어에서 나머지 네 개 요일은 앵글로색슨 족이 기독교로 개종하기 전에 섬겼던 노르만 신들의 명칭을 따서 붙였다. 화요일 (Tuesday)은 '티우(Tiw)의 날(Tiwesdaeg)'이라는 뜻인데, 티우는 노르만 신화에서 군신(軍神)으로 그리스 신화의 아레스나 로마 신화의 마르스에 해당한다. 수요일(Wednesday)은 '워덴(Woden, 보딘)의 날 (Wodnesdaeg)'이라는 뜻으로 '대기와 폭풍의 신'이며, 북유럽 신화에서는 오딘(Odin)이라고 한다. 그의 아내는 '사랑의 여신' 프리그(Frigg)이며, 그녀는 그리스 신화의 아프로디테에 해당한다. 여기서 바로 '프리그의 날(Frigedaeg)', 즉 금요일(friday)이 생겨났다. 워덴과 프리그 사이에 토르(Thor)라는 아들이 있었는데, 그는 '우레의 신'으로 그리스 신화의 제우스나 로마 신화의 유피테르에 해당한다. 바로 여기서 '토르의 날 (Thurresdaeg),' 즉 목요일(Thursday)이 생겨났다. 이것은 thunder(천둥, 우레)와 어원이 같으며, 여기서 astonish(surprise, 놀라게 하다), astound(경악시키다, 큰 충격을 주다) 등의 파생어가 생겨났다.

# 2

## 성서 편

# DAY 039 | 아담의 사과

아담(Adam)은 하느님이 자신의 형상대로 흙에서 창조한 최초의 인간이다. 아담은 히브리 어로 '사람'을 뜻한다. 그리고 하느님은 아담이 혼자 외롭게 있지 않도록 그에게 그의 갈빗대 중 하나를 빼내 반려자를 만들어주었다. 이 반려자가 바로 하와(Hawaah)이다. 하와는 '모든 살아 있는 것들의 어미'라는 뜻의 히브리 어이며, 영어로는 이브(Eve)이다.

『구약성서』의 '창세기(Genesis)'편을 보면 아담과 하와가 선악과(tree of the knowledge of good and evil, 선악을 알게 하는 나무의 열매)를 따 먹지 말라는 하느님의 금기를 어기고 뱀의 꾐에 넘어가 따먹었다. 하느님은 이러한 죄를 짓고도 생명나무(tree of life)에서 나는 과실까지 먹을까봐 염려하여 두 사람을 에덴동산(Garden of Eden)에서 쫓아냈다. 인류 최초의 부부인 이들은 이후 힘든 육체노동과 출산의 고통, 그리고 죽음을 맛보게 된다. 그리고 이들 사이에서 카인(Cain)과 아벨(Abel)과 셋(Seth)이 태어났다.

원죄설의 근거가 되는 이 선악과가 '창세기' 제3장 어디에도 사과라고는 기록되어 있지 않다. 그러다가 영국의 대시인 존 밀턴(John Milton, 1608~1674)이 『실낙원(失樂園, Lost Paradise)』(1665)을 쓸 때 금단의 열매를 좀 더 리얼하게 표현할 필요가 있어서 선악과를 사과라고 한 것이 "선악과는 사과"라는 등식으로 굳어져버렸다. 이후 헤브라이즘의 시대를 연 이 '아담의 사과'는 세계를 바꾼 첫 번째 사과로 불렸다. 이 사과

아담에게 사과를 건네는 이브

는 '금단의 열매(the forbidden fruit)'라고도 하며, 이 말은 '부도덕한 쾌락(any coveted, unlawful pleasure)'이나 '밀통(adultery)' 그리고 '불의(injustice)'를 뜻한다.

이때 하와는 사과의 맛있는 속살을 먼저 먹고 속심을 아담에게 주었는데, 아담이 그것을 먹다가 그만 목에 걸리고 말았다고 한다. 그래서 의학용어로 남자의 목에 있는 후골(喉骨, laryngeal prominence)을 'Adam's apple(아담의 사과)'라고도 부른다.

> The Lord God gave man this order: "You are free to eat from any of the trees of the garden except the tree of knowledge of good and bad. From that tree you shall not eat; the moment you eat from it you are surely doomed to die."

이렇게 이르셨다. "이 동산에 있는 나무 열매는 무엇이든지 마음대로 따먹어라. 그러나 선과 악을 알게 하는 나무 열매만은 따먹지 마라. 그것을 따먹는 날, 너는 반드시 죽는다."

# DAY 040 | 아론의 지팡이

아론의 지팡이는 '모세 5경(Five Books of Moses, 창세기, 출애굽기, 레위기, 민수기, 신명기)의 하나인 '출애굽기(Exodus)'의 제7장 10절 '모세의 지팡이가 뱀이 되다'에 나오는 말로, '기적의 지팡이(a stick of miracle)'라는 뜻으로 쓰인다. 그리고 '민수기' 제17장 8절을 보면, 아론의 권위를 이스라엘 백성들에게 확증하기 위해 하느님이 12개 지파에게 각자 지팡이를 가져오라는 대목이 나온다. 그중 레위지파(Levites)에 속하는 대제사장 아론의 지팡이에만 싹이 돋아 꽃이 피었으며 살구가 열렸다. 이것은 하느님이 레위지파를 택했다는 것을 뜻하며, 대제사장 직이 절대적인 것임을 보증해주는 것이기도 하다.

아론은 모세의 형으로 이스라엘 최초의 대제사장이다. 말솜씨가 좋았던 그는 모세가 말을 더듬었기 때문에 그를 대신해 이집트 왕 바로에게 하느님의 명령을 전했다. 그는 지팡이를 던져 뱀으로 변하게 하는 기적을 행한 뒤 모세를 도와 노예 상태에 있던 이스라엘 민족을 이집트로부터 탈출시키고 40일 간의 황야 편력을 거친 후 약속의 땅 가나안으로 인도했다. 이러한 이야기를 담은 것이 바로 '출애굽기(The Book of Exodus, 약어로 Exod)'이다.

Then Moses and Aaron went to Pharaoh and did as the Lord had commanded; Aaron threw his staff[rod] down before Pharaoh and his servants, and it was changed in to a snake.

뱀으로 변한 아론의 지팡이

그러자 모세와 아론이 파라오에게 다가가 시종장이 명한 대로 했다. 아론이 파라오와 신하들 앞에 지팡이를 던지자 그 지팡이가 뱀으로 변했다.

지금도 주교에게는 '주교 지팡이' 또는 '목장(牧杖)'이라 불리는 Baculus Pastoralis(바쿨루스 파스토랄리스)가 주어진다. 이것은 '아론의 지팡이(Aron's rod)'에서 유래되었다는 설도 있고, 양떼를 모는 목동의 지팡이에서 유래되었다는 설도 있다. 이 지팡이는 주교의 권위뿐만 아니라 주교에게 맡겨진 직무, 즉 양떼를 사목하고 길 잃은 자들을 인도하며 악의 세력으로부터 양떼를 돌보고 있음을 나타내주는 상징이기도 하다.

# DAY 041 | 알파와 오메가

READ ☐

'요한 계시록' 제1장 8절에 나오는 말로 '처음과 마지막(the first and the last)' 또는 '시작과 끝(the beginning and the end)'이라는 뜻이다. 그리스 어 알파벳의 첫 글자 A(소문자 *a*)와 끝 글자 *Ω*(소문자 *ω*)로서 하느님과 그리스도의 영원성을 나타내는 말로 쓰였다. 이것은 알파벳의 두 글자가 모든 글자들을 내포하듯이, 하느님과 그리스도는 시간과 공간에서, 모든 차원과 국면에서 모든 것을 포함한다는 것을 시사하고 있다. 요한이 계시록을 기록할 당시에는 그리스 문명이 찬란히 꽃피고 있었다. 그러므로 당시 그리스 어는 인류가 사용하는 모든 문자를 대표한다고 볼 수 있기 때문에 '알파와 오메가(alpha and omega)'는 '이 땅의 모든 지식, 혹은 문명의 시작과 끝'을 의미하기도 한다.

알파와 오메가를 하나로 합치면, 시작이자 마침인 그리스도의 신성(神性)의 상징이 된다. 이 상징은 교회 예술과 건축에서 자주 사용되는데, 부활성야 예절에서 주례자는 부활초 위에 십자가를 표시하고 상단에는 '알파'를, 하단에는 '오메가'를 새긴다. 특히 오메가는 이공학에서 글자가 아니라 기호로 쓰이는데, 그 대표적인 것이 전기저항의 단위 옴(*Ω*)이다.

"I am the alpha and the omega" says the Lord God, who is and who was and who is to come, the Almighty.

지금도 계시고 전에도 계셨으며 또 앞으로 오실 전능하신 주 하느님께서 "나는 알파요 오메가다" 하고 말씀하십니다.

# DAY 042 | 아나니아

READ ☐

예로부터 전 재산을 바치는 헌금 행위는 모든 사람들로부터 칭찬과 존경의 대상이었다. 예수가 승천한 이후 사도들의 행적을 기록한 것이 '사도행전(Acts of the Apostles)'인데, 제5장 1, 2절에 나오는 아나니아 (Ananias)와 삽피라(Sapphira) 부부는 바로 이 칭찬과 명예를 위해 전 재산을 헌금하겠다고 공헌했다. 하지만 실제로 헌금을 할 때는 본전이 아까워 얼마를 숨겼다.

이들의 행위는 참으로 아름다운 헌금을 더럽히는 추악한 짓으로, 다른 성도들이 똑같은 유혹에 넘어가지 않도록 하기 위해 하느님은 이

〈아나니아의 죽음〉, 라파엘로, 16C

들을 죽여버렸다. 이는 초대 교회의 순결성을 보호하기 위한 일종의 경고였다. 그래서 아나니아는 비유적으로 '거짓말쟁이(liar)'라는 뜻으로 쓰인다.

But a man named Ananias, with the consent of his wife Sapphira sold a piece of property, with his wife's knowledge, he kept back some of the proceeds.

아나니아라는 사람이 자기 아내 삽피라와 함께 재산을 팔았는데, 아내의 동의 아래 판 값의 일부를 떼어놓고 나머지만 가져다가 사도들의 발 앞에 놓았다.

# DAY 043 | 눈 속의 사과

　옛날 서양 사람들은 눈동자가 사과와 비슷하게 생겨 눈동자를 사과라고 부르기도 했다. 그래서 '눈 속의 사과(The apple of one's eyes)'는 눈에 넣어도 아프지 않을 정도로 소중하다는 말로, '누군가를/무엇을 소중히 여기다(hold somebody/something dear; cherish), 가장 아끼다(be favorite)'라는 뜻이다. 이것은 모세의 율법을 설명하고 있는 '신명기(Deuteronomy)' 제32장 10절에 나오는 말이다.

　셰익스피어의 『한여름 밤의 꿈(A Midsummer Night's Dream)』(1600)에도 다음과 같은 구절이 나온다. "Flower of this purple dye, Hit with Cupid's archery, Sink in apple of his eye(이 자줏 빛 묘약의 꽃, 큐피드의 화살에 맞아, 그와 소중한 사랑에 빠지다)."

　이 말은 '애지중지하는 아이'나 '지극히 사랑하는 아이'라는 뜻의 사자성어 금지옥엽(金枝玉葉) 또는 장상명주[(掌上明珠), 손바닥 위의 명주로 만든 구슬]과도 일맥상통한다.

He sustained him in a desert land, in a howling wilderness waste; he shielded him, cared for him, guarded him as the apple of his eye.

주님께서는 광야의 땅에서 울부짖는 소리만 들리는 삭막한 황무지에서 그(야곱)를 감싸주시고 돌보아주셨으며 당신 눈동자처럼 지켜주셨다.

# DAY 044 | 아마겟돈

『신약성서』의 마지막 책인 '요한 계시록(The Revelation to John)' 제16장 16절에 나오는 말로, 지구의 종말에 펼쳐질 '선과 악의 최후의 전쟁터', 즉 악을 상징하는 마귀 측의 동쪽 왕들과 선을 상징하는 하느님의 세력 간의 결전장을 가리킨다. 아마겟돈(Armageddon)은 히브리 어로 '므깃도(Megido)의 언덕(har)'이라는 뜻의 Har Megido에서 유래했다. 이 말의 그리스 어 음역이 Harmagedon이며, 영어로는 Armagedon이라고 한다. 므깃도는 이스라엘 북부 항구도시 하이파에서 남동쪽으로 약 29km 떨어진 곳에 있으며 비옥한 에스드라엘론 평야(Plain of Esdraelon)를 내려다보는 곳에 자리잡고 있다. 이곳은 이집트와 메소포타미아를 잇는 무역의 요충지였으며, 북서–남동 방향으로 난 교통로에 자리 잡고 있기 때문에 페니키아의 여러 도시들과 예루살렘, 요르단 강 유역까지를 연결하는 중요한 역할을 했다.

므깃도는 전략적으로도 매우 중요한 곳이라 이곳에서 많은 전쟁이 벌어졌고, 그래서 므깃도가 전쟁터의 상징으로 사용된 것으로 짐작된다. 그러나 성서에 실린 언급들을 보면 최후의 전쟁터를 예루살렘으로 암시하고 있다. 아무튼 이런 이유로 아마겟돈은 '대 전쟁(a widespread annihilating war)'이라는 뜻으로 많이 쓰인다.

And they assembled at the place that in hebrew is called Harmagedon.

그 세 영은 히브리 말로 하르마게돈이라고 하는 곳으로 임금들을 불러 모았습니다.

# DAY 045 | 뿌린 대로 거두리라

READ ☐

'뿌린 대로 거두리라(As you sow so shall you reap)'는 『신약성서』의 '고린토 후서' 제9장 6절에 나오는 구절인데, '인과응보(因果應報, Your deeds, good or bad, will repay you in kind)'라는 말이다. 어제 뿌렸던 것의 결과가 오늘이며, 오늘 뿌리는 것이 내일의 결과가 되는 것은 만고불변의 진리(an eternal truth)이다.

이라크 전쟁에 반대하는 광고로 화제를 모은 광고 디자이너 이재석 씨의 포스터 제목도 '뿌린 대로 거두리라(What goes around comes around)'이다. 포스터를 펼치면 길게 쭉 뻗은 총구, 탱크의 포신, 전투기가 발사한 미사일이 보이지만, 이 포스터를 전봇대에 감으면 전혀 다른 메시지가 드러난다. 총구는 총을 잡은 병사의 머리를, 포신은 탱크의 뒤를, 미사일은 전투기 뒤를 겨냥하기 때문이다.

But remember: anyone who sows sparsely will reap sparsely as well-and anyone who sows generously will reap generously as well.

적게 뿌리는 사람은 적게 거두고 많이 뿌리는 사람은 많이 거둡니다. 이 점을 기억하십시오.

〈뿌린 대로 거두리라〉 광고 디자이너 이재석

# DAY 046 | 태초에 말씀이 있었다

READ ☐

'태초에 말씀이 있었다(In the beginning was the word)'는 '요한 복음서' 제1장 1절 '말씀이 사람이 되시다'에 나오는 말로, 다름이 아니라 '하느님의 본성(the fundamental nature of God)'을 말해주는 것이다.

여기서 '말씀'은 단순한 소리가 아니라 세계를 질서 있게 만들어주는 어떤 원리, 세계를 이루는 어떤 힘, 즉 카오스(chaos, 혼돈)에서 코스모스(cosmos, 조화)로 만들어주는 로고스(logos, 보편적인 법칙)를 가리킨다. '태초에 말씀이 있었다'는 말에는 신이 그 인격적인 신뿐만 아니라 세계를 이루는 어떤 원리가 원래부터 존재한다는 그리스적 사고가 들어 있는 셈이다. 이 '말씀'은 후에 모세의 십계명으로 계승된다.

In the beginning was the Word, and the Word was with God, and the Word was God.

한 처음에(태초에) 말씀이 계셨다. 말씀은 하느님과 함께 계셨는데 말씀은 하느님이셨다.

# DAY 047 | 카인과 아벨

READ ☐

카인(Cain)과 아벨(Abel)은 '창세기' 제4장 8절에 나오는 아담과 이브의 장남과 차남이다. 농부인 카인은 보리의 첫 수확을, 목자인 아벨은 양의 첫 새끼를 야훼께 바쳤으나 동생 아벨이 바친 제물만 반기는 것을 질투하여 형 카인은 동생 아벨을 살해한다. 결국 신의 저주를 받은 카인은 이마에 낙인을 찍히고 에덴의 동쪽에 있는 '놋'이라는 땅에 살았다. 카인의 이런 행위는 인류 최초의 살인 사건으로 알려져 있는데, 인간의 질투심이 살인으로 이어지는 과정의 심리를 잘 보여주고 있다.

카인은 인류 역사에서 살인자의 대명사처럼 되어 있다. 그래서 Cain은 비유적으로 '형제 살해범(fratricide), 살인자(killer, murderer)'라는 뜻으로 쓰인다. 그리고 'the brand of Cain(카인의 낙인)'은 '살인죄'를 가리킨다.

Cain said to his brother Abel "Let us go out to the field". And when they were in the field. Cain rose up against his brother Abel, and killed him.

카인이 아우 아벨에게 "들에 나가자" 하고 말하였다. 그들이 들에 있을 때, 카인이 자기 아우 아벨에게 덤벼들어 그를 죽였다.

〈카인과 아벨〉, 틴토레토, 16C

# DAY 048 | 에덴의 동쪽

신화에서는 우리가 잠을 자면 가는 평화로운 곳을 '놋(nod)'이라고 한다. 그래서 'to go off to the land of Nod'나 'to nod off'는 '잠을 자다(to go to sleep)'라는 뜻이며, nod는 '끄덕거리다, 졸다'라는 동사로 쓰인다. 이 말이 '졸음'이라는 말로 처음 쓰인 것은 조나단 스위프트(Jonathan Swift)의 『걸리버 여행기(Gulliver's Travels)』라고 한다.

하지만 '창세기' 제4장 16절 '카인이 아벨을 죽이다'에 나오는 '놋'은 카인이 동생 아벨을 죽이고 쫓겨난 번민이 가득 찬 곳으로, 히브리 어로 '방황'이라는 뜻이며 에덴의 동쪽(The land of Nod, east of Eden)에 있다. 제임스 딘 주연, 엘리아 카잔 감독의 〈에덴의 동쪽(East of Eden)〉(1955)이라는 영화는 존 스타인벡의 소설을 원작으로 한 것이다. 그는 비행, 사랑, 편애에 대한 반항, 미덕, 자기파괴, 자유의지, 원죄에 대한 테마를 찾던 중 '창세기' 카인과 아벨의 이야기에서 모티브를 얻어 이 소설을 집필했다.

Cain then left the LORD'S presence and settled in the land of Nod, east of Eden.

카인은 하느님 앞에서 물러나와 에덴 동쪽 놋이라는 곳에 자리를 잡았다.

# DAY 049 | 노아의 방주

노아의 방주(Noah's Ark)는 '창세기' 제6장 5절에서 제9장 29절까지 '노아의 홍수 이야기'에 나오는 배의 이름이다. 방주(方舟)란 네모진 배라는 뜻이다.

모든 사람들이 타락한 생활에 빠져 있어 하느님이 대홍수로 심판하려고 했을 때 올바르게 살던 노아는 하느님의 계시로 대홍수가 올 것을 미리 알았다. 그는 하느님의 명령대로 길이 300큐빗, 너비 50큐빗, 높이 30큐빗(1큐빗은 팔꿈치에서 가운데 손가락 끝까지의 길이로 약 45cm 정도이다), 상중하 3층으로 된 방주를 만들었다. 노아가 600살 되던 해 이윽고 대홍수가 나자 여덟 명의 가족과, 여러 동물들을 한 쌍씩 데리고 방주에 올랐다. 마침내 하느님이 대홍수를 일으켜 모든 생물들을 쓸어버렸지만, 이 방주를 타고 아라라트 산 등마루에 머물렀던 노아의 가족들과 동물들은 살아남았다.

'노아'라는 말은 히브리 어로 '휴식'이라는 뜻인데, 여기서 노아는 신앙의 모범, 방주는 교회, 대홍수는 하느님의 심판을 상징한다.

그런데 '국제 노아의 방주 사역회(NAMI)' 소속 복음주의 교파 탐사대는 2009년 10월, 터키 아라라트 산 해발 4,000m 지점에서 '목재 구조물'을 발견했다고 밝혔다. 여러 칸으로 구성된 이 목재 구조물은 눈과 화산재 아래에 묻혀 있었는데, 탄소 측정 결과 기원전 2800년경의 것으로 확인되었다는 것이다.

이 목재 구조물은 여러 칸으로 되어 있으며, 목재 기둥 및 널빤지도 있었는데, 칸막이 형태로 볼 때 '동물 우리'로 사용된 것으로 보인다고 한다. 성서에 따르면, '노아의 방주'는 길이 137m, 폭 23m, 높이 14m 정도의 크기이다.

그러나 당시에는 이렇게 큰 선박을 건조할 기술력이 없었기 때문에 노아의 방주가 실존하지 않는다는 주장이 더 설득력이 있다.

# DAY 050 | 갈보리

READ ☐

'마태오 복음서(The Gospel According to Matthew)' 제27장 33절에 나오는 예루살렘 근교의 언덕을 말하는데, 예수가 십자가에 못 박힌 곳이다. 바위로 된 이 언덕은 멀리서 보면 해골처럼 보였기 때문에 '해골(skull)'이라는 이름이 붙여졌는데, 라틴 어로는 갈보리(Calvary)라고 하고, 히브리 어로는 골고다(Golgotha)라고 한다. 이 지명은 '처형의 산(mount of execution)'이라는 뜻의 아람 어 Gol Goatha에서 나온 말이다. 이는 예로부터 이곳에서 공개 처형이 이루어져왔기 때문에 붙여진 이름이다.

현재 이곳은 두 군데로 알려져 있다. 하나는 예루살렘 성 내부의 서쪽 언덕에 있는 '성묘 교회(Church of the Holy Sepulchre)' 또는 동방정교회에서 '부활 교회(Church of the Resurrection)'로 부르는 곳인데, 그리스도교 제1의 성지로 알려져 있다. 콘스탄티누스 황제는 313년, '밀라노 칙령(Edict of Milan)'을 공표하고 기독교를 공인했다. 이때 독실한 신자였던 황제의 어머니 헬레나 황후는 직접 예루살렘을 방문해 골고다 언덕을 찾으라고 명령했다. 부하들과 성

'성묘 교회' 전경

직자들은 아프로디테 신전이 세워 졌던 곳을 골고다로 지목했는데, 당시 십자가에 사용되었던 나무도 발견한 것으로 전해지고 있다. 이후 335년, 콘스탄티누스 황제는 그 자리에 거대한 성묘 교회를 세우고 이 교회가 '지구의 중심'이라고 선언했다. 하지만 잦은 전쟁으로 수차례 붕괴와 재건을 반복했으며, 지금의 건물은 11~13세기 십자군 전쟁 때 그리스도교도들이 예루살렘을 점령했을 때 지어졌다.

또 한 군데는 예루살렘성 안에서 다마스커스 문을 통해 밖으로 나가면 약간 북쪽에 있는 '정원 무덤(Garden Tomb)'이다. 1883년 당시 오토만 제국을 몰아내기 위해 입성한 영국의 찰스 고든 장군 (Charles George Gordon, 1833~1885)이 예루살렘성 밖에서 우연히 해골 모양의 바위 모습과 아름답게 가꿔진 정원을 발견했다. 영감을 느낀 그가 발굴 작업을 시도한 끝에 거대한 빈 무덤이 드러났는데『신약성서』에 나오는 무덤의 묘사와 상당히 일치했다. 그러자 그는 성경에는 골고다 언덕이 예루살렘 성 밖에 있는 것으로 묘사되어 있기 때문에 성묘 교회보다는 정원 무덤이 진짜 골고다 언덕과 예수님의 무덤이 있었던 곳이라고 주장했다. 그 뒤로 이곳은 개신교도에게 인기 있는 성지 순례지로 각광을 받았다.

오늘날 갈보리는 '그리스도의 수난상(像)'이나 '십자가상'을 뜻하며, 비유적으로 '고난(hardship, trouble, suffering, difficulty, adversity)'이나 '시련(trial, ordeal)'이라는 뜻으로도 많이 쓰인다.

And when they came to a place called Golgotha (which means place a skull).

이윽고 골고다('해골 터'라는 곳)에 이르렀다.

# DAY 051 | 가나안

'출애굽기' 제6장 4절에 나오는 지금의 팔레스타인(Palestine) 지역 서쪽 해안을 가리키며, 야훼가 유대인에게 약속한 땅을 말한다. 그래서 지금도 가나안(Canaan)은 '약속의 땅(land of promise)'이나 비유적으로 '이상향, 낙원(paradise)'이라는 뜻으로 많이 쓰인다.

원래 이 지역에 살고 있던 가나안 사람들은 셈족의 한 분파(分派)로서 정복자인 이스라엘 민족보다 우월한 고도의 문화를 지니고 있었으며, 그들에게 농경에 필요한 기술도 가르쳐주었다.

이 지역이 해상무역으로 전성기를 누렸을 때에는 그리스 어로 페니키아(Phoenicia)라 불렸는데, '자주색 땅'이라는 뜻이다. 그리스 사람들이 가나안 지역을 자주색 염료의 생산지로 여겼기 때문이었다.

I also established my covenant with them, to give them the land of Canaan, the land in which they resided as alien.

또 나는 그들이 유랑민으로 몸 붙여 살던 가나안 땅을 주기로 그들과 계약을 맺었다.

# DAY 052 | 가시면류관

'마태오 복음서' 제27장 29절을 보면, 군중들이 예수가 유대인의 왕이라는 사실을 비웃기 위해 그에게 붉은 옷을 입히고 가시면류관 (crown of thorns)을 씌웠으며, 갈대로 만든 지팡이를 손에 쥐어주었다. 이 가시면류관은 히브리 어로 아타

가시관

드(Atad)라 부르는 가시나무로 만들었다고 한다. 갈매나무과에 속하는 가시나무는 요르단 강 계곡에서 자생하며, 이스라엘에서는 흔히 볼 수 있다.

그래서 crown of thorns는 오늘날 '치욕(humiliation, disgrace)', 나아가 '수난(suffering)'이나 '시련(ordeal)'이라는 뜻으로 많이 쓰인다.

And after twisting some thorns into a crown, they put it on his head. They put a reed in his right hand and knelt before him and mocked him, saying. "Hail, King of the Jews!"

가시로 왕관을 엮어 머리에 씌우고 오른손에 갈대를 들린 다음, 그 앞에 무릎을 꿇고 "유대인의 왕 만세!" 하고 떠들며 조롱하였다.

# DAY 053 | 눈에는 눈

READ ☐

'눈에는 눈(Eye for eye)'은 '출애굽기' 제21장 24~25절에 나오는 말인데, 소위 '탈리오의 법칙(Lex Talionis)'을 말한다. 이 법칙은 고대 바빌로니아 법률에서 피해자가 받은 피해 정도와 똑같게 범죄자에게 벌을 주도록 한 원칙[동해보복법(同害報復法), The law of retaliation]으로, 가장 오래된 성문법인 기원전 17세기의 『함무라비 법전(Code of Hammurabi)』에 기록되어 있다. 그래서 지금도 '피해와 똑같은 보복(tit for tat)'이라는 뜻으로 쓰인다.

이 법의 기본 정신은 모든 법이 그러하듯 가해자를 벌주는 기준을 명확히 설정해야 한다는 것이며, 그 바탕에는 범죄를 예방하려는 의도가 깔려 있다. 가해자는 피해자가 당한 만큼 당해야 한다는 공평하고도 합리적인 기준이다. 그리고 피해자나 그 가족들이 함부로 복수하지 않도록 가해자를 보호하고, 가해자는 그에 합당한 형벌을 받을 수 있도록 법적인 장치를 마련하려는 목적도 있다. 이런 긍정적인 측면 때문에 『구약성서』에서는 누차 이 법을 언급하고 있으며, 이미 널리 알려진 이 정신을 적절히 활용하려고 했다.

그러나 고대 『함무라비 법전』에서는 정작 이법을 적용할 때 반드시 가해자를 똑같이 상처내거나 잘라내는 대신 금전으로 보상할 수도 있음을 밝히고 있다. 더구나 이 법은 모든 사람들에게 평등하게 적용되지도 않았다. 예를 들어 귀족이 평민의 눈을 실명시키면 은으로 배상하게 되어 있었기 때문이다.

'탈리오의 법칙'이 새겨진 석판

『신약성서』를 보면 예수는 이렇게 말하기도 했다.

"또 눈은 눈으로 이는 이로 갚으라 했다는 것을 너희는 들었으나, 나는 너희에게 이르노니, 악한 자를 대적하지 말라. 누구든지 네 오른뺨을 치거든 왼 뺨도 돌려대며…"

예수가 인용한 내용은 탈리오의 법칙인데, 이것은 『구약성서』의 율법이었다. 그러나 예수는 이러한 율법을 뛰어넘어 악을 악으로 갚지 말고 더 큰 사랑으로 대하라고 가르쳤다. 관용과 용서, 나아가 긍휼히 여기고 사랑을 베풀 수 있는 마음을 설파한 것이다.

또한 공동체 안에서 어떤 사람이 억울한 일을 당했을 때는 공동체 전체가 책임을 지고 배상해주어야 한다는 것이 예수의 법 정신이다.

Eye for eye, tooth for tooth, hand for hand, foot for foot, burn for burn, wound for wound, stripe for stripe.

눈은 눈으로, 이는 이로, 손은 손으로, 발은 발로, 화상은 화상으로, 상처는 상처로, 멍은 멍으로 갚아야 한다.

# DAY 054 | 오병이어

'마태오 복음서' 제14장 17~21절 '오천 명을 먹이신 기적'에 나오는 말이다. 예수가 한 소년으로부터 빵 다섯 개와 물고기 두 마리를 취하여 5,000명의 군중을 먹였다는 기적을 가리키는데, 이를 오병이어(伍餠 二魚, Feeding the multitude)라고 한다. 이는 기적을 통해 불신을 없애고 예수의 성스러움을 증거하는 것이기도 하지만 '나눔의 힘(power of sharing)'을 보여주는 것으로 '콩 한쪽도 나눠 먹는다'는 우리의 옛말과도 일맥상통한다. 오병이어와 같은 기적은 '마태오 복음서' 제15장 32~39절에도 소개되고 있다. 여기에서는 떡 일곱 개와 물고기들로 4,000명을 먹였다. 복음서에는 이러한 기적들은 물로 포도주를 만드는 것 등을 비롯해 35회나 기록되어 있다.

오병이어의 기적에 대해 4대 복음서는 모두 예수가 생명의 떡이 되었고 예수로 말미암아 모든 사람들이 생명을 얻었으니, 이는 예수의 신적 능력을 증명한 것이라고 주장하고 있다. 즉 이것은 예수가 그리스도임을 증거하는 기적이며, 인간에 대한 예수의 사랑을 증거하는 기적이자 장차 임할 천국의 조짐이라는 것이다.

그런데 성서에 기록된 오병이어의 기적에 대해 다른 해석도 있다. 예수의 말씀을 듣고자 갈릴리 들판에 5,000명의 사람들이 모였는데, 저녁식사 시간이 되었으나 이들을 먹일 도리가 없었다. 이를 걱정한 제자들이 예수에게 "저 많은 사람들의 식사를 어찌합니까?"라고 물었다. 이때 그 말을 들은 한 어린아이가 품에서 물고기 두 마리와 떡 다섯 개

〈오병이어〉, 암브로시우스 프랑켄, 16C

를 내어놓으며 "이거라도 나누어 먹지요" 하고 말했다. 이 어린아이의 행동을 본 주위의 많은 어른들이 주섬주섬 자기의 도시락을 꺼내놓기 시작했다. 이렇게 모인 사람들 모두가 각자의 도시락을 꺼내놓고 서로 나누어 먹자 열 광주리가 넘는 떡과 고기가 남았다는 것이다. 즉 모두들 자기 먹을 도시락을 가지고 있었으나 자기 것을 먼저 내놓고 다른 사람들과 나누어 먹으려는 생각이 없었지만, 어린아이의 순수한 행동을 보고 뉘우치며 서로 나누어 먹었기 때문에 모두가 먹고도 남을 수 있었다는 것이다.

이 이야기는 '나눔의 미학'을 구체적으로 보여주고 있으며, 나누면 모두가 행복할 수 있다는 도덕적 당위뿐만 아니라 그러기 위해서는 누군가 먼저 용기를 내야 한다는 사실을 우리에게 전해주고 있다.

But they said to him, "Five loaves and two fish are all we have here." Then he said, "Bring them here to me," and he ordered the crowds to sit down on the grass. Taking the five loaves and the two fish, and looking up to heaven, he said the blessing, broke the loaves, and gave them to the disciples, who in turn gave them to the crowds. They all ate and were satisfied, and they picked up the fragments left over 6-twelve wicker baskets full. Those who ate were about five thousand men, not counting women and children.

제자들이 "우리에게 지금 있는 것이라고는 빵 다섯 개와 물고기 두 마리뿐입니다" 하고 말하자 예수께서는 "그것을 이리 가져오너라" 하시고는 군중을 풀 위에 앉게 하셨다. 그리고 빵 다섯 개와 물고기 두 마리를 손에 들고 하늘을 우러러 감사의 기도를 드리신 다음, 빵을 떼어 제자들에게 주셨다. 제자들은 그것을 사람들에게 나누어 주었다. 사람들은 모두 배불리 먹었다. 그리고 남은 조각을 주워 모으니 열두 광주리에 가득 찼다. 먹은 사람은 여자와 어린이들 외에 남자만도 5,000천 명가량 되었다.

# DAY 055 | 착한 사마리아인

'착한 사마리아인(Good Samaritan)'은 '루가 복음서' 제10장 33~35절에 나오는 사마리아인을 가리킨다. 강도를 당해 길바닥에 쓰러진 유대인을 보고 당시 사회의 상류층인 제사장과 레위 인들은 모르쇠로 일관했지만, 어떤 사마리아인이 그를 구해주었다. 당시 사마리아인들은 유대인들에게 배척당하고 멸시까지 받는 종족이었다. 하지만 그는 강도를 당한 유대인에게 다가가 상처에 기름과 포도주를 붓고 싸맨 다음 자기의 노새에 태워 여관으로 데려가 정성껏 돌봐주었다. 다음 날 그는 자기 주머니에서 은화 데나리온 두 개를 꺼내 여관 주인에게 건네면서 "저 사람을 잘 돌보아주시오. 비용이 더 들면 돌아오는 길에 갚아드리겠소" 하고는 길을 떠났다.

그래서 이 착한 사마리아인은 '다른 사람을 아무 조건 없이 도와주는 사람'이나 '착한 이웃(a good neighbor)', 그리고 형용사로는 '동

〈착한 사마리아인〉, 렘브란트, 17C

정심이 많은(ruthful)'이라는 뜻으로 자주 쓰인다.

여기서 유래되어 세계 여러 나라에서는 소위 '착한 사마리아인 법
(The Good Samaritan Law)'을 제정했는데, 이것은 자신에게 특별한 위
험을 발생시키지 않는데도 불구하고 곤경에 처한 사람을 구해주지 않
은 행위, 즉 구조 불이행(Failure-to-Rescue)을 처벌하는 법규이다.

But a samaritan while traveling came near him and when he saw
him, he was moved with pity.

그런데 여행을 하던 어떤 사마리아인은 그가 있는 곳에 이르러 그를 보고
는 가엾은 마음이 들었다.

# DAY 056 | 좋은 씨앗

'마태오 복음서' 제13장 24절 '가라지(잡초, weed)의 비유'에서 나온 말이다. 예수는 하늘나라를 자기 밭에 좋은 씨를 뿌리는 사람에 비유했다. 어느 날 밭주인이 자는 동안에 그의 원수가 와서 밀 가운데에 가라지를 덧뿌리고 갔는데, 줄기가 나서 열매를 맺을 때 가라지들도 드러났다. 그래서 종들이 집주인에게 가서 "주인님, 밭에 좋은 씨를 뿌리지 않았습니까? 그런데 가라지는 어디서 생겼습니까?" 하고 묻자 집주인은 "원수가 그렇게 했구나" 하고 말했다. 종들이 "그러면 저희가 가서 그것들을 거두어낼까요?" 하고 묻자 주인은 이렇게 일렀다. "아니다. 너희가 가라지들을 뽑다가 밀까지 함께 뽑을지도 모른다. 수확 때까지 함께 자라도록 그냥 두어라. 수확 때 내가 일꾼들에게 먼저 가라지를 거두어 단으로 묶어 태워버리고 밀은 내 곳간으로 모아들이라고 하겠다."

예수는 몇 가지 비유를 든 끝에 이렇게 말했다. "좋은 씨를 뿌리는 이는 사람의 아들이고, 밭은 세상이다. 그리고 좋은 씨는 하늘나라의 자녀들이고, 가라지들은 악한 자의 자녀들이며, 가라지를 뿌린 원수는 악마이다. 그리고 수확 때는 세상의 종말이고, 일꾼들은 천사들이다. 그러므로 가라지들을 거두어 불에 태우듯이, 세상 종말에도 그렇게 될 것이다."

이처럼 좋은 씨앗(Good seed)은 선택받은 천국의 아들을 가리키는데, 잡초와 같은 악한 사람들과 같이 살면 괴롭지만 신에게 심판을 맡기고 차분히 살아가라는 교훈이다. 그래서 good seed는 '성품이 착한 사람'에 비유된다.

He put before them another parable; "The kingdom of heaven may be compared to someone who sowed good seed in his field."

예수께서 또 다른 비유를 그들에게 말씀하셨다. "하늘나라는 어떤 사람이 밭에 좋은 씨앗을 뿌린 것에 비길 수 있다."

# DAY 057 │ 바벨탑

'창세기' 제11장 1~9절 '바벨탑(The Tower of Babel) 이야기'를 보면, 최초의 사람들은 자신의 힘을 과신해 신을 경멸하고 자신이 신보다 위대하다고 생각했던 것 같다. 오만한 이들은 고대 메소포타미아 남부 지역인 바빌로니아(Babylon, 영어로 바빌론)에 – 『구약성서』에서는 시날(Shinar)이라고 한다 – 높은 탑을 쌓았는데, 이 탑이 하늘에 닿으려 할 때 갑자기 신이 있는 곳에서 바람이 불어오기 시작해 탑을 무너뜨렸다. 그 후 이 탑의 폐허는 바벨이라고 불렸다. 그래서 'the Tower of Babel'은 비유적으로 '비현실적이거나 실현 불가능한 계획(an impossible project)'을 뜻한다.

창세기의 저자는 바벨이 히브리 어 balal에서 나온 말로 여겼다. 이 것은 영어로 'jumble(혼돈, 뒤섞이다)'이라는 뜻이다. 성서에도 "야훼께서 온 세상의 말을 거기에서 뒤섞어놓아 사람들을 온 땅에 흩으셨다고 해서 그 도시의 이름을 바벨이라고 불렀다"고 나온다. 하지만 이 말은 원래 바빌로니아 어로 '천국의 문(gate of heaven)'을 뜻하는 Bab-il에서 나온말이다.('야곱의 사다리' 참조)

그런데 '유럽평의회(The Council of Europe)'가 발행한 포스터와 표어도 이 바벨탑과 연관되어 있다. '하나의 유럽'이라는 기치를 내건 '유럽연합(EU)'은 'Europe: Many Tongues One Voice(유럽: 많은 언어를 하나로)'라는 표어를 내걸면서 원래 하나의 언어를 썼다는 '창세기'의 바벨탑 이야기를 상기시켰다. 더구나 프랑스의 스트라스부르에 있는

〈바벨탑〉, 페터 브뤼겔, 1563

'유럽의회(European Parliament)' 빌딩도 네덜란드 화가 페터 브뤼겔
(Peter Brueghel)의 1563년작 〈바벨탑〉을 모델로 삼았다.

온 세상이 한 가지 말을 쓰고 있었다. 물론 낱말도 같았다. 사람들은 동쪽
에서 옮아오다가 시날 지방 한 들판에 이르러 거기 자리를 잡고는 의논하
였다. '어서 벽돌을 빚어 불에 단단히 구워내자.' 이리하여 사람들은 돌 대
신에 벽돌을 쓰고, 흙 대신에 역청을 쓰게 되었다.
또 사람들은 의논하였다. '어서 도시를 세우고 그 가운데 꼭대기가 하늘에
닿게 탑을 쌓아 우리 이름을 날려 사방으로 흩어지지 않도록 하자.' 야훼
께서 땅에 내려오시어 사람들이 이렇게 세운 도시와 탑을 보시며 생각하
셨다. '사람들이 한 종족이라 말이 같아서 안 되겠구나. 이것은 사람들이

하려는 일의 시작에 지나지 않겠지. 앞으로 하려고만 하면 못 할 일이 없 겠구나. 당장 땅에 내려가서 사람들이 쓰는 말을 뒤섞어놓아 서로 알아듣 지 못하게 해야겠다.'

야훼께서는 사람들을 거기에서 온 땅으로 흩으셨다. 그리하여 사람들은 도시를 세우던 일을 그만두었다. 야훼께서 온 세상의 말을 거기에서 뒤섞 어놓아 사람들을 온 땅에 흩으셨다고 해서 그 도시의 이름을 바벨이라고 불렀다.

# DAY 058 | 야곱의 사다리

READ ☐

'창세기' 제28장 12절 '야곱이 베델에서 꿈에 하느님을 뵙다'에 나오는 말로 이삭의 아들 야곱이 꿈에서 본 사다리를 말한다. 여기서 사다리란 지상과 천국을 잇는 다리로, 오늘날에는 '우리와 우리, 너와 나를 연결하는 용서와 화해, 그리고 사랑'이라는 의미로 쓰인다.

제25~35장에 등장하는 야곱은 이삭과 레베카의 아들이자 요셉의 아버지이다. 그가 집을 떠나 머나먼 외삼촌 집으로 향하던 날 밤 그는 꿈속에서 사다리를 보았다. 다시 말해서 하늘에 닿은 사다리, 즉 하느님에게 나아갈 수 있는 길을 발견한 것이다. 그래서 그곳 이름을 베델(Bethel)이라 불렀는데, 이는 히브리 어로 '하느님의 집'이라는 뜻이다. 그런데 옛날 바벨탑을 쌓았던 곳도 바빌로니아 어로 '천국(il)의 문(bab)'이라는 뜻의 '바벨(Babel)'이라고 불렀다. 야곱은 바빌로니아 시대에 살았던 할아버지 아브라함으로부터 바벨탑에 관한 이야기를 들었기 때문에 그렇게 이름 붙인 것이다.

"이 얼마나 두려운 곳인가. 여기가 바로 하느님의 집이요, 하늘 문이로구나." 야곱은 아침 일찍 일어나 베고 자던 돌을 세워 석상을 삼고 그 꼭대기에 기름을 붓고는 그곳을 베델이라 불렀다. 그 마을의 원래 이름은 루즈(Luz, '편도나무'라는 뜻)였다. 그리고 야곱은 이렇게 맹세했다. "만일 제가 이 길을 가는 동안 하느님께서 저와 함께해주시고 저를 지켜주셔서 먹을 양식과 입을 옷을 마련해주시고, 무사히 아버지 집으로 돌아가도록 해주신다면, 저는 야훼를 제 하느님으로 모시고, 제가

〈야곱의 사다리〉

세운 이 석상을 하느님의 집으로 삼겠습니다. 하느님께서 저에게 무엇을 주시든지 그 십분의 일을 반드시 드리겠습니다"(제28장 17~22).

그 후 약 2,500년 후 예수도 이렇게 말씀하셨다. "정말 잘 들어두어라. 너희는 하늘이 열려 있는 것과 하느님의 천사들이 하늘과 사람의 아들 사이를 오르내리는 것을 보게 될 것이다"('요한 복음서' 제1장 51절). 이 말은 예수가 곧 사다리이자 하늘과 땅을 오갈 수 있는 유일한 길이라는 뜻이다.

또 자연과학에서 구름 틈새로 햇빛이 비치는 현상, 즉 '틈새 빛살(Crepuscular rays)'도 성서의 이야기에서 따와 '야곱의 사다리(Jacob's ladder)'라고 부른다.

And he dreamed that there was a ladder set up on the earth, the top of it reaching to heaven; and the angels of God were ascending and descending on it.

그는 꿈을 꾸었다. 그가 보니 땅에 층계가 세워져 있고 그 꼭대기는 하늘에 닿아 있는데, 하느님의 천사들이 그 층계를 오르내리고 있었다.

# DAY 059 | 가리옷 유다

READ ☐

'마태오 복음서' 제26장 14절에 나오는 유다는 가리옷 출신으로 예수의 열두 제자 가운데 한 사람인데, 은전 30냥에 예수를 팔았다가 후회하고 자살했다. 그는 지금도 배반자(betrayer), 반역자(traitor)의 대명사로 자주 쓰인다. 사실 '이스가리옷(Iscariot)'은 유대의 남부 '가리옷의 사람'이라는 말 이외에 '암살자, 위선자, 거짓말쟁이, 단검' 등의 뜻도 가지고 있었다.

유다는 이스가리옷 시몬의 아들로 예수 그리스도의 제자가 되었다. 그는 계산이 빨라 사도단의 회계를 맡았는데, 이때 가끔씩 자기 호주머니를 채우기도 했다고 한다.

어느 날 예수가 베다니아(Bethany)에 있는 나병 환자 시몬의 집에 들렀는데, 마리아가 매우 값진 순 나르드 향유가 든 옥합을 가지고 와서 그것을 깨뜨리고 향유를 예수의 머리에 부었다. 그러자 유다가 나서서 "왜 향유를 낭비하는가? 이것을 팔면 300데나리온도 더 받을 수 있고, 그 돈을 가난한 사람들에게 나누어 줄 수 있는데"하면서 마리아를 나무랐다. 그러자 예수는 "참견하지 말라. 마리아는 나에게 갸륵한 일을 했는데 왜 괴롭히느냐? 가난한 사람들은 언제나 너희 곁에 있으니 도우려고만 하면 언제든지 도울 수가 있다. 하지만 나는 언제까지나 너희와 함께 있지는 않을 것이다. 마리아는 내 장례를 위해 미리 내 몸에 향유를 부은 것이니 자기가 할 수 있는 일을 다한 것이다. 나는 분명히 말한다. 온 세상 어디든지 복음이 전해지는 곳마다 마리아가

〈유다의 입맞춤〉, 구스타브 도레, 1866

한 일도 알려져 사람들이 기억하게 될 것이다" 하고 말했다.

이에 화가 난 유다는 예수를 고발하려고 마음먹었다. 그래서 당시 유대교의 대제사장들을 찾아가 "제가 예수를 여러분에게 넘겨주면 여러분은 제게 무엇을 주실 수 있습니까?" 하고 그들에게 거래를 제의했다. 제사장들은 이에 동의하여 당시의 노예 시세, 엄밀하게 말하면 노예가 황소에 받혀 죽었을 때 보상금으로 주인에게 지불하던 금액인 은전 30냥을 지불했다. 이때부터 유다는 호시탐탐 예수를 넘길 기회만을 엿보고 있었다.

예수는 자신이 죽을 때가 다가오는 것을 깨닫고 성 목요일에 벌인 '최후의 만찬'에서 사도들이 한창 식사를 하던 중 "내가 진실로 너희들에게 말하노니, 너희들 가운데 한 사람이 나를 팔아넘길 것이다" 하고 말했다. 이에 사도들이 저마다 자기는 아니라고 부정하면서 그자가 누구인지 가르쳐달라고 했다. 그러자 예수는 "나와 함께 접시에 손을 넣어 빵을 적시는 자, 그자가 나를 팔아넘길 것이다"라고 말했다. 그리고 빵 한 조각을 적신 다음 유다에게 주었다. 그런데 유다는 시치미를 떼고 "스승님, 저는 아니겠지요?"라고 반문했다. 예수는 "네가 그렇게 말했다. 네가 하려는 일을 어서 해라" 하고 말했다. 다른 사도들은 예수가 그에게 왜 그런 말을 했는지 이해하지 못했다. 유다가 돈주머니를 가지고 있어서 예수가 그에게 축제에 필요한 것을 사라고 했거나, 가난한 사람들에게 무엇을 주라고 말한 것으로만 여겼을 뿐이다.

마침내 유다는 빵을 받고서 바로 밖으로 나가 대제사장들에게 달려갔다. 그리고 예수가 자신을 미래의 왕이라고 말했다고 밀고해버렸다. 예수에 대해 늘 분개해오던 제사장들은 자신을 미래의 왕으로 자칭한 예수를 체포하기로 했다.

최후의 만찬이 끝나자 예수는 나머지 열한 명의 사도들과 같이 겟세마네 동산으로 올라가 기도를 했다. 기도가 다 끝날 무렵 유다가 군인들을 이끌고 왔다. 밤이 깊어 어두웠기 때문에 누가 예수인지 분간할 수가 없었다. 그래서 누가 예수인지 알리는 신호로 유다가 예수에게 다가가서 입을 맞추었다. 이렇게 해서 예수는 체포되었다.

다음 날 예수는 산헤드린 의회에서 십자가형을 선고받고 본디오 빌라도(Pontius Pilatus) 총독에게 끌려갔다. 이때 유다는 양심의 가책을 느껴 자신이 한 행동을 뒤늦게 후회하면서 대제사장들에게 가서 은전 30냥을 돌려주면서 "내가 죄 없는 사람을 팔아넘겨 죽게 만든 죄를 범했다'라고 말했다. 하지만 대제사장들은 "그게 우리들과 무슨 상관이냐? 그것은 네 일이다'라고 답했다. 그러자 유다는 그 은전들을 성전 안에 내던지고 나와 목매달아 자살했는데, 대사제들은 이것들을 주워서 나그네들을 위한 묘지의 땅값으로 썼다고 한다.

Then one of twelves, who was called Judas Iscariot, went to the chief priests and said, "What will give me if I betray him to you?" They paid him thirty pieces of silver.

그때에 열두 제자의 하나인 가리옷 사람 유다가 대사제들에게 가서 "내가 당신들에게 예수를 넘겨주면 그 값으로 얼마를 주겠소?" 하자 그들은 은전 30냥을 내주었다.

# DAY 060 나사로

베다니아(Bethany)는 예루살렘에서 남동쪽으로 3.2km 정도 떨어진 곳에 있는데, 예수가 살던 시절엔 나병 환자들이 사람들과 격리되어 모여 살았던 곳이다. 이곳의 지명은 '가난한 자(아나니야)의 집'이라는 뜻의 히브리 어 베트 아나니야(Beth Ananiah)에서 따온 것이다.

당시 베다니아에는 마르다, 마리아, 그리고 나사로라는 삼남매도 살고 있었다. 나사로가 나병으로 고생할 때 마르다와 마리아는 예수가 와서 나사로의 병을 고쳐주기를 간청했다. 하지만 시간을 지체하는 바람에 나사로가 죽고 말았다. 마르다와 마리아는 예수가 너무 늦게 와서 나사로가 죽었다며 늦게 도착한 예수를 원망했다. 이때 예수가 나사로의 무덤 앞에서 "나사로야, 나오너라!"라고 명하자 기적적으로 나사로가 다시 살아났다. 원래 이 나사로라는

〈나사로의 부활〉, 렘브란트, 17C

이름은 '하느님이 도움을 준 사람'이라는 뜻이다.

이러한 소생 기적을 통해 예수는 "나는 부활이요 생명이다. 나를 믿는 사람은 죽더라도 살 것이고, 또 살아서 나를 믿는 사람은 누구나 영원히 죽지 않을 것이다"라고 역설했다. '루가 복음서' 제16장 20절에 나오는 이 이야기는 이후 나사로를 '실패를 극복[만회]하고 있는 사람'의 상징으로 만들었다.

이 '나사로의 소생'처럼 죽은 사람이 다시 살아나는 것을 의학에서는 '라자루스 신드롬(Lazarus Syndrome)'이라 부르는데, 심폐소생술을 중단하고 사망선고가 내려진 환자에게서 맥박과 혈압이 측정되는 경우를 말한다. 그리고 가난한 나사로에서 유래된 숙어 'as poor as Lazarus[a church mouse, a rat, Job's turkey, Job]'는 '찢어지게 가난한, 몹시 영락한' 이라는 뜻이다.

'루가 복음서' 16장에는 종기투성이의 몸으로 부잣집 문앞에서 부스러기를 주워먹던 거지 나사로가 천국에 간 이야기도 나온다.

# DAY 061 | 사람은 빵만으로 살 수 없다

READ ☐

'사람은 빵만으로 살 수 없다(Man does not live by bread alone)'는 말은 '신명기' 제8장 3절 '광야에서 이스라엘에게 시련을 주시다'에 나오는 말이다. '물질적으로만 풍요롭다고 해서 건강한 삶을 누리는 것이 아니다. 인간은 정신적 욕구도 충족되어야 한다(Physical nourishment is not sufficient for a healthy life; man also has spiritual needs)'는 말이다.

> He humbled you, he made you feel hunger, he fed you with manna which neither you nor your ancestors had ever known, to make you understand that human beings live not on bread alone but on every word that comes from the mouth of Yahweh.
>
> 하느님께서는 너희를 고생시키시고 굶기시다가 너희가 일찍이 몰랐고 너희 선조들도 몰랐던 만나를 먹여주셨다. 이는 사람이 빵만으로는 살지 못하고 야훼의 입에서 떨어지는 말씀을 따라야 산다는 것을 너희에게 가르쳐주시려는 것이었다.

'마태오 복음서' 제4장 4절 '광야에서 유혹을 받으신 예수'에도 이 말이 나온다. 예수가 40일 간 금식기도를 할 때 사탄이 예수에게 '만일 하느님의 아들이라면 돌을 떡으로 만들어보라'고 한 첫 시험에 답한 말이다. 한 마디로 먹고살기 위한 빵도 중요하지만 영혼이나 정신세계를 위한 삶도 중요하다는 뜻이다.

But he answered, "It is written 'One does not live by bread alone, but by every word that comes from the mouth of God.'"

예수께서는 "성서에 '사람이 빵으로만 사는 것이 아니라 하느님 입에서 나오는 모든 말씀으로 살리라' 하지 않았느냐?" 하고 대답하셨다.

# DAY 062 돼지 앞에 진주를 던지지 마라

READ ☐

'돼지 앞에 진주를 던지지 마라(Don't cast your pearls before swine)'는 '마태오 복음서' 제7장 6절 '거룩한 것을 욕되게 하지 마라'에 나오는 말이다. 돼지는 값비싼 진주의 가치를 알지 못하기 때문에 목에 걸어줘봤자 아무 소용이 없다는 뜻이다. 즉 감사할 줄도 모르고 말귀를 이해하지도 못하는 사람에겐 아무리 좋은 조언이라 해도 쓸모가 없다는 뜻이다.

> Do not give what is holy to dogs, or throw[cast] your pearls before swine, lest they trample them underfoot, and turn and tear you to pieces.
>
> 거룩한 것을 개에게 주지 말고 진주를 돼지에게 던지지 마라. 그것들이 발로 그것을 짓밟고 돌아서서 너희를 물어뜯을지도 모른다.

또 '값진 진주(Pearl of great price)'라는 말이 있다. '마태오 복음서' 제13장 46절, 즉 '천국에 대한 일곱 가지 비유' 중 하나인 '진주의 비유'에서 나온 말이다. 이는 진주와 같은 진리를 발견한 사람이 취해야 할 태도를 말하고 있다. 여기서 진주는 '아주 귀중한 것'을 뜻한다. 이와 비슷한 표현으로 '흙 속의 진주'라는 말이 있다. 이는 숨어 있는 보석으로, 세상 밖으로 나와야 비로소 그 가치가 빛을 발하게 된다는 말이다. 그런데 '흙 속의 진주'에 대한 영어 표현은 'rough diamond'라고 한다. 여기서 진주를 pearl이 아니라 diamond로 표현한 것은 의미가 크다. 왜냐하면 diamond는 수차례의 정밀한 가공을 거쳐야 귀중한 보석으로 변신하는데, rough diamond는 아직 그 가치를 찾지 못한 다이아몬드 원석을 뜻하기 때문이다.

On finding one pearl of great value, he went and sold all that he had and bought it.

그는 값진 진주를 하나 발견하면 돌아가서 있는 것을 다 팔아 그것을 산다.

# DAY 063 | 쿠오 바디스

READ □

쿠오 바디스[Quo vadis, (Domine)]는 '요한 복음서' 제13장 36절 '베드로의 장담'에 나오는 말인데, "주여, 어디로 가시나이까?(Where are you going?)"라는 뜻의 라틴 어이다.

이 말은 폴란드의 작가 헨리크 시엔키에비치(Henryk Sienkiewicz)가 1896년에 발표한 대표적 장편소설의 제목이기도 하다. '네로 시대의 이야기'란 부제가 말해주듯이 이 소설은 서기 1세기 로마에서 벌어진 고대 로마의 세계관과 그리스도교 신앙의 투쟁이라는 역사적 대사건을 배경으로 삼고 있다. 고대 그리스 로마의 역사와 문학 작품에 매료되어 있던 그는 이 작품도 로마의 역사가 타키투스의 『연대기』를 참조하여 썼다고 한다.

소설에서 베드로가 네로의 박해를 피해 로마를 떠나려는데 갑자기 예수가 나타나 로마로 향했다. 이때 베드로가 예수에게 한 말이 "쿠오 바디스, 도미네?"이다. 그러자 예수는 다음과 같이 답했다. "난 십자가에 매달리려고 다시 로마로 간다(I am going to Rome to be crucified again; Eo Romam iterum crucifigi)." 이에 용기를 얻은 베드로는 다시 예수의 가르

영화 〈쿠오 바디스〉 포스터

침을 전파하기 위해 길을 나서고 결국 로마의 원형 경기장에서 순교하게 된다.

원래 이 소설은 정의와 진리가 승리한다는 것을 호소하여 제정 러시아의 식민통치를 받던 폴란드 민족의 운명에 희망의 불길을 밝혀주고자 쓴 것이다. 시엔키에비치는 이 애국적 역사소설로 1905년 노벨문학상을 받았다. 이후 이 작품은 1951년에는 로맨스 무비 『마음의 행로』(Random Harvest)로 유명한 머빈 르로이(Mervyn LeRoy, 1900~1987) 감독이 로버트 테일러, 데보라 카, 피터 유스티노프 등을 출연시켜 영화로 만들어 전 세계적으로 크나큰 인기를 끌었다.

Simon Peter said, "Lord, where are you going?" Jesus replied, "Now you cannot follow me where I am going, but later you shall follow me."

그때 시몬 베드로가 "주님, 어디로 가시겠습니까?" 하고 물었다. 예수께서는 "지금은 내가 가는 곳으로 따라올 수 없다. 그러나 나중에는 따라오게 될 것이다" 하고 대답하셨다.

# DAY 064 | 소금과 빛

READ □

　'마태오 복음서' 제5장 13~14절 '세상의 소금, 세상의 빛'에 나오는 말이다. 우리 인체에도 반드시 필요한 성분인 소금은 자체를 녹여 짠맛을 내고 부패를 방지하는 역할을 하는 필수불가결한 존재이다.

　소금은 모든 음식의 맛을 내기 때문에 역사적으로 볼 때 굉장히 중요한 물질이었다. 소금을 얻기 위해 전쟁을 하기도 하고, 로마 시대에는 '군인들에게 봉급의 일부로 주는 물질(salarium)'이기도 했다. 그래서 이 말은 나중에 영어의 salary(봉급)가 되었다. 소금이 모든 음식에 들어가서 맛을 내는 것처럼 사람은 세상에서 맛을 내야 한다는, 즉 필요한 존재가 되라는 말이다. 또 소금은 음식을 썩지 않게 하는 방부제 역할을 하기 때문에 사람도 세상에서 방부제 역할을 하라는 뜻이다.

　그리고 빛은 자체를 태워 세상을 밝혀주는 역할을 한다. 빛은 어두움을 몰아내고 그 가운데 있는 것을 환하게 드러내는 특징을 지니고 있다. 빛은 특성상 대단히 직선적이고 적극적이며, 아무리 작은 빛이라도 그 나름대로 어두움을 밝혀준다. 즉 소금과 빛(The salt and the light)은 모두 자체를 희생함으로써 그 목적과 가치를 이뤄내는 특징이 있다. 그래서 이 말은 일반적으로 '가장 훌륭한 가치나 신뢰를 지닌 사람'이라는 뜻으로 쓰인다.

You are the salt of the earth. But if salt loses its taste, with what can it be seasoned? It is no longer good for anything but to be

thrown out and trampled underfoot. You are the light of the world.
A city set on a mountain cannot be hidden.

너희는 세상의 소금이다. 만일 소금이 짠맛을 잃으면 무엇으로 다시 짜게
만들겠느냐? 그런 소금은 아무 데도 쓸데없어 밖에 내버려져 사람들에게
짓밟힐 따름이다. 너희는 세상의 빛이다. 산 위에 있는 마을은 드러나게 마
련이다.

# DAY 065 │ 잃어버린 양

　'마태오 복음서' 제15장 24절 '가나안 여자의 믿음'에 나오는 말이다. 가나안 여인이 귀신 들린 딸을 고쳐달라고 하자 예수가 그 여인의 믿음을 시험해보려고 한 말이다.

　예수가 예루살렘을 떠나 띠로(Tyre)와 시돈(Sidon) 지방으로 떠났다. 이때 그곳에 사는 가나안 여인이 나서서 큰소리로 "다윗의 자손이시여, 저에게 자비를 베풀어주십시오. 제 딸이 마귀가 들려 몹시 시달리고 있습니다" 하고 계속 간청을 했지만 예수는 아무 대답도 하지 않았다. 그때 제자들이 예수에게 다가가 "저 여자가 소리를 지르며 따라오고 있으니 돌려보내시는 것이 좋겠습니다" 하고 말했다. 예수는 "나는 길 잃은 양과 같은 이스라엘 백성만을 찾아 돌보라고 해서 왔다" 하고 답했다. 그러자 그 여인이 예수에게 다가와 무릎을 꿇고 "주님, 저를 도와주십시오" 하고 애원했다. 하지만 예수는 "자녀들이 먹을 빵을 강아지에게 던져주는 것은 옳지 않다" 하며 거절했다. 그래도 그 여인은 "주님, 그렇지만 강아지도 주인의 상에서 떨어지는 부스러기는 주워먹지 않습니까?" 하고 말했다. 그때서야 예수는 "여인아! 참으로 네 믿음이 장하다. 네 소원대로 이루어질 것이다" 하고 말했다. 그리고 바로 그 순간에 그 여인의 딸이 병에서 나았다.

　또 '루가 복음서' 제15장 1~7절 '잃었던 양 한 마리'는 다음과 같은 이야기이다. 세리(稅吏)들과 죄인들이 모두 예수의 말씀을 들으려고 모여들었다. 이것을 본 바리사이파 사람들과 율법학자들은 "저 사람은 죄인들을 환영하고 그들과 함께 음식까지 나누고 있구나!" 하며 못마땅하게 여겼다. 그러자 예수는 그들에게 다음과 같은 비유를 들었다.

"너희 가운데 누가 양 백 마리를 가지고 있었는데 그중에서 한 마리를 잃었다면 어떻게 하겠느냐? 아흔아홉 마리는 들판에 그대로 둔 채 잃은 양을 찾아 헤매지 않겠느냐? 그러다가 찾게 되면 기뻐서 '잃어버린 양을 찾았습니다' 하며 좋아할 것이다. 잘 들어두어라. 이와 같이 회개할 것 없는 의인 아흔아홉보다 죄인 한 사람이 회개하는 것을 하늘에서는 더 기뻐할 것이다."

여기서 '길 잃은 양'이나 '잃어버린 양(lost sheep)'은 '방황하는 인간[a wandering(stray) man]을 가리킨다.

이 밖에 성서에 나오는 양에 관한 글귀로 '양과 염소를 분리시키다(Separate the sheep from the goats)'가 있다. 그리스도교에서는 심판의 자리에 사람들을 좌우로 나눠 앉게 하는데, 오른쪽에 앉은 사람을 축복한다. 이는 "He shall set the sheep on the right hand, but the goats on the left(양은 오른편에, 염소는 왼편에 자리잡게 할 것이다)"라는 '마태오 복음서' 제25장 33절에도 잘 나타나 있다. 따라서 양과 염소를 분리시키는 것은 '선과 악을 구별하다(distinguish[differentiate, discriminate] between good and evil)'라는 뜻이며, the sheep and the goats 는 '선인과 악인'을 가리킨다.

동양에도 이와 비슷한 뜻의 망양지탄(亡羊之歎)이라는 사자성어가 있다. '여러 갈래 길에서 양을 잃어버리고 탄식한다'는 뜻인데, 여기서 '양'은 '학문의 길'을 비유한 것이다. 즉 잃어버린 양을 찾기 어렵듯이 학문도 참된 진리를 찾아내기가 어렵다는 뜻이다.

# DAY 066 | 소돔과 고모라

READ ☐

소돔(Sodom)과 그 이웃에 있던 고모라(Gomorrha)는 기원전 2500~2000년경 지금의 사해 근처에 실제로 존재했었다는 도시이다. 이 두 도시는 죄와 타락을 상징하며 '죄악의 도시'라는 뜻으로 쓰인다. '창세기' 제19장 '소돔이 망하다'에는 이 도시들에 죄악이 범람하자 하느님이 진노하여 '불과 유황'으로 멸망시켰다고 나온다. 그래서 '불과 유황'은 '지옥의 고통(the burning marl)'이나 '천벌(divine punishment[retribution], punishment of heaven)'이라는 뜻으로 쓰이기도 한다.

소돔과 고모라를 멸망시키려고 하느님이 그곳에 보낸 천사들은 롯에게 "네 식구가 이곳에 또 있느냐? 아들딸 말고 이 성에 다른 식구가 있거든 다 데리고 떠나거라. 이곳 백성들이 아우성치는 소리가 야훼께 사무쳐 올랐다. 그래서 우리는 야훼의 보내심을 받아 이곳을 멸하러 왔다"라고 말했다. 롯은 곧 딸들과 약혼한 사람들을 찾아가, "야훼께서 이 성을 멸하기로 작정했으니 어서 이곳을 빠져나가라" 하고 일렀다. 하지만 사위 될 사람들은 실없는 소리를 한다면서 웃어넘겼다.

동틀 무렵에 천사들이 롯을 재촉했다. "이 성에 벌이 내릴 때 함께 죽지 않으려면 네 아내와 시집가지 않은 두 딸을 데리고 어서 떠나거라." 그래도 롯이 망설이자 천사들은 보다못해 롯과 그의 아내와 두 딸의 손을 잡아 성 밖으로 끌어냈다. 롯의 가족을 데리고 나온 그들은 "살려거든 어서 달아나라. 뒤를 돌아보면 안 된다. 이 분지 안에는 아무데도 머물지 마라. 있는 힘을 다해 산으로 피해야 한다" 하고 재

〈유황불로 멸망하는 소돔과 고모라〉, 존 마틴, 1852

촉했다.

그러나 롯은 천사들에게 간청했다. "제발 그러지 마십시오. 저같이 하잘것없는 사람에게 이렇듯 큰 호의를 베풀어 목숨을 건져주시니 고맙기 짝이 없습니다. 하지만 재앙이 당장 눈앞에 있는데 저 산으로 도망치다가는 죽고 말 것입니다. 보십시오. 저기 보이는 도시라면 가까워 도망칠 수 있습니다. 아주 작은 도시이지만 거기에라도 가서 목숨을 건지게 해주십시오." 그러자 천사들이 그 청을 들어주겠다고 하며 말했다. "저 도시는 멸하지 않을 테니 빨리 그곳으로 달아나라. 네가 그곳에 이를 때까지 나는 손을 쓸 수가 없다."

싯딤 골짜기에는 아드마, 스보임, 소돔, 고모라, 소알 등 5개 도시가 있었다. 롯의 가족이 피한 도시가 바로 소알(Zoal)인데, 히브리 어로는

'초아르'라고 하며 '작다'라는 뜻이다. 롯이 소알 땅을 밟자 해가 솟았다. 야훼가 손수 하늘에서 유황불을 소돔과 고모라에 퍼부어 거기에 있는 도시들과 사람과 땅에 돋아난 푸성귀까지 모조리 태워버렸다. 그런데 롯의 아내는 뒤를 돌아다보다가 그만 소금기둥이 되고 말았다. 롯의 가족이 살아남은 것은 롯이 아브라함의 조카였기 때문이다. 그 분지에 있는 도시들을 멸망시키지 않을 수 없게 되었을 때, 하느님은 아브라함을 기억했다. 그래서 롯이 살고 있던 그 도시를 뒤엎으면서도 롯을 파멸에서 구해준 것이다.

# DAY 067 | 다윗과 골리앗

READ ☐

'다윗과 골리앗(David and Goliath)'은 『구약성서』 '사무엘, 상' 제17장에 나오는 이야기이다. 블레셋 군대가 거구인 골리앗을 앞세워 이스라엘로 쳐들어오자 당시 이스라엘의 왕 사울은 골리앗을 쓰러뜨리는 자에게 자기 왕국의 반과 딸을 주겠다고 했다. 하지만 체격이 좋고 용감한 병사들도 모두 골리앗 앞에서는 속수무책이었다.

이때 자기 나라의 신 야훼를 모욕하는 소리를 들은 양치기 소년 다윗이 사울 왕에게 가서 자기가 싸우겠다고 했다. 썩 내키지 않았지만 사울 왕은 다른 도리가 없어 다윗에게 나가 싸우도록 했다. 사울 왕이 자기의 갑옷을 주었으나 거추장스러워 사양한 다윗은 물가에서 돌멩이 다섯 개를 골라 들고 골리앗에게 달려갔다.

반인반어(伴人半漁)의 신 다곤(Dagon)의 이름으로 이스라엘의 신을 조롱하고 있던 골리앗은 어린 다윗을 보고 깔보며 말했다. "네가 나를 짐승으로 보았느냐? 너를 들짐승의 먹이로 주겠다." 그러자 다윗은 이스라엘의 신을 모욕한 자를 응징하겠다며 물매로 돌멩이를 던져 골리앗을 공격했다. 돌멩이는 골리앗의 이마에 정확히 명중하여 마침내 골리앗이 쓰러져 죽었다. 골리앗을 쓰러뜨린 다윗은 영웅이 되었다.

그래서 '다윗과 골리앗'은 힘이 세고 과격한 사람과 약해 보이지만 지혜로운 사람의 대결을 묘사할 때 자주 쓰이는 말이다. 또 골리앗은 힘센 이미지 때문에 조선소의 거대한 기중기인 골리앗 크레인(goliath crane)에 그 이름을 남기기도 했다.

이 전쟁은 기원전 1000년경 엘라 골짜기에서 벌어졌는데, 엘라는 참나무를 가리킨다. 예루살렘의 남서쪽에 자리한 이 골짜기에서 실제로 고고학자들은 기원전 1000년경으로 추측되는 성벽과 그릇들을 발굴하기도 했다.

**물매를 쥐고 있는 다윗과
청동 투구와 창을 들고 있는 골리앗**

당시 골리앗은 청동 칼을 들고, 청동 투구를 쓰고, 갑옷을 입고 있었다. 학자들은 골리앗이 무장한 무기가 BC 600년경의 그리스 군인들의 무장과 거의 비슷하다고 한다. 이때는 청동기 무기도 흔하지 않아 청동 칼과 창 같은 무기를 갖춘 사람은 왕과 수뇌급 장군에 불과했다. 그래서 다윗은 줄에 돌을 매달아 던지는 슬링(sling)이라는 물매를 사용한 것이다. 물매는 고대부터 중세와 근대에 이르기까지 오랫동안 무기로 사용되었기 때문에 전쟁을 묘사한 작품들에 자주 등장한다.

# DAY 068 | 다윗의 별

'다윗의 별(Star of David)'은 삼각형에 역삼각형을 엎어놓은 형상의 꼭지점 여섯 개짜리 별 모양이다. 이는 '다윗의 문장(紋章)'이라는 뜻을 가진 히브리 어 '마겐 다비드(Magen David)'에서 비롯되었으며, 유대인과 유대교를 상징하는 표식이다. 이스라엘을 통일한 다윗 왕의 아들 솔로몬 왕이 다윗의 별을 유대 왕의 문장으로 삼았다고 전해진다.

카발라(kabbalh, 유대 신비주의) 학자들은 이 육각의 별 모양(hexagram)을 '다윗의 방패' 또는 '솔로몬의 방패'로 불렀고, 주로 마법과 관련지어 사용했다. 숫자 7은 유대교에서 중대한 의미가 있는데, 다윗의 별도 육각과 중심의 육각형을 합하면 7이 된다. 이것을 언급한 가장 오래된 유대 문헌은 12세기경 카라이파 신도(Karaite)인 유다 하다시(Judah Hadassi)가 쓴 『Eshkol Ha-Kofer』이다.

"일곱 천사들의 이름이 메주자(Me-zuzah, '신명기' 제6장 4~9절 '쉐마의 말씀'을 기록한 두루마리 양피지)의 앞에 적혀 있다. 대천사장(大天使長) 미카엘(Michael), 가브리엘(Gabriel), 라파엘(Raphael), 우리엘(Uriel), 메타트론(Metatron), 라구엘(Raguel), 라미엘(Ramiel)… 하느님이 당신을 지켜주리라. '다윗의 별'이라고 불리는 표식은 천사 각각의 이름 옆에 자리하고 있다."

다윗의 별이 가장 먼저 사용된 것은 로마식 모자이크 포장도로이다. 물론 처음에는 특별한 의미 없이 사용되었다가 1800년 전에 비로소 가버나움 회당(會堂, synagog) 안에 이 문장이 사용되었다. 다윗의

유대인 표식인 노란 색 다윗의 별

별이 유대인 상징으로 사용된 것은 1648년 프라하에서 유대인 공동체의 공식 인장과 기도서 출판에 사용하면서부터이다. 이후 1897년에는 제1차 '시온주의자 회의(First Zionist Congress)'에서 유대인의 상징으로 채택되었다. 하지만 제2차 세계대전 당시에는 나치 독일이 유대인들을 사회로부터 격리시키기 위해 게토(Ghetto)라 불리는 특정 지역에 감금하고 왼쪽 가슴에 노란색의 다윗의 별을 달도록 해 유대인을 식별하는 표식으로 사용했다. 이후 이스라엘 건국 5개월 후인 1948년 10월 28일에는 다윗의 별이 정식으로 새로운 국기에 사용되었다.

# DAY 069 | 솔로몬의 지혜

READ ☐

솔로몬(Solomon)은 '열왕기, 상' 제 1~11장과 '마태오 복음서' 제6장 29절에 나오는 이스라엘의 3대 왕으로, 다윗 왕과 밧세바 사이에서 태어난 둘째아들이다. 장남은 낳은 지 일주일 만에 죽었기 때문에 사실상 유일한 아들인 그는 다윗 왕이 죽자 이스라엘의 왕에 오른다.

기브온(Gibeon)에는 큰 제단이 하나 있었는데 솔로몬은 늘 거기서 제사를 드렸다. 어느 날 야훼가 기브온에 와 있던 솔로몬의 꿈에 나타났다. 하느님이 "내가 너에게 무엇을 해주면 좋겠느냐?"라고 묻자, 솔로몬은 대답했다. "소인에게 명석한 머리를 주시어 당신의 백성을 다스릴 수 있고 흑백을 잘 가려낼 수 있게 해주십시오. 감히 그 누가 당신의 이 큰 백성을 다스릴 수 있겠습니까?" 그러자 야훼가 말했다. "네가 장수나 부귀나 원수 갚는 것을 청하지 않고 이렇게 옳은 것을 가려내는 머리를 달라고 하니 네 말대로 해주리라. 이제 너는 슬기롭고 명석해졌다. 너 같은 사람은 전에도 없었고 앞으로도 없으리라. 그리고 네가 청하지 않은 것, 부귀와 명예도 주리라. 네 평생에 너와 비교될 만한 왕을 보지 못할 것이다. 네가 만일 네 아비 다윗이 내 길을 따라 살았듯이 내 길을 따라 살아 내 법도와 내 계명을 지킨다면 네 수명도 늘려주리라."

그래서 그는 부귀와 지혜를 겸비한 인물이자 '지혜로운 사람'의 상징이 되었으며, 'the wisdom of Solomon(솔로몬의 지혜)'라는 말이 나왔다. 그리고 'as wise as Solomon'은 '매우 지혜로운(as wise as an owl)'

〈솔로몬의 심판〉, 안토니 코이펠, 17C

이라는 뜻이며, 형용사로 Solomonic도 '현명한(wise)'이라는 뜻이다.

'솔로몬의 재판' 편을 보면 한 아이를 데려온 창녀 둘이 솔로몬에게 아이의 진짜 어머니를 가려달라고 간청한다.

"임금님, 이 여자와 저는 한 집에 살고 있습니다. 제가 아이를 낳을 때도 이 여자와 집에 있었습니다. 그런데 제가 해산한 지 사흘째 되던 날 이 여자도 아이를 낳았습니다. 집에는 우리 둘만 있었습니다. 그날 밤, 이 여자는 자기의 아들을 깔아뭉개 죽였습니다. 그러고는 한밤중에 일어나 이 계집 종이 잠자는 사이에 제 아들을 가져가버렸습니다. 제 아들을 훔쳐가고 죽은 자기 아들을 제 품에 놓고 간 것입니다. 제가 아침에 일어나 젖을 먹이려다 보니 아이가 죽어 있었습니다. 날이 밝아서야 그 아이가 제 몸에서 난 아이가 아닌 것을 알았습니다."

그러자 다른 여자가 "무슨 말을 하느냐? 산 아이는 내 아이이고 죽은 아이가 네 아이야" 하고 우겼다. 첫 번째 여자도 "천만에! 죽은 아이가 네 아이이고, 산 아이는 내 아이야"라고 주장하면서 왕 앞에서 말싸움을 벌였다.

그때 솔로몬 왕은 신하에게 칼을 가져오라고 하더니 다음과 같이 명령했다. "그 산 아이를 둘로 나누어 반쪽은 이 여자에게 또 반쪽은 저 여자에게 주어라." 그러자 산 아이의 어머니는 가슴이 메어지는 듯해 왕에게 아뢰었다. "임금님, 산 아이를 저 여자에게 주시고 아이를 죽이지만은 마십시오." 그러나 다른 여자는 "어차피 내 아이도 네 아이도 아니니 나누어 갖자"라고 했다. 그러자 왕의 분부가 떨어졌다. "산 아이를 죽이지 말고 처음 여자에게 내주어라. 그가 진짜 어머니이니라."

이스라엘의 모든 백성들은 왕의 이 판결 소식을 듣고는 왕에게 하느님의 지혜가 주어져 정의를 베푼다는 것을 알고 모두들 왕을 두려워하게 되었다. 이렇듯 현명하게 판단한 데서 'Judgment of Solomon(솔로몬의 심판)'이라는 말이 나왔고, 또 이 말은 '아주 어려운 판단(a very difficult or unpleasant judgement, the devil judgement)'이라는 뜻으로 쓰인다.

# DAY 070 │ 샤론의 장미

READ ☐

『구약성서』의 '아가(雅歌, Song of Solomon)' 제2장 1절을 보면 다음과 같은 글귀가 나온다.

I am the rose of Sharon, and the lily of the valleys.

나는 샤론의 장미요, 골짜기의 백합화로다.

꽃은 성경에서 하느님의 은혜의 미(美)를 상징하기 때문에 이 구절에 나오는 '샤론의 장미'는 바로 예수 그리스도를 비유한 것이다. 그리고 '골짜기의 백합화'는 겸손한 자를 비유한다. 골짜기는 깊은 곳이기 때문에 높은 자세나 교만과는 거리가 멀다.

현재 성서의 해석과 관련하여 통상 샤론의 장미로 알려진 것은 '바다수선화(pancratium maritimum)'이다. 그래서 일부 성서에서는 '샤론의 장미'가 아니라 '샤론의 수선화'라고 번역하고 있다. 그러므로 샤론의 장미는 장미와 전혀 연관이 없는 셈이다. 심지어 영국 영어에서도 'Rose of Sharon'은 서양금사매(hypericum calycinum)를 가리키며, 미국 영어에서는 무궁화(hibiscus syriacus)를 가리킨다. 샤론은 갈멜산 북부에서부터 지중해 연안을 따라 욥바에 이르기까지 펼쳐진 평원으로 철따라 피는 꽃과 목초지로 유명한 곳이고, 이스라엘엔 무궁화가 없기 때문에 'rose of Sharon'은 '샤론의 들꽃' 정도가 무난한 번역이라 생각된다.

# DAY 071 │ 삼손과 델릴라

READ ☐

삼손(Samson)은 『구약성서』의 '판관기(사사기)' 제13~16장에 등장하는 이스라엘의 영웅으로, 소라 지방의 단(Dan) 지파 출신인 마노아(Manoah)의 아들이다. 그는 20년 간 이스라엘의 판관으로 일했는데 종종 헤라클레스와도 비교되는 인물로, 괴력을 타고 났다. 그는 맨손으로 사자를 물리치고, 여우의 꼬리에 횃불을 붙여 보리밭을 태웠으며, 당나귀 턱뼈로 블레셋 인(philistine, 펠리시테)을 대량으로 살육했다.

하지만 가자에서 블레셋 인의 앞잡이인 창녀 델릴라(Delilah, 들릴라)의 꾐에 빠져 생후 한 번도 깎지 않았던 긴 머리가 엄청난 힘의 원천이라는 사실을 털어놓고 말았다.

"나는 모태로부터 하느님께 바친 나지르 인(Nazarite)이다. 그래서 내 머리에는 면도칼이 닿아본 적이 없다. 내 머리만 깎으면 힘을 잃고 맥이 빠져 다른 사람과 마찬가지가 된다."

히브리 어로 나지르(nāzīr)란 '성별(聖別)되는 사람'을 뜻하며, 선서를 한 사람은 포도주를 끊고 머리를 깎지 않는 등의 규정을 지켰다.

델릴라는 삼손이 자기 속을 다 털어놓은 것을 보고 블레셋 족장들을 불렀다. 델릴라는 삼손을 무릎에 뉘어 재우고 사람들에게 그의 머리카락을 자르게 했고, 삼손은 맥없는 사람이 되었다.

"이봐요. 블레셋 사람들이 당신을 잡으러 왔어요." 델릴라가 이렇게 소리치는 것을 듣고 삼손은 잠에서 깨어났다. 그는 예전과 같이 털고 일어나 뛰쳐나갈 수 있으려니 여겼다. 야훼가 이미 자기를 떠난 줄 몰

〈삼손과 델릴라〉, 안토니 반 다이크, 1620

랐던 것이다. 블레셋 사람들은 그를 붙잡아 두 눈을 뽑은 다음 가자로 끌고 가 감옥에서 연자매를 돌리게 했다.

그러는 동안 잘렸던 머리카락이 점점 자라났다. 블레셋 족장들은 자기네들이 섬기는 신 다곤(Dagon)에게 제사를 올리고 흥이 나서 외쳤다. "우리 신이 우리 원수 삼손을 잡아주셨다." 그러고는 더욱더 신이 나 삼손을 옥에서 끌어내 두 기둥 사이에 세워놓고 놀렸다.

그때 삼손은 자기 손을 붙잡고 인도해주던 젊은이에게 부탁했다. "이 신전의 기둥을 만질 수 있게 나를 데려다주게. 좀 기대야겠네." 신전 안에는 족장들이 다 모여 있었고 3,000명가량 되는 남녀가 놀림감이 되고 있는 삼손을 보고 있었는데, 삼손이 야훼에게 부르짖었다. "주 야훼여, 한 번만 더 저를 기억해주시고 힘을 주시어 제 두 눈을 뽑은 블레셋 사람들에게 단번에 복수를 하게 해주십시오."

그런 다음 삼손은 있는 힘을 다해 두 기둥을 밀었고, 신전은 무너졌으며, 거기에 있던 족장들과 사람은 다 깔려죽었다. 삼손이 죽으면서 죽인 사람은 살아 있을 때 죽인 사람보다도 더 많았다고 한다.

# DAY 072 | 새 술은 새 부대에

'마태오 복음서' 제2장 18~22절과 '루가 복음서' 제5장 33~38절에 나오는 말이다. 요한의 제자들과 바리사이파 사람들이 단식을 하고 있던 어느 날, 사람들이 예수에게 와서 "요한의 제자들과 바리사이파 사람의 제자들은 단식을 하는데 선생님의 제자들은 왜 단식을 하지 않습니까?" 하고 물었다. 예수는 이렇게 대답했다.

"잔칫집에 온 신랑 친구들이 신랑이 함께 있는 동안에 어떻게 단식을 할 수 있겠느냐? 신랑이 함께 있는 동안에는 그럴 수 없다. 그러나 이제 신랑을 빼앗길 날이 온다. 그때는 그들도 단식을 할 것이다. 낡은 옷에 새 천 조각을 대고 깁는 사람은 없다. 그렇게 하면 낡은 옷이 새 천 조각에 엉켜 더 찢어지고 만다. 새 술을 헌 가죽부대에 담는 사람도 없다. 그렇게 하면 새 포도주가 부대를 터뜨릴 것이니 포도주는 쏟아지고 부대는 못쓰게 된다. 그러므로 새 포도주는 새 부대에 넣어야 한다."

이 비유는 기존의 율법으로는 예수의 가르침을 이해할 수 없다는 말이다. 즉 생각의 틀을 바꾸지 않으면 새로운 사상이나 변화를 이해하기 힘들다는 뜻이다. 또 이것은 인류의 역사를 '도전과 응전'으로 바라본 영국의 역사학자 아널드 J. 토인비(Arnold Toynbee, 1889~1975)가 "역사를 이끌어가는 창조적 소수가 자신의 성공 철학을 절대 진리로 믿은 나머지 새로운 도전에 과거의 방식으로만 대응하려고 하면 반드시 실패하여 역사 진보의 대열에서 떨어져나가게 된다"라고 한 말과도 일맥상통한다.

　사실 새 포도주는 막 담근 것이기 때문에 발효, 숙성시켜야 하는데, 이 과정에서 상당량의 가스가 발생한다. 옛날에는 병이 없었기 때문에 포도주를 가죽부대에 담았다. 그래서 가죽부대가 팽창하게 된다. 그런데 가죽부대는 한 번 팽창하면 원상태로 돌아가지 않는다. 특히 오래된 가죽부대는 이미 팽창의 한계에 다다라서 더 이상 늘어나지도 않기 때문에 여기에 발효, 숙성시켜야 할 새 포도주를 담으면 터져버릴 수밖에 없다.

# DAY 073 | 적그리스도와 짐승의 숫자 666

READ □

'요한 계시록' 제13장 18절에 나오는 말이다. "바로 여기에 지혜가 필요합니다. 영리한 사람은 그 짐승을 가리키는 숫자를 풀이해보십시오. 그 숫자는 사람의 이름을 표시하는 것으로서 그 수는 육백육십육입니다."

유대교 설화에 따르면, 이 숫자는 '창세기'에 나오는 '아담과 이브' 신화와 관련이 있다고 한다. 아담에게는 릴리스(Lilith)라는 전처가 있었다. 릴리스는 아담의 성적 쾌락을 위해 창조되었지만, 아담에게 복종하길 거부하고 에덴동산을 떠났다. 그 후 릴리스는 타락천사 사마엘(Samael)의 아내가 되었다. 이들 사이에서 666명의 악마 릴림(Lilim)이 태어났기 때문에 666이 악마의 숫자가 되었다고 한다. 이러한 이야기는 카발라(Kabbalah, 유대교 신비주의) 문헌들에 자주 등장한다.

또 한 가지 해석은 6이라는 숫자가 불완전성의 상징이라는 것이다. 성서에서는 7이라는 숫자가 상당한 의미를 지니고 있다. '창세기'의 천지창조도 7일 만에 이루어졌으며, 예수도 7의 70번이나 용서하라고 했다. 그리고 '요한 계시록' 제6장 15절에서도 일곱 계층의 인간들(왕, 왕족, 장군, 부자, 강한 자, 종, 지주)을 제시하고 있는데, 여기서 7은 인간 사회의 모든 조직을 뜻한다. 따라서 완전한 숫자 7에서 하나가 부족한 6을 짐승의 세력으로 표현한 것이다.

'악마의 숫자' 또는 '짐승의 숫자'로 알려진 666을 가장 오래, 그리고 널리 대상으로 삼은 자는 로마의 황제 네로이다. 그의 본명인 네론 카이사르(Neron Kaisar)를 당시의 히브리 어 어법에 따라 히브리 어 자음만으로 표기하고 이를 수로 대입하여 모두 합하면 666이 되기 때문이다. 대부분 학자들은 악마의 숫자가 실제로 악마와는 아무런 관련이 없고 네로를 가리키는 것이라고 주장한다. 네로를 숫자로 표시한 것은 저자나 초기 기독교인들이 정치적 보복을 피하기 위한 방책이었다는 것이다.

이후 이슬람교가 등장하자 666과 적그리스도(Antichrist, 敵─)를 연계하여 마호메트를 666이라고도 했다. 적그리스도란 세계의 종말에 나타나 그리스도에 대항하는 통치자를 가리킨다. 가톨릭 교회는 종교 개혁자 마르틴 루터를 적그리스도로 규정하고 666이라고 했다. 하지만 위클리프, 칼뱅 같은 종교 개혁자들은 '다니엘서' 제7장의 '작은 뿔'과 '요한 계시록' 제13장의 '짐승', 제17장의 '음녀', '데살로니가 후서' 제2장의 '불법의 사람'을 근거로 오히려 교황권(papacy)을 적그리스도로 간주했다.

현대에 들어서는 아돌프 히틀러가 666이라고 불렸으며, 반공주의자들은 기독교에 적대적인 소련 등 공산국가를 666이라고 불렀고, 최근에는 일부 극단적인 기독교인들이 '요한 계시록'에 나오는 머리가 일곱 개, 뿔이 열개가 달린 짐승을 G-7과 10개국으로 구성된 '유럽공동체(EC)'로 간주하고 이들을 666이라고 주장하기도 했다.

'요한 계시록'에 나오는 두 짐승

# 3

## 고대 편

# DAY 074 | 악어의 눈물

이집트 전설에서 나온 '악어의 눈물'이란 말이 있다. 어느 날 나일 강변으로 목욕을 하러 갔던 한 아이 엄마가 한눈을 파는 사이에 포악한 나일 강의 악어에게 그만 아이를 빼앗기고 말았다. 깜짝 놀란 엄마는 악어에게 아이를 돌려달라고 통사정을 했다. 이를 귀찮게 생각한 악어는 뒤를 돌아보며 아이 엄마에게 조건을 내걸었다.

"내가 당신의 아이를 돌려줄까 말까 어디 한번 맞혀봐라. 맞히면 돌려주마!"

"아이를 돌려줄 것이다"라고 답하면 "틀렸다. 안 돌려주는 게 정답이다" 하면서 잡아먹을 것이고, "안 돌려줄 것이다"라고 답하면 "맞다" 하면서 아이를 잡아먹겠다는 심산이었다. 이게 바로 '악어논법(Crocodile Logic)'이다.

그런데 엄마가 "돌려줄 거야"라고 했을 때 악어가 "아니, 난 안 돌려주려고 했어" 하면 그뿐이다. 하지만 엄마가 "안 돌려줄 거야"라고 했을 때 악어가 엄마의 답을 틀리게 하려면 아이를 돌려줘야 하고, 만일 돌려주지 않으면 엄마 말이 맞았으니까 아이를 돌려줘야 한다. 똑같은 이야기지만 이렇게 결말은 달라진다. 결국 이것은 자기 위주의 궤변이기 때문이다. 결국 나일 강변의 악어는 아이를 삼키며 아이 엄마 앞에서 눈물을 흘렸다.

여기서 나온 악어의 눈물(Crocodile Tears)이라는 말은 이처럼 악어가 먹이를 씹으며 먹히는 동물의 죽음을 애도해 눈물을 흘린다는 이야기에서 전래된 것으로, '패배한 정적 앞에서 흘리는 위선적인 눈물 (superficial sympathy; hypocritical show of emotion)'을 가리킬 때 쓰인다.

성서에서도 일종의 악어논법이 있다. '마태오 복음서' 제22장 15~22절을 보면, 바리사이파 사람들이 예수를 트집 잡아 올가미를 씌우고자 궁리 끝에 제자들을 보내 "카이사르에게 세금을 바치는 것이 옳습니까, 옳지 않습니까?" 하고 물었다. 세금을 바쳐야 한다고 대답하면 유대민족의 배반자로, 세금을 바쳐서는 안 된다고 하면 로마의 반역자로 고발하려고 물었던 것이다.

당시 통용되던 은화인 데나리온에는 카이사르의 흉상이 새겨져 있었는데, 예수는 이 데나리온 한 닢을 가져오라고 한 다음, "이 초상과 글자는 누구의 것이냐?"라고 물었고, 바리사이파 사람들은 "카이사르의 것이다"라고 대답했다.

그러자 예수는 "그럼 카이사르의 것은 카이사르에게 돌리고, 하느님의 것은 하느님께 돌리라"라고 말했다.

셰익스피어의 『헨리 6세』 제2부 3막 1장, 『오델로』의 4막 1장, 『안토니우스와 클레오파트라』에도 '악어의 눈물'이 나온다. 그리고 1565년 존 호킨스 경이 쓴 글 가운데 "이 강에는 악어들이 많이 살고 있었는데, 악어는 먹이를 앞에 두고는 마치 기독교인인 것처럼 눈물을 흘리다가 사람들이 가까이 오면 그 사람들을 낚아챈다"라는 구절도 있다.

# DAY 075 | 다모클레스의 칼

기원전 4세기경 시칠리아 섬에 시라쿠사(Syracuse)라는 도시 국가가 있었다. 이 나라는 디오니시우스(Dionysius)라는 왕이 다스리고 있었는데, 그의 신하 중 다모클레스(Damokles)라는 인물은 왕이 권세를 누리며 호강하는 것을 늘 고깝게 여겼다. 하지만 언젠가 그 자리에 오르기 위해 왕의 비위를 맞추고 끊임없이 아부를 했다.

그러던 어느 날 다모클레스는 왕에게 단 하루만이라도 왕좌에 올라보기를 간청했다. 그러자 왕은 다모클레스에게 말했다. "정 그렇다면 그대가 짐의 자리에 하루 동안만 앉아보게나."

그리하여 다모클레스는 왕의 환대에 감격하면서 왕좌에 올랐다. 다음 날 아침 식사를 하려고 식당으로 간 그는 눈앞에 차려져 있는 온갖 진귀한 음식들을 보고 감탄을 했다. 그러나 무심코 천장을 쳐다보니 머리카락 한 올로 매달아 놓은 예리한 칼이 눈에 띄었다. 순간 다모클레스의 감격은 공포로 변하고 말았다. 그리하여

〈왕좌에 앉은 다모클레스〉, 리처드 웨스탈, 1812

왕좌에 앉아 있는 하루 동안 거의 초주검이 되고 말았다.

이 이야기는 로마의 웅변가 키케로(Cicero)의 저서 『투스쿨라룸 담론(Tusculan Disputation)』을 통해 후대에 전해졌고, 그 후 '절박한 위험'을 뜻하는 '다모클레스의 칼(Sword of Damokles)'이라는 말이 생겨났다. 1961년 9월 25일 UN 총회에서 당시 미국 대통령이었던 케네디가 이 이야기를 인용하기도 했다. 그는 핵무기를 다모클레스의 칼로 비유했는데, 인류의 운명을 위협하는 핵전쟁이 우연히 일어날 수도 있음을 경고한 것이다.

# DAY 076 | 너 자신을 알라

'너 자신을 알라'라는 말은 그리스 어로 'gnothi seauton(그노티 세 아우톤)', 라틴 어로 'nosce te ipsum(노스케 테 입숨)', 영어로 'know thyself'라고 한다. 리디아 출신의 그리스 여행기 작가인 파우사니아스 (Pausanias, 2세기 후반)는 자신의 유명한 여행기 『그리스 묘사 (Description of Greece)』에서 이 글이 델포이에 있는 아폴론 신전의 앞 마당에 새겨져 있던 것이라고 써놓았다.

이 말은 스파르타의 킬론, 헤라클레이토스, 피타고라스, 소크라테스, 아테네의 솔론 등이 했다는 주장들이 있지만 탈레스의 말이라는 게 가장 신빙성이 있다. 3세기 전반경의 그리스 전기 작가 디오게네스 라에르티오스(Diogenes Laertios)는 탈레스 이래의 철학자에 대한 열전(列傳)식 기술이자 고대 그리스 철학에 관한 중요 자료인 『유명한 철학자들의 생애와 가르침(Vitae Philosophorum; Lives and Opinions of Eminent Philosophers)』을 집필했다. 그는 이 책에서 그리스의 일곱 현인 (賢人) 중 한 사람인 밀레투스의 탈레스가 이 말을 했다고 밝히고 있다. 밤중에 별을 관찰하다가 개천에 빠졌다는 그리스 최초의 철학자 탈레스는 어려운 일이 무엇이냐는 질문을 받고는 "자기 자신을 아는 것이 가장 어려운 일이며, 남을 충고하는 것이 가장 쉽다"라고 대답했다고

그리스 어로 새겨진 '그노티 세아우톤'

한다.

고대 그리스 자연철학자들은 우주와 자연에 관심이 있었다. 그러다가 소피스트들과 소크라테스에 의해 철학적 관심과 주제가 인간으로 바뀌게 되었다. 인간이 사는 사회와 인간에 대한 관심은 그만큼 인간의 위상을 높였으며, 진리 탐구라는 것도 인간에게서 출발해야 한다는 당위성이 제기되었다. 이때 소크라테스는 먼저 자신의 무지(無知)를 깨닫는 철저한 철학적 반성을 강조하면서 이 격언을 자신의 철학적 화두로 삼았던 것이다.

이 한 마디는 서양 사상사에 크나큰 영향을 주어 19세기에 오스카 와일드는 "고대 세계의 입구에 '너 자신을 알라'라는 말이 적혀 있다면, 우리가 살고 있는 새로운 세계의 입구에는 '너 자신이 되어라'라는 말이 쓰여 있어야 할 것이다"라고 말했다. 중국의 춘추전국 시대 병법가인 손자(孫子)도 『손자병법』의 '모공편(謀攻篇)'에서 '지피지기(知彼知己)', '상대를 알고 나를 안다'를 거론했으니, 이 말은 동서양을 막론하고 우리에게 귀중한 금언으로 남아 있다고 해도 지나친 말은 아니다.

# DAY 077 | 우리가 승리했습니다!

마라톤(Marathon)은 그리스의 아테네에서 북동쪽 약 30Km 떨어져 있는 평원이다. 이곳에서 기원전 490년 다리우스 1세의 페르시아 군과 아테네 군 사이에 전투가 벌어졌다. 이것이 바로 '마라톤 전투(Battle of Marathon)'인데, 이 전투에서 아테네 군이 승리했다. 이 소식을 아테네 시민들에게 전한 전령 페이디피데스(Pheidippides)는 아테네까지 단숨에 달려와 "우리가 승리했습니다!"라고 외친 후 숨을 거두었다고 한다. 이후 그를 기리기 위해 1896년 제1회 아테네 올림픽에서 처음으로 마라톤이라는 육상 경기 종목이 채택되었다(당시에는 40Km 정도를 뛰었다).

그러나 헤로도토스의 『역사』에 따르면, 페르시아 군이 마라톤에 상륙한다는 소식을 듣고 아테네 군이 스파르타에 지원병을 요청하기 위해 전령 페이디피데스를 파견했다고 한다. 스파르타는 지원병을 보내려고 했지만 스파르타의 전통에 따라 만월에 출전하는 것이 금기시되어 성사되지 못했다. 할 수 없이 아테네는 플라타이아(Plataea) 등 몇몇 동맹 도시들의 도움을 받아 마라톤 평야에서 페르시아 군과 치열한 전투를 벌인 끝에 승리했다고 한다. 여기서 헤로도토스는 페이디피데스가 마라톤 승전 소식을 아테네에 전했다는 사실을 언급하고 있지 않다. 따라서 오늘날 알려져 있는 마라톤의 유래는 후대에 만들어진 것으로 추측된다.

이런 역사적 이유로 마라톤 전투에서 패한 페르시아의 후예 이란은 마라톤을 금지하고 있다. 그래서 이란의 수도 테헤란에서 열린 1974년 '아시안 게임'에서도 마라톤이 제외되는 해프닝이 벌어졌다.

아테네 시민들에게 승전보를 전하고 쓰러지는 페이디피데스

오늘날 마라톤의 공식 거리는 1908년 '런던 올림픽'에서 최초로 채택되었다. 당시 영국 왕실에서 마라톤의 출발과 골인 장면을 편히 보기 위해 윈저 성의 동쪽 베란다에서 마라톤이 시작되어 화이트 시티(White city) 운동장에서 끝나도록 해달라고 요청했다. 그래서 종전보다 조금 긴 42.195km라는 마라톤 코스가 정해졌으며, 런던 올림픽 이래 마라톤의 공식 거리로 채택되었다. 마라톤은 이 풀코스 외에도 5km, 10km 등의 단축 마라톤, 21.0975km의 하프 마라톤, 그리고 60km, 100km를 뛰는 울트라 마라톤 등이 있다.

그런데 마라톤 경기는 뛰는 거리가 같더라도 대회나 장소마다 코스가 다르기 때문에 '신기록' 대신에 '최고 기록'이라는 용어를 쓴다. 지금까지 세계 최고 기록은 공식적으로 2014년 제41회 베를린 마라톤 대회에서 케냐의 농부 출신 마라토너 데니스 키메토(Dennis Kimetto)가 세운 2시간 2분 57초이다. 참고로 여성의 세계 최고 기록은 2003년 4월 13일, 런던 마라톤에서 영국의 폴라 래드클리프(Paula Radcliffe)가 세운 2시간 15분 25초이다.

# DAY 078 | 예술은 길고 인생은 짧다

READ □

"Ars longa, Vita brevis(아르스 롱가, 비타 브레비스)", 즉 "예술은 길고 인생은 짧다(Art is long, Life is short)"라는 유명한 격언은 고대 그리스의 의성(醫聖) 히포크라테스(Hyppocrates, 기원전 460~370)가 한 말이다. 간호사가 되기 위해 '백의의 천사'라 불리는 나이팅게일(Florence Nightingale, 1820~1910)의 선서식, 즉 가관식(加冠式)을 치르듯이, 의대생들이 졸업할 때는 그가 주창한 '히포크라테스의 선서(Oath of Hippocrates)'를 한다.

히포크라테스는 소아시아의 작은 섬 코스(Kos)에서 태어났다. 이곳은 예로부터 의술로 유명해서 '의료의 신' 아스클레피오스의 신전이 있는 곳이기도 하다. 이 신의 자손들이 여기서 대대로 내려오면서 의술을 펼쳤는데, 히포크라테스는 바로 그 후손들 중 한 사람이라고 한다.

다음 격언은 히포크라테스의 『잠언집』에서 따온 말이다.

Ars longa, vita brevis, occasio praeceps, experimentum periculosum, iudicium difficile.

(Art is long, life is short, opportunity fleeting, experiment dangerous, judgment difficult.)

인생은 짧고, 예술은 길며, 기회는 항상 열려 있고, 경험이란 믿을 수 없으며, 판단은 어렵다.

이쯤 되면 의사인 히포크라테스가 왜 예술과 인생에 대해 언급을 했는지 궁금할 것이다. 우리가 보통 알고 있듯이, 이 격언은 예술의 생명은 오래가고, 거기에 비해 인생은 부질없다는 뜻이 아니다. 여기서 art는 예술이라기보다는 라틴 어 아르스(ars)가 지닌 원래의 뜻 '기예(技藝)'로 해석해야 한다. Ars는 그리스 어 테크네(techne)를 번역한 말이기 때문이다. Techne는 영어 technology나 technic 등 '기술(craft)'을 뜻하는 말의 어원이다. 그리스 시대

히포크라테스

에는 머리로 생각하는 철학 이외에 시, 연극, 의술, 미술, 조각, 음악, 제작 등 손을 쓰는 육체노동은 모두 techne의 범주에 속했다.

오늘날 art는 '예술(fine art)'이라는 뜻으로 쓰이지만, '인공(人工)', 그리고 The Art of War(전쟁술)처럼 '기법(技法)'이라는 뜻도 가지고 있다. 요컨대 히포크라테스 당시의 의술은 예술과 기술이 합쳐진 기예(技藝)의 범주에 속했다고 볼 수 있다. 따라서 히포크라테스가 한 말은 정확히 "의술(醫術)은 길고, 인생은 짧다"로 번역되어야 한다. 결국 히포크라테스는 "의술이나 예술은 영원하고, 거기에 비해 인생이 부질없다"는 것이 아니라 "의술을 터득하는 길은 끝이 없고, 학문적 성과를 이루기에는 우리에게 주어진 삶이 상대적으로 너무 짧으니" 의술에 종사하는 사람들은 모름지기 자신의 직분에 혼신을 다해야 한다는 일종의 훈계를 한 것이다.

# DAY 079 | 인간은 만물의 척도

기원전 5세기에 벌어진 페르시아 전쟁 이후, 아테네는 정치와 문화의 중심지가 되었다. 이때부터 그리스 철학의 관심은 자연보다는 인간에 집중되었다. 그리스에서 탄생한 서양의 철학(哲學)은 영어로 philosophy 인데, 이는 그리스 어 philos+sophia(love of wisdom, 지혜를 사랑하는 것)에서 나온 말이다.

교통과 통신 수단이 빈약했던 당시 '언어, 관습, 제도, 문화'가 제각기 달랐던 각양각색의 사람들이 아테네로 몰려들자 삶의 기본 가치에 대한 기준에 큰 혼란이 일어나 분쟁이 끊이질 않았으며, 날마다 말다툼과 소송이 이어졌다. 그래서 당사자들이 논쟁에서 이기거나 재판에서 승소할 수 있도록 도와주는 사람이 생겨났다. 이들이 바로 '지혜로운 자'라는 뜻의 소피스트(sophist)로, 돈을 받고 수사학이나 변론술을 가르치는 직업 선생들이었다.

그들은 국가와 민족보다는 개인의 현실적인 문제에 관심을 기울였다. 그리고 자신의 의사를 관철하기 위해 민회나 법정에서 상대방을 설복할 지식을 갖고 있어야 했으며, 이를 밑천 삼아 제자들을 길러내는 일종의 논술교사들이다. 그들은 고객을 많이 끌어들여야 했고, 또 고객들의 다양한 요청에 따를 수밖에 없었다. 그래서 논쟁에서 이기기 위해 어느덧 진실을 외면하고 궤변적인 논리를 구사하는 등 온갖 방법을 동원하기도 했다.

소피스트의 대표적 인물은 프로타고라스(Protagoras, 기원전 약 490~

420)이다.

그는 "인간은 만물의 척도이다"라고 주장함으로써 만물의 척도를 자연으로 본 자연과학적 사고에 정면으로 맞섰다. 그는 그리스 북부 트라키아의 압데라(Abdera)에서 태어났는데, 데모크리토스도 같은 고향 출신이다. 그는 문법, 수사학, 수학, 고전 문학 등 거의 모든 분야에 걸쳐 교육을 받았다.

프로타고라스

'인간은 만물의 척도(Man is the measure of all things)'라는 것은, 인간은 사물을 제각기 인식하기 때문에 절대적이 아니라 상대적으로 본다는 뜻이다. 그는 "인간의 지식은 인식에 토대를 두고 있으며, 이 인식은 인간의 감각에 기반을 두고 있다"고 했다. 그런데 인간의 감각기관에 의해 인식되는 것은 각각 다르기 때문에 지식 역시 사람마다 다르다는 소위 '상대주의적 진리론'을 주장했다.

그러나 프로타고라스가 주장한 상대주의적 진리론은 '소피스트의 역설'을 낳는다. 소피스트들은 "보편적이고 객관적인 절대적 진리란 존재하지 않는다"고 주장했으나, 이러한 주장이 보편적 진리가 되기 어려웠던 것은 정작 자신들이 주장하는 바와 모순되었기 때문이다.

프로타고라스와 관련하여 '프로타고라스의 재판'에 대한 유명한 일화가 있다. 프로타고라스와 그의 학생 사이에 송사가 벌어졌다. 당시의 관례는 강좌를 시작할 때 수강생에게 수업료 절반을 받고, 수업이 끝날 때 학습 성과가 있으면 나머지를 받는 것이었다. 그런데 그 학생이 강의가 끝났는데도 잔금을 지불하지 않았다. 그러자 프로타고라스는 아테네 법정에 학생을 고소했다.

학생이 "내가 이 소송에서 이기면 당연히 나머지 수업료를 낼 필요가 없고, 만약 재판에서 진다면 선생이 나에게 변론술을 제대로 가르치지 못했으니 역시 나머지 수업료를 낼 필요가 없다"라고 하니, 프로타고라스는 "내가 소송에서 이기면 나는 당연히 잔금을 받을 것이고, 만에 하나 내가 진다 해도 학생이 나를 이길 정도로 변론술을 터득했으니 역시 잔금을 받을 것이다"라고 답했다.

이는 그의 논법이 서로 다른 해석에 따라 전혀 다른 결과를 낳을 수도 있는 논리적 오류를 갖고 있음을 지적한 것이다. 프로타고라스가 당대의 제일가는 현자(賢者)로 칭송받았기 때문에 이 이야기는 아마도 후세 사람들이 지어낸 것 같다. 하지만 당시에 활동했던 수많은 소피스트들 중에는 논리학 체계의 약점을 간파하고 이와 비슷한 궤변을 늘어놓은 사람도 많았을 것이다.

# DAY 080 | 만물은 유전한다

　헤라클레이토스(Heraclitus, 기원전 535~475)는 에페소스의 귀족 출신으로, 이오니아 학파의 선두 주자이다. 난해한 주장을 하고, 항상 비관적인 말을 하면서 울상을 지었기 때문에 당시 사람들은 그를 '어두운 철학자(Skoteinos), 눈물을 흘리는 철학자'로 불렀다. 특히 그는 다음과 같은 말을 남겨 유명해졌다.

　만물은 유전하며, 같은 상태로 존재하지는 않는다."

- 플라톤, 『크라튈로스(Cratylus)』

　우리는 똑같은 강물 속에 두 번 들어갈 수 없다. 왜냐하면 다른 물들이 그 위에 계속 들어오기 때문이다. 변화 이외에 영원한 것은 없다. 변화 이외에 남는 것은 하나도 없다.

- 헤라클레이토스, 『단편』

　그의 명제는 "만물(萬物)은 유전(流轉)한다(panta rhei; Everything flows)"는 것이었다. 그리고 누구도 같은 강물에 두 번 들어갈 수 없다고 말함으로써 변화의 개념을 제시했다. 강물은 흐르고 또 언제나 변화한다. 이 유전 개념은 강물뿐 아니라 만물에 적용되는 이치였다. 강물과 인간은 항상 변하면서도 동일성(uniformity)이 유지되는 측면이 있다. 사물들은 변화하며 여러 가지 형상을 갖지만, 변화의 흐름 속에서도 항상 동일할 수 있는 그 무엇을 지니고 있다. 그는 이 다양한 형

〈아테네 학당〉 중 헤라클레이토스(맨 오른쪽), 라파엘로, 1511

상들과 단일한 지속적 요소 사이에는 어떤 근본적인 동일성이 존재한다고 주장했다.

헤라클레이토스는 모든 사물은 변화하고 변화만이 유일한 실체(實體)이며, 물질세계는 과거, 현재, 미래에 항상 변화하기 때문에 어느 누구도 물질세계를 정확하게 파악할 수 없다고 주장, 물질적 질료로서의 실체를 강력히 부정했다. 변화를 다양성 속의 제일성으로 묘사하면서 그가 전제로 삼았던 것은 변화하는 그 무엇이 존재한다는 사실이었다.

그는 그 무엇을 불[火]이라고 생각했다. 불은 변화의 과정을 암시해주는 방식으로 존재하고 작용하기 때문에 사물의 근본 원소로 생각한 것이다. 불은 항상 무엇인가를 섭취하면서 동시에 항상 무엇인가를 배출하거나 소모한다. 그러므로 불은 변화의 과정이다. 따라서 불이 섭취한 어떤 것은 다른 어떤 것으로 변화될 뿐이다. 그가 불을 사물의 근본 원소로 본 것은 변화하는 그 무엇을 염두에 두고 거기서 변화의 원리를 발견했기 때문이다.

만물이 유전한다는 말은 세계가 하나의 '영원히 타는 불(ever living fire)'이라는 사실을 의미하는 것으로서, 그 불의 영원한 운동은 '타는 정도와 꺼지는 정도'에 의해 보증된다. 그래서 그는 '세계 질서는 일정한 정도로 타오르고 일정한 정도로 꺼지는 영원히 타는 불'이라고 말했다. 또한 이 '정도'는 타는 것과 꺼지는 것 사이의 균형을 의미한다.

이와 마찬가지로 만물은 시시각각 그것들의 형상을 교환하면서 계속 존재한다. 그리고 우주는 변화 또는 유전(流轉)의 질서 있고 균형 잡힌 과정 덕분에 안정을 이룬다. 마치 동일한 양을 들이마시고 내뿜는 거대한 불처럼 만물은 동일한 '정도'를 들이킨 만큼 내보내면서 그대로 유지되는 것이다.

헤라클레이토스는 불을 통한 만물의 영원한 순환과 변형을 묘사함으로써 자신의 유일한 근본 재료와 세계 내의 다양한 사물들 사이에 존재하는 동일성을 설명했던 것이다. 그래서 동적인 평형이 이루어지며, 이것이 세계의 질서 있는 균형을 유지한다. 헤라클레이토스는 변화 속에서도 이렇게 통일이 유지되는 것을 삶과 강으로 비유해서 보여준 것이다.

이처럼 '생성, 변화'를 중요시한 헤라클레이토스는 헤겔 이후 재조명을 받아 니체, 베르그송, 들뢰즈 등 현대 철학자들에 큰 영향을 미쳤으며, 중국의 노장 철학과의 연관성 때문에 동양 철학에서도 새롭게 주목받고 있다.

# DAY 081 | 악법도 법이다

"악법도 법이다(Dura lex, sed lex)." 직역을 하면 "법은 엄하지만 그래도 법이다"라는 뜻인데, 아무리 불합리한 법이라도 법 체계를 지켜야 한다는 내용이다. 소크라테스(Socrates, 기원전 469~399)는 법정에서 사형선고를 받자, 그를 도우려는 사람들이 탈옥을 권유했지만 이 말을 한 뒤 독약을 마시고 죽었다고 한다.

이 일화는 권위주의 정권의 억압적인 법 집행을 정당화하는 데 악용되었다는 설이 유력하다. 기득권층은 위대한 철학자 소크라테스도 법을 지키는데 하물며 너희들은 뭐냐는 식으로, 아무리 법이 형평성에 어긋나더라도 지켜야 한다며 자신들의 불법성을 합리화하고 정당화하는 논리로 써먹었다는 것이다.

소크라테스의 이 말은 악법을 지키라는 취지에서 한 것이 아니다. 내가 독배를 마시고 죽음으로써 이 악법이란 것도 법 취급을 받을 수 있다는 말이다. 악법은 지킬 필요도 없고 법으로서 존중할 가치도 없다. 그러므로 이 말은 시대정신이 죽은 사회에서 악법을 거부하지 못하고 기득권층이 행하는 원칙과 규율에 무조건 복종한다면, 악법이 법으로 작용하여 인간의 존엄성을 파괴하는 수단이 될 수도 있음을 역설적이며 우회적으로 표현한 것이다.

따라서 "악법도 법이다"라는 말이 쉽게 오르내리는 사회는 다름이 아니라 시대정신이 죽었다는 것을 말해줄 뿐이다.

소크라테스는 아테네 근교 알로페케의 중산층 가문 태생으로, 조각

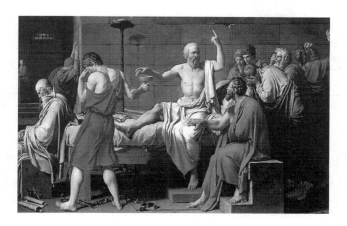

〈소크라테스의 죽음〉, 자크 루이 다비드, 1787

가인 아버지 소프로니스코스와 산파였던 어머니 파에나레테 사이에서
태어났다. 50세 때 악처 크산티페(xanthippe)와 결혼하여 아들 람프
로크로스를 두었으며, 미르토와의 사이에서도 소크로니스코스와 메네
크세노스라는 두 아들을 두었다. 작은 키에 들창코로 추남이었던 그
는 일정한 직업 없이 아테네를 떠돌아다니면서 동가식서가숙(東家食西
家宿)했다고 한다. 하지만 그가 철학의 아버지가 된 계기는 '그것은 무
엇인가?'라는 물음 때문이었다. 물음이야말로 가장 철학적이며 근본적
인 탐구 방식이라고 생각했기 때문이다.

소크라테스는 그 도시가 숭배하는 신을 배척한다는 것과 젊은이들
을 타락시킨다는 죄목으로 기소되었다. 그러나 시민법정에서 사형선고
를 받고 독배를 마시게 된 직접적인 원인은 토론할 때 날카로운 질문
을 던져 상대방이 자기모순에 빠지도록 유도하여 자신의 무지(無知)를
깨닫도록 하는 방법, 즉 문답법(問答法, maieutike, the catechetical
method) 또는 산파법(産婆法) 때문이었다. 이것이 배심원들의 기분을
상하게 하여 사형언도를 받았던 것이다.

# DAY 082 | 플라토닉 러브

READ ☐

사랑에는 자기본위의 강렬한 육체적 욕망을 뜻하는 에피투미아(epitumia), 자타공영의 감성적 사랑을 추구하는 에로스(eros), 타자본위의 모든 인류에 대한 무조건적 사랑을 뜻하는 아가페(agape) 등 세 가지가 있다.

'플라토닉 러브(platonic love)'라는 말은 그리스의 철학자 플라톤(Plato, 기원전 427~347)이 쓴 『향연(饗宴, Symposium)』에서 비롯되었다.

플라톤이 주장하는 사랑은 본래 '미에 대한 근원적 사랑'을 뜻했다. 그의 사랑은 단순히 관능적인 욕구를 억눌러 억압하는 것이 아니라 이러한 욕구를 좀 더 고차원적인 형태의 욕구로 고양시키는 것이다. 즉 육체의 아름다움, 영혼, 품행 그리고 인식의 아름다움을 넘어 아름다움 그 자체를 얻으려는 것이다.

플라톤

하지만 세월이 흐르면서 의미가 약간 달라져 지금은 '육체적인 욕구가 결합되지 않은 순수한 정신적 사랑', 즉 육체적이고 감성적인 욕망과는 구별되는 것으로서 연인의 인격에 대한 존경을 바탕으로 하는 정신적 사랑을 '플라토닉 러브'라고 한다. 중세 시대에 기사가 귀부인을 흠모하며 그녀가 쓰던 천 조각 하나를 얻어 몸에 지니거나 무기에 매달아 전쟁터에 나가거나 한 경우도 플라토닉 러브의 전형이라 할 수 있다. 그런데 사실 플라톤은 여자에 대해 특별히 존경을 나타낸 적이 없었다. 그는 "여자란 남자보다 덕에 있어서는 훨씬 뒤처지고 남자보다 약한 족속이며 잔꾀가 많고 교활하다"라고 주장했으며, "여자는 천박하고 쉽게 흥분할 뿐만 아니라 화를 잘 내며 남을 비방하기 좋아하는 데다 소심하며 미신을 잘 믿는다"라고 말하기도 했다.

원래 사랑이란 사랑을 하는 사람과 사랑을 받는 사람 사이의 상대적인 교섭이라고 할 수 있는데, 사랑의 핵심은 정신적, 육체적 결합 속에서 나타난다고 할 수 있다. 그런데 플라토닉 러브의 경우는 정신적인 면을 더 중요하게 여기고 있다.

# DAY 083 | 인간은 정치적 동물

> 인간은 본래 정치적 동물이다. 그러므로 국가 없이도 살 수 있는 자는
> 인간 이상의 존재이거나, 아니면 인간 이하의 존재이다.
>
> – 아리스토텔레스, 『정치학(Politics)』

아리스토텔레스가 말한 '인간은 정치적 동물이다'는 '인간은 폴리스적인 존재다'라는 뜻이다. 아리스토텔레스가 살던 아테네는 직접민주정치로 유명한 대표적인 폴리스이다. 아테네야말로 도시국가(polis)의 공공의 문제에 관심과 이익을 공유하는 자유 시민의 집합이라고 보고, 아테네 시민이라면 모두 정치에 참여해야 한다는 뜻에서 한 말이다. 인간을 정치적 동물이라는 면에서 파악한 그의 안목은 탁월했다. 그에 따르면 국가(polis)는 최고 종류의 사회이며, 최고의 선(善)을 목적으로 하는 것이었다. 후에 마르크스가 '인간은 사회적 동물이다'라고 말했지만, 이것은 아리스토텔레스의 말을 바꿔 표현한 것에 불과하다.

아리스토텔레스(Aristotle, 기원전 384~322)는 소크라테스, 플라톤과 함께 고대 그리스의 3대 철학자이다. 마케도니아의 스타게이라(Stageira)에서 태어난 그는 열여덟 살 때 아테네로 건너와 플라톤의 제자가 되었으며, 그 후 플라톤이 죽을 때까지 거의 20년 동안 아카데미에 머물면서 철학에 몰두했다.

플라톤이 사망하고 나서 소아시아로 온 그는 기원전 342년부터 340년까지 마케도니아의 왕자 알렉산드로스의 가정교사로 있었다. 하

〈아테네 학당〉 중 플라톤(왼쪽)과 아리스토텔레스, 라파엘로, 1511

지만 대왕의 정치 사상에까지 영향을 끼치지는 않았다고 한다. 알렉산드로스가 기원전 335년 소아시아 원정길에 오르자 그는 아테네의 동부 리케움(Lyceum)에 학교를 만들어 많은 제자들을 가르치며 저작에 몰두했다. 당시 그의 생활은 이상적인 학구 생활이었다. 그는 학원 내 산책길 '페리파토스'를 거닐면서 학생들과 대화하며 의견을 교환했다. 그래서 이들을 소요학파(逍遙學派, the Peripatetic school)라 부르게 되었다.

알렉산드로스가 세상을 떠나자 그의 지원을 받아온 아리스토텔레스는 신을 모독했다는 이유로 반대파의 공격과 모함을 받아 궁지에 몰렸다. 신변에 위험을 느낀 아리스토텔레스는 아테네를 떠나 어머니의 고향 칼키스(Chalcis)로 숨었지만 이듬해 지병인 만성소화불량으로 세상을 떠났다.

아리스토텔레스 이후 '정치적 동물(zoon politikon)'이라는 말은 일반적으로 인간이 개인으로서 존재하고 있지만 끊임없이 타인과 사회적 관계 속에서 존재하고 있기 때문에 정치를 떠나서는 살 수 없다는, 즉 인간이 정치와 주고받는 관계 속에서 발전한다는 긍정적인 의미를 내포하고 있다. 이 라틴 어 zoon(동물)은 '동물원'을 뜻하는 zoo의 어원이기도 하다.

라파엘로가 그린 앞의 〈아테네 학당〉을 보면 하늘을 향해 오른손을 들고 있는 플라톤은 자신의 저서 『티마이오스(Timaeus)』를 들고 정신적 이데아의 중요성을 설파하고 있다. 반면에 플라톤의 이데아론과는 달리 현실 세계를 중시한 아리스토텔레스는 자신의 저서 『니코마코스 윤리학(Nicomachean Ethics)』을 들고 손은 현실을 의미하는 땅을 향하게 하고 있어 경험적 철학의 중요성을 주장하고 있다.

# DAY 084 | 유레카!

　고대 그리스의 과학자이자 수학자인 아르키메데스(Archimedes, 기원전 287~212)는 시칠리아 섬의 시라쿠사(Siracusa)에서 태어나 이집트의 알렉산드리아에 유학했다. 그 후 시라쿠사로 돌아와 아버지인 천문학자 피라쿠스의 소개로 시라쿠사의 왕 히에론 2세(Hieron Ⅱ, 기원전 308~215)와 그의 아들 겔론(Gelon)의 후원을 받아 연구에만 전념했다.

　어느 날 왕은 대장장이한테 제작하도록 명령한 자신의 금관이 순금이 아니고 은이 섞인 가짜라는 소문을 들었다. 그래서 왕은 아르키메데스에게 왕관의 진위 여부를 밝히라고 명했다. 해결책을 고민하던 아르키메데스는 우연히 물이 가득 찬 욕조에 들어갔는데, 이때 욕조에 채워진 물이 넘치는 것을 보고 물속에서는 무게가 자기 몸의 부피에 해당하는 만큼 가벼워진다는 것을 알아냈다. 흥분한 그는 알몸으로 목욕탕을 뛰어나와 집으로 달려가면서 "유레카!(Eureka!)"(그리스 어로는 '에우레카!')라고 외쳤다.

　그래서 오늘날 이 말은 "바로 이거야!"처럼 무언가를 처음 알아냈을 때, 특히 질문에 대한 답을 알아냈을 때 기쁨을 나타내는 말로 쓰인다.

　집에 도착한 그는 물속에서 저울대를 이용하여 금관과 같은 분량의 순금 덩어리를 달아보았다. 그러자 저울대는 순금 덩어리 쪽으로 무겁게 기울어졌고, 왕관에 은이 섞였음을 알아냈다. 그는 이 원리를 응용하여 유명한 '아르키메데스의 원리(Archimedes' principle)'를 발견했다. 즉 가짜 왕관에는 은이 섞여 있어 같은 무게의 순금보다도 부피가 크

도형을 그리고 있는 아르키메데스(왼쪽)와 묘비에 새겨진 도형

고 따라서 그만큼 부력(浮力)도 커진다는 '부력의 원리'이다.

당시에는 지중해의 패권을 둘러싸고 로마와 카르타고 사이에 포에니 전쟁이 한창 벌어지고 있었는데, 시라쿠사는 카르타고 편을 들고 있었다. 아르키메데스도 제2차 포에니 전쟁(기원전 218~201) 당시 조국을 위해 투석기와 기중기 같은 여러 가지 무기를 개발하여 로마군을 격퇴했다고 한다.

하지만 로마 군이 카르타고 군의 보급로를 차단하자 결국 시라쿠사는 함락당하고 말았다. 아르키메데스는 그런 줄도 모르고 집에서 도형을 그리며 기하학을 연구하고 있었는데, 로마 군의 한 병사가 들이닥쳤다. 연구에만 몰두하고 있던 그가 인기척을 듣고는 "내 원을 밟지 마!(Noli turbare circulos meos!)" 하고 호령하자, 화가 난 병사는 아르키메데스의 목을 칼로 찔러 죽여버렸다고 한다.

아르키메데스를 진심으로 존경하고 있었던 로마 군 사령관 마르켈루스는 나중에야 이 사실을 알고는 몹시 가슴 아파했다. 그리하여 고인의 위대한 업적을 길이 빛내기 위해 원기둥에 구가 내접하도록 새긴 묘비를 세워주었다. 그가 "구(球)의 부피는 같은 높이의 원기둥의 부피의 3분의 2이다"라는 공식을 발견했기 때문이다.

# DAY 085 | 건강한 육체에 건전한 정신이 깃든다

READ ☐

이 말은 고대 로마의 시인 유베날리스[Decimus Junius Juvenalis, 50(?)~130(?)]의 『풍자시집(Saturae)』 제10편의 한 구절이다. 그의 시에는 대부분 도미티아누스 황제를 비롯해 수많은 황제들과 로마의 귀족들 그리고 당시의 사회상에 대한 통렬하지만 유쾌한 풍자가 담겨 있다.

원문은 "건강한 육체에 건전한 정신까지 깃든다면 바람직할 것이다 (Orandum est ut sit mens sana in corpore sano). 그러나 로마 인들은 그렇지 않다. 너희들의 건강한 육체에 제발 건전한 정신이 깃들기를 기도하라"이다. 여기서 그가 하고 싶었던 말은 '육체를 그렇게 단련한다고 온갖 시간을 보내는데 어떻게 너희들 머리에 건전한 정신이 깃들 수가 있겠는가?' 하는 것이었다. 당시 신체 단련의 열풍이 불어 로마 사람들은 육체적으로는 매우 강건했으나 정신은 타락해 있었다. 그래서 그 단련된 무식한 몸에 건전한 정신이 깃들도록 노력하라는 의미로 한 말이다.

특히 이 말은 존 로크(John Locke)에 의해 마치 건강한 육체여야 건전한 정신이 깃드는 것처럼 왜곡된 의미로 사용되었고, 근대 올림픽의 창시자 쿠베르탱 남작이 올림픽 구호로 사용함으로써 유명해졌다. 이 구절은 육체적 운동을 중시하는 올림픽 경기의 구호로는 제격이지만, "건강한 몸에 건전한 정신", 즉 "아무리 건강한 몸이라도 정신

유베날리스

이 건전하지 못하면 소용없다"는 뜻으로 받아들여야 한다.

　일본의 유명한 스포츠 용구 브랜드로 '아식스(ASICS)'가 있는데, 이것은 '건강한 육체에 건전한 정신(A sound mind in a sound body)'의 라틴 어 "Anima Sana In Corpore Sano"의 이니셜을 따온 것이다.

# DAY 086 | 주사위는 던져졌다!

가이우스 율리우스 카이사르(Gaeus Julius Caesar, 기원전 100~44)는 로마 공화정 말기의 정치가로 서양의 역사상 가장 유명한 인물 중 한 사람이다. 특히 '황제'라는 뜻의 영어 시저(Caesar), 독일어의 카이저 (kaiser), 러시아 어의 차르(czar)는 모두 그의 이름에서 유래된 말이다.

그는 기원전 60년 중동 지역을 평정한 장군 폼페이우스와 경제권을 쥐고 있던 크라수스와 함께 소위 '삼두정치(三頭政治, triumvirate)'를 행했으며, 기원전 59년에는 집정관(Consul)에 뽑힌 뒤, 기원전 58년에 갈

루비콘 강을 건너는 카이사르

리아의 키사르피나와 트란사르피나 속주 총독이 되었다. 그 뒤 갈리아 원정에 나서 게르마니아(독일)와 브리타니아(영국)까지 정복한 과정은 그의 저서 『갈리아 전기』에 잘 나와 있다.

그런데 기원전 53년 크라수스가 파르티아 왕국을 공략하다 '카레 전투'에서 전사하고 말았다. 그리하여 삼두체제가 무너지자 원로원과 손잡은 폼페이우스는 권력을 독차지하기 위해 카이사르의 총독 지위를 박탈하고 본국 소환령을 내렸다. 이에 불응한 카이사르는 자신의 소수 정예 군단을 이끌고 기원전 49년 1월 10일 루비콘 강을 건너는 일생일대의 승부수를 던졌다. 이는 로마의 최고 권력을 향한 첫걸음이었다. 그때 카이사르가 한 말이 "주사위는 던져졌다!(Alea jacta est!)"였다. 그래서 이 말과 '루비콘 강을 건넜다'는 말은 돌이킬 수 없는 극적인 상황 전개를 가리킬 때 쓰인다.

루비콘 강은 이탈리아 반도 동북부 지금의 볼로냐 남쪽에서 아드리아 해로 흘러드는 조그만 강으로, 당시 로마와 그 속령인 갈리아 키사르피나를 가르는 경계선이자 로마 북쪽 방위선이었기 때문에 군대를 이끌고 루비콘 강을 넘어 남쪽으로 내려오는 것은 법으로 엄격히 금지되어 있었다.

용맹스런 카이사르의 군대는 기원전 48년에 폼페이우스를 격파하고, 기원전 47년에는 폰투스의 파르나케스 2세를 순식간에 제압한 직후 로마 시민과 원로원에 보낸 승전보에 "왔노라, 보았노라, 이겼노라!(veni, vidi, vici!)"라고 적었다. 확신에 찬 이 경구를 통해 카이사르는 아직 내전 중인 로마에서 원로원과 시민에게 자신의 군사적 우월감과 내전 승리의 확신을 전달했으며, 마침내 기원전 45년에는 폼페이우스의 두 아들을 제압하고 내전을 마무리했다.

하지만 종신 독재관이 되고 클레오파트라의 이집트까지 석권한 눈부신 성공은 오히려 재앙의 불씨가 되었다. 그는 기원전 44년 4월 13일, 권력의 1인 집중으로 공화정이 위태롭다고 여긴 브루투스와 카시우스 일파에게 암살당하고 말았다. 셰익스피어의 『줄리어스 시저』에는 피살 당시 그가 "브루투스, 너마저도!"라고 부르짖었다고 한다. 하지만 로마의 역사가 수에토니우스(Gaius Suetonius Tranquillus)의 『황제전(De vita Caesarum)』에는 "아들아, 너마저!"로 나와 있고, 실제로는 그런 말을 한 적이 없었다는 설도 있다.

# DAY 087 | 알리바이

알리바이(alibi)는 범죄가 행해진 때에 피고인이나 피의자가 범죄 현장 이외의 장소에 있었다는 사실을 주장하여 자신의 무죄를 입증하는 방법으로 '현장부재증명(現場不在證明)'을 말한다. 이는 범행 당시 현장에 없었다면 그 범죄를 행할 수 없기 때문에 그 용의자를 범인으로 단정할 수 없다는 데 근거하고 있다. 그래서 알리바이를 입증하는 것은 무죄를 증명하는 중요한 수단이다.

영어 alibi는 라틴어 alibi(알리비)에서 나왔다. alibi는 '다른'이란 뜻의 alius(알리우스)와 '거기에'란 뜻의 ibi(이비)의 합성어이므로 '다른 장소에'라는 말이다. 즉 '알리바이'는 '다른 장소에 있었다'는 뜻이 있기 때문에 '현장부재증명'보다는 '타소존재증명(他所存在證明)'이라고 해야 더 정확한 표현이다.

고대 로마 형법에서는 범인을 추적하는 데 중요한 두 가지 단서가 있었다. 첫 번째가 바로 알리바이이고, 다른 하나가 쿠이보노(Cui Bono)이다. 앞에서 말했듯이 알리바이는 '다른 장소에'라는 뜻이므로 아무리 의심스러운 용의자라 할지라도 범행 시간에 '어딘가 다른 곳에' 있었다면 그것을 유죄로 판단할 수 없다. 쿠이보노라는 라틴어는 '누구의 이익을 위한 것인가'라는 뜻이다. 즉 범행 동기가 무엇인가를, 또 그 범행을 통해 누가 이익을 얻는가를 판단해보면 범인을 밝혀낼 단서를 잡을 수 있다고 생각했다. 하지만 쿠이보노가 아무리 명료하더라도 그 사람에게 알리바이가 있다면 유죄라 할 수 없다. 이처럼 로마 사람들은 알리바이가 쿠이보노에 우선한다고 간주했던 것이다.

# DAY 088 | 돈에서는 냄새가 나지 않는다

베스파시아누스(Vespasianus, 기원후 9~79)는 로마 제국의 아홉 번째 황제이다. 베스파시아누스는, 자살한 네로의 급서로 말미암아 큰 혼란이 야기되자 이를 수습할 적임자로 선택되면서 로마에 입성하게 된다. 내전 상태의 로마를 평정하고 국가의 질서를 회복하면서 무능한 군인 출신인 갈바, 오토, 비텔리우스 등 세

평민 출신 로마 황제
베스파시아누스

명의 황제에 이어 평민 출신 최초로 로마의 황제에 올랐다.

베스파시아누스는 무능했던 이전 황제들 때문에 텅 비어 있는 국고를 채우는 데 온힘을 기울였으며, 로마 시민들을 위해 콜로세움(Colosseum, 정식 명칭은 '플라비우스 원형극장')을 짓기 시작했다. 그는 이에 따르는 재원을 충당하기 위해 새로운 세금 징수원을 찾아내야만 했다. 그리하여 가죽에 무두질을 하는 데 사용되는 공중 화장실의 오줌에도 세금을 징수하기로 결정했다. 하지만 열 번째 황제가 되는 아들 티투스(Titus)는 이렇게 지저분한 돈까지 거둬들이는 걸 언짢아했다. 그러자 베스파시아누스는 새로운 세금으로 처음 들어온 동전을 아들의 코앞에 갖다대며 이렇게 말했다. "돈에서는 냄새가 나지 않는다."

우리는 돈에 대해 여러 가지 입장을 취할 수 있다. 윤리적이고 도덕적인 입장에서 돈을 목적으로 이루어지는 수많은 거래들을 부정하고

나쁜 것으로 판단할 수도 있고, 반대로 어찌되었든 돈이 있으면 뭐든지 할 수 있으니 결국 좋은 것이라는 현실적 입장을 취할 수도 있다. 그래서 각자의 처지와 성격과 마음과 행동에 따라 돈을 정의하는 수많은 말들이 있다. 이는 결국 이 세상에서는 돈이 그만큼 중요함을 반증하는 것이라 할 수 있다. 그래서 돈에서는 냄새가 나지 않는다. 냄새가 난다면 그것을 거머쥔 인간의 손에서 나는 냄새일 뿐이다. 하지만 부정하게 벌어들인 돈까지 무색무취하다고 느껴진다면 자신의 코를 의심해봐야 할 것이다.

# DAY 089 | 팍스 로마나

라틴 어 '팍스 로마나(Pax Romana)'는 '로마의 평화(Peace of Rome)' 라는 뜻으로, 로마 제국이 전쟁을 통한 영토 확장을 최소화하면서 오랜 평화를 누렸던 시기를 말한다. 초대 황제인 아우구스투스 (Augustus)가 통치하던 시기부터 시작되었기 때문에 '아우구스투스의 평화(Pax Augusta)'로 불리기도 하는데, 기원전 27년부터 오현제(伍賢帝, 네르바, 트라야누스, 안토니우스 피우스, 하드리아누스, 마르쿠스 아우렐리우스) 시대인 기원후 180년까지 약 200년 동안 지속되었다.

율리우스 카이사르의 여동생의 손자인 옥타비아누스(Oc-tavianus) 는 카이사르의 양아들로 들어갔다. 카이사르가 암살당한 후 그는 안토니우스와 레피두스와 함께 '제2차 삼두정치'를 행했다. 하지만 기원전 36년 레피두스가 실각하자 삼두정치는 소멸되었고, 결국 기원전 31년 옥타비아누스가 클레오파트라와 손을 잡은 안토니우스를 '악티움 해전'에서 결정적으로 격파하고 로마를 통일하여 단독 지배자 (Princeps, '제1의 시민'이라는 뜻)로 군림하게 되었다. 이를 계기로 로마 공화정은 무너지고 제정(帝政)으로 넘어갔으며, 옥타비아누스는 아우구스투스(Augustus, '고귀한 자'라는 뜻)라는 칭호를 얻고 황제(Emperor)가 되었다.

이 시기는 로마 제국 역사상 가장 태평성

아우구스투스 황제

대를 이룬 시기였다. 당시에는 학문과 예술 그리고 건축과 상업이 융성했으며, 외침을 걱정할 필요가 없었다. 그러나 로마의 지배에 의한 평화는 지배 계급들에게는 태평성대였지만, 속주와 식민지 민중들에게는 제국을 유지하기 위한 로마의 폭력과 착취로 고통받는 제국주의 체제였다. 로마의 지도자는 자국민들의 불평을 덜고 각종 오락을 제공하기 위해 무상으로 곡물을 지급하고, 극장이나 경기장 등을 지었다. 여기에는 전쟁 경비 못지 않게 엄청난 재정이 필요했다. 오히려 전쟁 비용은 적대국의 재산을 약탈해서 충당할 수 있지만, 평화 시에는 결국 속주민들을 수탈하여 제국을 유지해야만 했다. 따라서 로마의 평화는 허구적인 평화이며 민중들을 수탈하여 로마의 욕심을 채운 이기적인 평화였다. 그래서 이 말은 '강대국이 약소국에 강요하는 불안한 평화'를 가리킬 때 쓰이기도 한다.

역사가들은 강대국의 폭력에 의한 가짜 평화가 등장할 때 '팍스 로마나'를 빗대 신조어를 만들어냈다. 19세기 영국의 식민지 통치를 가리키는 '팍스 브리태니카(Pax Britanica)', 제2차 세계대전 이후 미국에 의한 세계 평화 체제를 일컫는 '팍스 아메리카나(Pax Americana)', 그리고 중국의 지배에 의해 세계의 평화 질서가 유지될 것이라는 전망에서 나온 '팍스 시니카(Pax Sinica)' 등이 바로 그것이다.

# DAY 090 | 모든 길은 로마로 통한다

'Omniae viae quae ad romam duxerunt(All roads lead to Rome).'

모든 길은 로마로 통한다.

이 말은 1391년 영국의 역사가이자 시인인 제프리 초서(Geoffrey Chaucer)가 처음 꺼낸 말이지만, 그도 로마에서 들은 말을 인용한 것이다.

아피우스 클라우디우스 카이쿠스(Appius Claudius Caecus, 카이쿠스는 '맹인'이라는 뜻. 그는 노년에 실명하여 눈이 보이지 않았다)는 감찰관(Censor)으로 일하던 기원전 312년 로마에서 볼투르노 강변의 카푸아(Capua, 나폴리 북쪽)까지 132마일(약 212Km)에 이르는 군사도로를 건설했는데, 이 포장도로는 그의 이름을 따 '아피아 가도(Via Appia)'라고 불렀다. 이 가도는 기원전 264년에 아드리아 해변의 브룬디시움(Brundisium, 지금의 브린디시로 이탈리아 반도의 남동쪽에 있음)까지 연장되었다.

로마식 포장도로는 먼저 땅을 판 다음 자갈을 채워넣고 널따란 돌로 덮는 형식인데, 길 옆에 배수로까지 만들었기 때문에 고속도로와 같은 역할을 했으며, 모든 면에서 로마의 중심 도로였다. 로마가 제국으로 성장하는 과정에서 카르타고의 한니발과 치른 세 차례의 '포에니 전쟁'과 그리스의 마케도니아와 치른 세 차례의 '마케도니아 전쟁'이 가장 큰 고비였음을 감안하면 로마에서 브룬디시움, 로마에서 레지움

1890년대의 아피아 가도

(Regium, 지금은 반도 남서쪽 끝 시칠리아 섬 앞에 있는 레지오)에 이르는 아피아 가도는 정말로 필수불가결했을 것이다. 브룬디시움은 그리스와 소아시아로 가는 병력들을 태운 배들이 출발하는 항구였고, 레지움은 마주보는 시칠리아 섬을 거쳐 북아프리카로 가는 항구였으니 말이다.

이후 로마의 도로 건설은 계속되었고 이탈리아 반도는 거미줄 같은 도로망을 갖추게 되었다. 율리우스 카이사르 통치기에 지금의 프랑스, 독일 지역인 갈리아 지방에 대한 지배권을 확립한 뒤부터 로마식 가도는 중·북유럽과 히스파니아(지금의 스페인)까지 뻗게 되었다. 이 중심은 당연히 로마였으며, 바로 여기서 "모든 길은 로마로 통한다"라는 말이 나왔다. 그래서 이 말은 로마가 당시 세계의 중심이었던 것처럼 지금도 인적, 물적 자원의 중심이 되는 어떤 장소나 영역을 뜻하는 말로 쓰이고 있다.

또 한 가지 로마에 관한 유명한 말로 'Roma non uno die aedificata est'가 있다. 다름 아닌 "로마는 하루아침에 이루어지지 않았다(Rome was not built in a day)"는 말인데, 세르반테스의 『돈키호테』에서도 인용되고 있다.

# DAY 091 | 노블레스 오블리주

'노블레스 오블리주(Noblesse Oblige)'란 프랑스 어로 '귀족의 의무'를 의미하는데, 이는 귀족이 정당하게 대접받기 위해서는 '명예(Noblesse)'만큼 '의무(Oblige)'도 다해야 한다는 것이다. 즉 특권에는 반드시 책임이 따르고 고귀한 신분일수록 의무에 충실해야 한다는 지도층의 솔선수범과 희생을 말해주는 것이다.

"고귀하게 태어난 사람은 고귀하게 행동해야 한다"는 것은 과거 로마 제국 귀족들의 불문율이었다. 로마의 귀족들은 자신들이 노예와 다른 점은 단순히 신분이 다른 게 아니라, 사회적 의무를 실천할 수 있다는 사실이라고 여기며 자부심을 갖고 있었다. 특히 귀족 등의 고위층이 전쟁에 참여하는 전통은 더욱 확고했는데, 로마 건국 이후 500년 동안 원로원에서 귀족이 차지하는 비중이 15분의 1로 급격히 줄어든 것도 귀족들이 전쟁에 나서 많이 희생되었기 때문인 것으로 알려져 있다. 이러한 귀족층의 솔선수범과 희생에 힘입어 로마는 고대 세계의 맹주로 처신할 수 있었다.

근대와 현대에 이르러서도 이러한 도덕 의식은 계층 간 대립을 해소할 수 있는 유력한 수단으로 간주되었다. 특히 전쟁과 같은 총체적 난국에서는 국민을 통합하고 역량을 극대화하기 위해 무엇보다 기득권층의 솔선수범하는 자세가 필요하다.

제1차 세계대전과 제2차 세계대전에서는 영국의 귀족층 자제들이 다니는 '이튼 칼리지' 출신이 2,000여 명이나 전사했고, '포클랜드 전

쟁' 때는 엘리자베스 여왕의 둘째아들 앤드루가 전투용 헬기 조종사로
참전하기도 했다. '한국 전쟁' 당시에도 미군 장성의 아들들이 142명이
나 참전해 35명이 목숨을 잃거나 부상을 당했다. 당시 미8군 사령관이
었던 밴플리트 장군의 아들은 야간폭격 임무 수행 중 전사했으며, 아
이젠하워 대통령의 아들도 육군 소령으로 참전했다.

　중국 지도자 모택동의 장남 모안영(毛岸英)도 1950년 10월 하순 중
국 인민해방군 총사령관의 비서 겸 통역으로 한국 전쟁에 참전했다. 하
지만 그 해 폭격으로 전사하고 말았다. 다른 인민들과의 형평성을 기
해 시신 수습을 거부한 마오쩌둥의 뜻에 따라 그의 시신은 아직도 북
한의 '회창 지원군 열사 묘역'에 안치되어 있다.

　그런데 이 말은 인간의 불평등을 전제로 기득권을 지키려는 사상으
로 보수주의적 성격이 짙은 측면도 있다. 상류 계급이 솔선수범하면
하층민들은 따라오게 되어 있다는 의미가 담겨 있기 때문에 오늘날에
는 좀 부적절한 표현이라 할 수 있다. 왜냐하면 공화주의적 자유민주
주의 세계에서는 평등한 각 개인의 의사 확장이 바로 사회이며, 각 개
인은 이를 통해 자기의 주권을 표현하는 능동적 존재이기 때문이다.

# 4

## 중세와 르네상스 편

HONI · SOIT · QUI · MAL · Y · PENSE

# DAY 092 | 반달리즘

'신성 파괴나 문화 유적의 파괴'를 뜻하는 반달리즘(vandalism)이란 말은 5세기 초 반달 족의 활동에서 유래되었다. 게르만 족의 일파인 반달 족(Vandal)은 429년 훈 족을 피해 서쪽으로 이동하면서 갈리아의 일부를 침입하고, 이어서 히스파니아(스페인)로 진출했다. 히스파니아에 정착한 반달 족은 바다를 주름잡고 북아프리카로 진출했다.

결국 439년 북아프리카의 카르타고를 중심으로 국가를 건설한 반달 족은 455년 6월 2일 로마를 침공했다. 반달 족의 로마 침공은 그 자체로 로마 인들에게 엄청난 충격이어서 '반달리즘'이라는 말이 생겨났다. 하지만 레오 황제가 가이세리크(Genseric, 재위 기간 428~477)에게 살인과 방화를 못 하도록 간청해 사실상 대규모 학살과 파괴 행위는 이루어지지 않았다. 그 대신 이들은 로마의 재물을 약탈해 본국으로 실어 날랐다.

477년 반달 족의 지도자 가이세리크가 죽자 그의 아들 훈네리크(Huneric, 재위 기간 477~484)가 왕위를 승계했는데, 당시 반달 왕국은 북아프리카 전역과 지중해의 여러 섬들을 지배하는 강력한 국가로 성장했다. 하지만 다른 유럽의 게르만 족 왕국과 달리 피지배 민족과 완전한 통합을 이루지는 못했다. 훈네리크가 죽고 아들 힐데리크(Hilderic, 재위 기간 523~530)가 뒤를 이었는데, 그는 가톨릭에 우호적이었고 친로마 정책을 펴 비잔티움 제국과 우호관계를 맺었다. 하지만 533년 겔리메르(Gelimer, 재위 기간 530~534)가 힐데리크를 몰아내자 유스티니아누

스 대제는 군대를 파
병해 마침내 반달 왕
국을 멸망시켜버렸다.

이와 같은 역사적
맥락에서 반달리즘
은 신성 파괴 또는
문화 유적의 파괴를
의미하게 되었다. 역
사상 반달리즘의 사
례는 기원전 4세기

〈로마를 약탈하는 가이세리크〉, 칼 브률로프, 19C

그리스로 거슬러 올라간다. 기원전 356년 그리스 에페소스의 헤로스트
라투스란 사람이 악행으로 후세에 이름을 남기겠다는 생각으로 아르
테미스 신전에 불을 질렀다. 아르테미스 신전은 그리스 최초의 순 대리
석 신전으로 파르테논 신전의 두 배 규모에 빼어난 아름다움을 자랑
하던 건축물이었다고 한다.

임진왜란 당시 왜군들에 의한 자행된 문화재 파괴와 1866년 병인양
요 당시 프랑스 군이 외규장각에 보관되어 있던 귀중한 도서 등 문화
재를 약탈하고 불을 지른 것, 그리고 2008년 숭례문(남대문) 방화사건
도 반달리즘에 해당한다고 볼 수 있다.

근래에는 탈레반의 바미안 불상 파괴, 아프간 전쟁과 이라크 전쟁
후의 문화유산 약탈 등을 가리키는 말로 자주 쓰였으며, 미국이나 유
럽의 대도시에서는 약탈과 살인, 공공시설의 파괴, 방화 등의 도시 범
죄가 급증하는 세태를 말할 때 사용되기도 한다.

# DAY 093 | 원탁의 기사들

원탁(Round Table)은 6세기경 영국의 브리튼 지방에 거주했던 켈트 족의 전설적인 통치자 아서 왕과 그 기사들이 앉았던 둥근 탁자를 가리킨다.

카멜롯(Camelot) 왕국의 아서(Arthur) 왕은 원탁의 기사들(Knights of the Round Table)을 이끌고 브리튼 족(켈트 족의 한 일파)을 다스리는 군주이다. 그는 유더 펜드래곤의 아들인데, 펜드래곤은 '왕들의 우두머리'라는 뜻이다. 대마법사 멀린이 아서 왕의 아버지 유더 펜드래곤에게 원탁을 만들어주었고, 그는 원탁을 레오디곤 왕에게 주었으며, 레오디곤 왕은 원탁을 다시 자기 딸 귀네비어와 결혼한 아서 왕에게 주었다.

원탁은 예수와 그 제자들을 상징하는 열세 개의 자리가 있었는데, 이 중 열두 개의 좌석만이 명망이 높은 기사들의 소유가 되었다. 마지막 열세 번째 자리는 배신자 유다를 상징하는 자리로 언제나 비워두었다. 한 대담한 사라센 기사가 이런 경고를 무시하고 그 자리에 앉았더니 대지가 입을 벌려 그를 삼켜버렸다고 한다. 원탁에는 마법의 힘이 있어 그 자리의 주인이 다가오면 그윽한 향기가 나며 주인이 될 기사의 이름이 새겨지도록 되어 있었다고 한다. 이 자리에는 용기나 명예 등 다방면에 걸쳐 이전 주인보다 뛰어나야만 앉을 수 있었던 것이다. 영국의 윈체스터에는 이를 본딴 원탁이 하나 있는데, 정복자 윌리엄이 만든 것이라고 한다.

원탁의 기사들 중 가장 뛰어난 자는 랜슬롯이었다. 하지만 왕비 귀네비어와의 불륜으로 도주하는 바람에 카멜롯은 내란에 휩싸인다. 랜슬롯의 아들 갤러헤드는 아버지보다 뛰어난 성품을 가졌는데, 성배(聖杯)와 성창(聖槍)을 찾고 죽는다. 퍼시발은 갤러헤드와 함께 성배와 성창을 찾지만 갤러헤드의 죽음을 보고 무언가 느끼고는 은둔생활을 하다 죽는다. 그리고 랜슬롯의 사촌 보호드는 갤러헤드, 퍼시발과 함께 성배를 찾은 세 명의 기사 중 한 사람이다.

아서 왕의 이야기는 그가 보검 엑스칼리버를 휘두르며 무공을 세우고 이웃 나라를 정복했지만, 결국 모드레드의 반란을 토벌할 때 치명상을 입고 아발론으로 옮겨질 때까지를 주된 줄거리로 삼고 있다.

랜슬롯이 왕비 귀네비어와의 불륜으로 도주하자, 보호드와 라이오넬 형제는 모두 랜슬롯 파로 넘어감으로써 카멜롯 왕국은 아서 왕 파와 랜슬롯 파로 분열되어 전쟁을 벌였으나 승부가 나지 않았다. 그때 아서 왕의 사생아 모드레드가 카멜롯에서 반란을 일으키자 아서 왕은 랜슬롯과 화해하고 남서부에 있는 콘월 주의 캠런에서 모드레드와 대접전을 벌인다. 그 과정에서 베디비어를 제외한 모든 기사들이 전멸하

아서 왕과 원탁의 기사들

고 아서 왕은 모드레드를 죽이지만 자신도 큰 상처를 입는다. 치명상을 입은 아서 왕은 충신 베디비어에게 자신의 검 엑스칼리버를 호수에 던지라고 명한다. 베디비어가 엑스칼리버를 물에 던지자 물속에서 '호수의 여인(Lady of the lake)' 비비안의 손이 나와 검을 받아들고 사라진다. 그리고 아서 왕은 귀부인들이 탄 배에 실려 사자(死者)의 섬 아발론으로 떠난다.

아서 왕은 잉글랜드의 왕으로서 색슨 족과 야만인에 대항하며 나라를 구하고 수많은 무훈을 세운 전설의 인물로 알려져 있다. 정의롭고 용감하며, 따뜻한 자애심을 지닌 왕으로 아서는 지금까지도 영국을 넘어 전 세계적으로 많은 사랑을 받고 있다.

# DAY 094 │ 저 산이 내게로 오지 않으면 내가 산으로 가리라

READ ☐

무함마드(Muhammad)는 마호메트(Mahomet), 모함메드(Moha-mmed)라고도 하는데, 570년경 메카에서 출생했다. 조실부모하여 할아버지에게 맡겨졌다가 여덟 살 때 할아버지가 사망하자 아저씨 아부 탈립 밑에서 자랐다.

그의 가문은 정방형(cube)을 의미하는 메카의 '카바 신전'(al-Kaba)을 보살피는 제사장 집안이었다. 이러한 환경에서 성장한 무함마드는 당시 메카에 만연되어 있던 우상숭배를 매우 불만스럽게 생각했으며, 잡신을 섬기는 일에 불만을 품었다. 더구나 종교 간의 불화, 부녀자와 고아들의 차별 대우 등 온갖 사회적 병폐들이 난무하고 소수의 귀족들이 다수의 노예들을 착취하면서 불의와 불공평을 자행하는 메카 사회에 회의를 품기 시작했다.

워낙 가난한 환경에서 자란 무함마드는 어린 시절부터 삼촌을 도와 대상 무역에 종사하면서 성실하고 유능한 인물로 인정을 받았다. 25세 되는 해에 돈 많은 미망인인 하디자의 끈질긴 구혼을 받아들여 결혼했는데, 이 결혼은 무함마드에게 경제적인 안정과 사색할 수 있는 자유를 주었다.

금식과 사색을 하던 어느 날 무함마드는 히라 산(山) 동굴에서 명상에 잠기던 중, "무함마드여, 그대는 알라의 사도이다"라는 계시를 받았다. 무함마드는 겁에 질려 집으로 돌아왔는데, 부인 하디자가 무함마드를 진정시키고 자신의 사촌이자 사제였던 이븐 나우팔을 찾아가 자초

천사장 가브리엘에게서 계시를 받는 무함마드

지종을 설명해주었다. 그러자 그는 무함마드가 만난 것은 천사장 가브리엘이었다며, 무함마드는 예언자라고 말했다. 하디자는 집으로 돌아와 무함마드에게 이를 알려준 뒤 그에게 무릎을 꿇고 최초의 무슬림이 되었다.

이후 무함마드는 메카로 오는 순례객들에게 유일신 사상을 전하기 시작했다. 그러자 사람들이 "예언자라면 기적을 보여달라"고 다그쳤다. 그러자 그는 산을 움직여 자기에게 오도록 할 수 있다고 했고, 이에 수많은 군중이 모여들었다. 그는 산을 향해 몇 번을 오라고 부르짖었다. 하지만 산은 꿈쩍도 하지 않았다. 하지만 그는 조금도 서슴지 않고 담대하게 "저 산이 내게로 오지 않으면 내가 산으로 가리라"며 일어섰다.

그는 당시 카바 신전에 모여드는 순례자들을 상대로 생계를 유지하던 메카 주민들의 조소와 멸시를 받았으며 심지어 박해와 생명의 위협을 느끼기에 이르렀다. 그리하여 그는 추종자들을 데리고 메디나로 이

주했다. 메디나로 온 무함마드는 메카에서 미움을 받던 설교자에서 권력 있는 정치가로 둔갑, 메디나 아랍인 전체를 지배하는 정치가로 변신했다. 이 메디나의 이주는 '헤지라(Hegira, 聖遷)'라고 불리며 나중에 이슬람력(Hijri year 또는 anno hegirae, A.H.)의 기원이 되었다. 즉 이슬람력은 622년 7월 16일을 이슬람교의 기원으로 사용하고 있기 때문에, 622년은 이슬람력의 원년이다.

당시의 메디나 주민의 약 70퍼센트는 유대인들이었다. 그래서 무함마드는 수적으로 아랍인들이 열세임을 인식하고 초기에는 유대인의 관습을 일부 받아들였다. 유대인들도 무함마드의 교리가 유대교의 교리와 크게 어긋나지 않는다고 판단하여 무함마드에게 호의적이었다. 그러나 차츰 무함마드가 성경의 인물들에 대해 다르게 언급하자 무함마드를 사기꾼으로 치부했다. 이에 무함마드는 자신이 설명하던 내용이 『구약성서』의 내용과 일치하지 않을 때마다 오히려 유대인들이 가지고 있던 경전이 왜곡되었다고 주장하고, 자신이 계시 받은 내용의 정당성을 주장했다.

이때부터 유대인 추방과 유대인 대학살을 단행했고, 메디나 이주 초기에 따랐던 유대인의 관습을 아랍식으로 대폭 바꾸기 시작했다. 그리고 이슬람교가 이전의 왜곡되고 부패한 종교들을 수정 보완하는 유일하고 참된 종교라고 선포했다. 이처럼 설득력 있는 설교와 카리스마적인 힘과 지도력으로 수많은 추종자들을 얻었지만, 그의 궁극적인 목표는 다름 아닌 메카 탈환이었다. 메디나에서 충분히 군사력을 키운 그는 630년 10,000명을 이끌고 메카를 정복하는 데 성공했다. 그리하여 '카바 신전'의 여러 잡신들의 형상을 제거하고 무슬림들의 순례와 신앙의 중심지로 탈바꿈시켰다. 이후 632년에는 이슬람교 세력이 마침내 아라비아 반도 전체를 통일하기에 이르렀다.

무함마드에게 내린 계시는 사망 때까지 23년(610~632)간 단편적으로 지속되었고, 그의 사후에는 계승자들이 이것들을 수집하여 『코란(Quran)』으로 집대성했다. 즉 무슬림들은 알라가 아담 이후 수많은 예언자들을 보내 자신의 뜻을 밝혔다고 믿는데, 무함마드는 마지막 예언자로서 이전에 모든 계시들을 완성시켰다고 보았다. 따라서 『코란』의 내용과 가르침은 이전의 모든 경전들과 예언들을 평가하는 기준이 되고, 무함마드의 권위는 알라의 선택된 예언자들 중 가장 절대적인 것이 되었다.

그러나 인도 출신의 영국 작가 살만 루시디(Sir Ahmed Salman Rushdie)는 이슬람을 비하하는 내용을 담은 소설 『악마의 시』(1988)를 발표해 이슬람 국가들의 공분을 샀다. 결국 이란에서 궐석 재판이 진행되어 그에게 사형이 언도되었다. 하지만 살만 루시디는 이란 밖에 체류했기 때문에 사형이 집행되지 않았으며 체포되지도 않고 영국의 보호 아래 숨어서 연명했다. 10년 뒤 결국 이란은 그에 대한 사형언도를 해제했으며, 그는 2007년에 기사 작위까지 받았다. 하지만 이 소설을 번역한 각국의 번역자들은 살해와 협박 등의 피해를 입기도 했다.

# DAY 095 | 열려라, 참깨!

"열려라, 참깨(Open sesame!)"는 『천일야화(Thousand And One Nights)』의 '알리바바와 40인의 도적(Ali Baba and the Forty Thieves)'에 나오는 비밀 주문으로, 요즘 말로 하면 '음성 인식 기능'을 갖춘 패스워드라 할 수 있다.

그런데 하필 참깨를 비밀 주문으로 사용했을까? 원래 한해살이풀인 참깨의 원산지는 아시아(인도)와 동아프리카(이집트)이기 때문에 중동 지방인 아라비아에서도 참깨를 많이 사용했을 것이다. 그래서 중동의 일부 지역에서는 예로부터 참깨에 주술적인 의미를 부여하기도 했다. 음식에 고소한 맛을 주며, 더운 날씨에도 불구하고 잘 썩지도 않아 주술적인 의미를 부여하기에 안성맞춤이라 '열려라, 참깨!(Iftah Ya Simsim!)'를 사용한 것으로 보인다.

『천일야화』는 성군이었던 샤리야르(Shahryar) 왕과 그의 동생 샤자만(Shahzaman)의 이야기로 시작된다. 샤리야르 왕은 동생으로부터 아내의 불륜 이

〈알리바바〉, 맥스필드 페리쉬, 1909

**세헤라자데와 샤리야르 왕**

야기를 들은 뒤 격분하여 이를 바로 응징했는데, 이때부터 여성에 대한 강한 불신을 보여 일부러 매일 신붓감을 골라 하룻밤을 보낸 뒤 이튿날 바로 처형하는 폭군으로 돌변했다.

샤리야르 왕의 학살이 그치지 않자, 대신(大臣)의 총명한 딸 세헤라자데(Scheherazade)가 자청하여 왕과 결혼하겠다고 나섰다. 대신은 딸의 결혼을 말렸지만, 결국 딸의 고집을 꺾지 못하고 결혼을 승낙했다. 그녀는 결혼 첫날밤에 왕에게 재미있는 이야기를 들려주고 이야기의 마무리 부분은 감질나게 다음 날 들려주겠다고 했다. 왕은 이처럼 재미있는 이야기를 해주는 그녀의 솜씨에 감탄한 나머지 낮에는 국사를 돌보고, 밤에는 그녀의 이야기에 폭 빠졌다. 그리하여 하루하루를 버틴 그녀는 결국 1,000일하고도 하루 동안 이야기를 계속 들려주게 되었다. 그 많은 날들 동안 이야기를 듣던 왕은 서서히 마음이 누그러져서 학살을 멈추었고, 세헤라자데를 아내로 맞이해 행복하게 살았으며 다시 성군이 되었다고 한다.

물론 세헤라자데가 들려준 이야기들은 창작이 아니라 주로 이라크의 바그다드와 바스라, 이집트의 카이로, 시리아의 다마스쿠스, 그리고 중국과 인도 등지에서 구전되던 이야기들과 『일리아스』에서 따온 것들이었다. 나중에 러시아의 작곡가 림스키-코르사코프(Rimsky-Korsakov)는 이 『천일야화』에서 네 가지 이야기를 뽑아 4악장 형식의 관현악곡 〈세혜라자데〉(1888)를 작곡하기도 했다.

『천일야화』는 '아라비안나이트(Arabian Nights)'라고도 하는데, 이슬람의 황금기(750~1258)에 구전된 이야기들을 정리한 작품들로서, 180편의 장편과 108여 편의 단편 등 모두 290편 가까이에 이른다. 1703년 프랑스의 앙투안 갈랑(Antoine Galland, 1646~1715)이 처음 번역한 프랑스 어본은 4권으로 된 시리아의 필사본을 원본으로 삼았으며, '알라딘과 신기한 램프', '알리바바와 40인의 도둑'처럼 구전된 이야기와 다른 자료에서 뽑은 이야기들을 덧붙였다. 지금은 리처드 버튼(Richard Francis Burton, 1821~1890)이 완역한 『아라비안나이트』(1885~1888)가 가장 널리 익히고 있다.

# DAY 096 | 1066년 노르만 정복

READ ☐

　웨섹스 왕가의 에드워드가 잉글랜드 왕이 되었지만 아들을 두지 못하고 세상을 떠났다. 그래서 앵글로색슨 계의 웨섹스 귀족인 헤럴드(Harold)가 즉위하자, 노르망디 공 윌리엄(William, Duke of Normandy, 정복왕)은 왕위 계승권을 주장하고 영국을 침공했다. 그는 1066년 10월 14일 '헤이스팅스 전투(Battle of Hastings)'에서 헤럴드를 격파하고 윌리엄 1세로 즉위하여 노르만 왕조 시대를 열었다.

　이것이 바로 '노르만 정복(Norman conquest)'이다. 여기서 말하는 노르만이란 프랑스의 노르망디(Normandy, '노르만인의 땅'이라는 뜻)를 가리킨다. 이들은 원래 북유럽의 바이킹이었지만 100여 년 전에 노르망디로 건너와 이미 프랑스 인이 되어버린 사람들이다. 이로써 영국에서는 지배 계급이 색슨 귀족으로부터 노르만 가로 옮겨졌으며, 노르만 국왕 중심의 봉건제도가 확립되고, 유럽의 라틴 문화와 교류함으로써 영국 성립의 기초를 마련하였다.

**노르망디 공 윌리엄**

　이후 영국 사회는 급격한 변화를 맞이했다. 고대 라틴 어에서 파생된 노르만 어(현재의 프랑스 어)는 지배자의 언어로서 영국의 상류 계층에 급속히 전파되었다. 당시 영국의 하층민은 영어를, 상류층은 프랑스 어를 사용하는 이중 언어 체계를 갖게 되었는데, 반면에 중류층 사람들은 영어와 프랑스 어를 모두 사용하여 두 언어 간의 결합을 이루는 계기가 되었다. 결국 이들이 지배한 300년 동안 1만여 개의 프랑스 단어들이 영어에 남아 이전의 고대 영어와 다른 문법 구조를 갖는 중세 영어(Middle English)가 확립되었다.

'노르만 정복' 이후 프랑스 어는 심지어 가축의 고기 이름에도 영향을 미쳤다. 당시 영국인들은 죽도록 고생해서 가축을 길렀지만, 정작 그 고기의 대부분을 상류층인 노르만 인들이 독차지해버렸다. 그래서 가축은 영어로 썼지만, 그 고기는 프랑스 어로 불렀다. 지금도 이 흔적들이 그대로 영어에 남아 있다. 예를 들어 가축인 소(ox, cow)는 영어로 썼지만 그 고기인 쇠고기는 프랑스 어 beef가 그대로 영어에 남아 beef라고 한다. 이 밖에 영어로 송아지(calf)의 고기는 veau에서 나온 veal, 돼지(pig)의 고기는 porc에서 나온 pork, 양(sheep)의 고기는 mouton에서 나온 mutton이라고 부른다.

# DAY 097 | 카노사의 굴욕

11세기 후반 국왕권과 교황권 사이에 '성직자 임면권(任免權) 투쟁'이라는 일대 충돌이 벌어졌다. 서로 어깨동무를 하며 왕권과 성직자의 권위 신장을 도모하던 황제와 교황은 각자의 몸집이 커지자 반목하기 시작했다. 게르만 족의 대이동으로 혼란스럽던 유럽 지역이 안정을 되찾고 민중들이 교회의 교리 안에 교화되자 가톨릭은 더 이상 황제의 간섭을 받을 이유가 없어졌다. 하지만 황제의 입장에서는 종교를 떠나 새로운 왕권 중심 체제로 나아가는 데 교회가 걸림돌이 되었다. 이러한 서로의 입장 차이 속에서 그레고리우스 7세(Gregorius VII, 1020~1085)가 교황이 되었고, 하인리히 4세(Heinrich IV, 1050~1106)가 신성로마제국의 황제가 되었다.

그 발단은 교황 그레고리우스 7세가 1075년 초 당시 국왕이나 제후들의 권한이던 성직자 임면권을 부인하고 교황만이 그 권한을 가지고 있다고 선언하면서 시작되었다. 그러자 신성로마제국의 황제 하인리히 4세는 왕권도 신이 직접 내린 것이므로 교황만이 모든 권한을 가지고 있는 것은 아니라고 반박했다. 이에 교황은 그해 12월 황제에게 교황의 명령에 순종하라는 교지를 보냈다.

그러나 황제 하인리히 4세는 조금도 굽히는 기색이 없이 이듬해인 1076년 1월, 보름스에서 제국의회를 소집하고 교황 그레고리우스 7세를 폐위한다는 결의안을 통과시켰다. 그러자 사태는 극도로 악화되고 급기야 교황도 하인리히 4세를 파문시키고 말았다.

그레고리우스 7세에게 사죄하는 하인리히 4세

　사태가 이렇게 악화되자 황제의 지배권에 반항할 구실만 찾고 있던 제후들과 성직자들이 '보름스 회의'에서 황제에게 등을 돌리고, 결의안이 취소되지 않으면 1077년 2월에 교황이 주최하는 '아우크스부르크 회의'에서 황제를 추방하기로 했다. 이 소식을 들은 하인리히 4세는 당황하지 않을 수 없었다. 이때까지 자신을 지지해주던 제후들과 성직자들의 배신이 그에게 큰 충격을 준 것이다. 교황권에 맞서 싸울 기반을 잃어버린 하인리히 4세는 재빨리, 무조건 복종하는 체하기로 하고 교황을 직접 만나 용서를 빌기로 마음먹었다.

　1077년 겨울 하인리히 4세는 왕비와 왕자 그리고 몇몇 신하들을 거느리고 라인 강을 건너 알프스를 넘었다. 이때 교황은 북부 이탈리아에 있는 토스카나 백작 부인인 마틸데의 카노사 성(Canossa Castle)에서 쉬고 있었다. 숱한 고생을 하며 도착한 하인리히 4세가 몇 번씩이나 만나자고 간청했으나 교황은 한사코 거절했다. 그럼에도 불구하고 하인리히 4세는 카노사의 성문 앞에서 사흘 동안을 꼬박 눈밭에서 무릎을 꿇고 용서를 빌었다. 마침내 접견을 허락한 교황은 하인리히 4세로부터 교회에 복종한다는 서약을 받고 파문을 취소했다. 이 사건을 소위 '카노사의 굴욕(Walk to Canossa / Gang nach Canossa / l'umiliazione di Canossa)'이라고 한다.

교황의 파문 취소로 위기를 모면한 하인리히 4세는 독일로 돌아가 지지 세력들을 재결집하고 반역을 꾀했던 귀족들을 응징했다. 하인리히 4세는 교황에 맞설 든든한 세력을 모아 카노사의 굴욕 3년 후 군사를 거느리고 로마로 쳐들어갔다. 그는 교황의 세력을 무너뜨리고 교황 그레고리우스 7세를 폐위시킨 다음 라벤나의 대주교였던 클레멘스 3세를 교황의 자리에 앉혔다. 그레고리우스 7세는 억류된 자신을 구하러 온 로베스 기스카르를 따라 로마를 떠나 살레르노로 망명한 뒤 1085년 그곳에서 세상을 떠나고 말았다.

# DAY 098 | 장갑을 던지다

결투란 자신의 명예를 회복하기 위해 상대와 합의하에 미리 타협한 규칙에 따라 투쟁하는 것을 말한다. 중세시대에는 대화로 풀기 힘든 분쟁이 생겼을 때, 장갑을 던짐으로써 결투를 신청하는 것이 관례였다. 당시 장갑(gauntlet)은 손을 보호하는 전투장비의 일부이자 명예의 상징이었다. 그래서 적의 발 앞에 장갑을 던지는 건 오직 결투로서만이 실추된 명예와 자존심을 회복할 수 있다는 뜻이었다.

결투는 중세 시대에 게르만의 침공으로 서유럽에 들어왔는데, 원래 개인 간의 분쟁을 격투로 해결하던 게르만 민족의 풍습이라고 한다. 카이사르는 『갈리아 전기』에서 "게르만 족은 서로의 불만을 해결하기 위해 일대일 결투에 칼을 쓴다"고 말한 바 있다. 이러한 결투가 신의 심판이라 여겨 합법화된 것은 중세 서유럽에서였다. 신은 정의의 편에 서 있는 사람을 도와준다는 신념으로 결투를 '심판을 위한 결투(duel for Judgement)'로 간주했다. 결투는 당시의 규칙에 따라 증인이나 참관인이 입회하는 경우가 많았다. 하지만 봉건 사회였기 때문에 결투는 귀족이나 자유인만이 할 수 있었다.

결투는 시대를 거치면서 발전해갔다. 사법적 성격을 띤 결투는 판사가 시간, 장소, 무기의 종류를 선택함으로써 이루어졌다. 여자, 병자, 20세 미만 또는 60세 이상의 남자는 예외를 주장할 수 있었다. 이러한 결투는 한쪽에선 기소를 하고 상대편은 무고를 주장함으로써 이루어졌다. 일반적으로 기소를 당한 쪽이 결투에서 죽지 않고 지면 법에 따라 벌을 받아야 했다. 경우에 따라 기소된 자는 자기를 대신할 전문 결투사를 살 수 있었다. 그럼에도 그 전문 결투사가 지면 기소된 자는 처벌을 감수해야 했다.

이러한 결투는 10~11세기 유럽에서 전성기를 맞이했으나 사망자가 급증하자 1215년 '라테란 공의회(公議會)'와 1258년 루이 9세의 칙령에 따라 불법으로 금지되었다. 그럼에도 불구하고 결투는 끊이지 않았으며, 15세기 말 프랑스에서는 명예를 위한 결투가 생겨났고, 특히 상류 사회에서 성행했다. 그리하여 프랑스에선 결투가 프랑스의 군주제보다도 더 오래 지속되었다.

결투에서 사용된 무기는 칼이었고 프랑스 혁명 이후에는 권총을 많이 사용했는데, 양쪽이 동등한 조건으로 싸우는 것이 전제되었기 때문에 칼은 가늘고 곧은 삼각날로 규정했으며, 권총도 종류나 탄환의 수 또는 거리 등 규칙이나 방법이나 복장까지 규정했다.

유럽에서 미국으로 전래된 결투는 특히 개척 시대에 많이 사용되었다. 서부 영화에선 결투가 약방에 감초이다. 권총으로 일대일 승부를 벌이는 결투(pistol duel)는 싸움에서 최대한 공정성을 지키는 것을 원칙으로 하는데, 입회인이 지켜보는 가운데 먼저 피를 흘리는 쪽이 지는 것으로 되어 있다. 결투는 영어로 duel 또는 duel of honour, 우리말로 직역하면 '맞장' 정도의 뉘앙스를 지닌 단어로 볼 수 있다.

명예를 위한 결투는 사법적 심판으로서의 결투와는 달리 개인적인 문제이며, 상상만으로도 모욕을 느낄 수 있기 때문에 쉽게 벌어진다는 점에서 약간 달랐다. 그리하여 파시즘이 이탈리아를 휩쓸던 시절에는 결투가 장려되었으며, 1936년 나치가 지배하던 때엔 명예를 위한 결투가 군에서 합법화

중세의 전투 장비인 가운릿

되기도 했다.

오늘날 gauntlet은 '장갑'이나 '도전'을 의미하기 때문에 'throw down the gauntlet(; 장갑을 던지다)'라는 말은 어떤 일을 가지고 누군가에게 도전을 한다는 관용구로 쓰인다. 따라서 'pick up the gauntlet'과 'take up the gauntlet(장갑을 집어들다)'라는 표현은 상대방의 도전을 받아들인다는 뜻이다.

이 밖에 서양의 관습으로 '손수건을 던지다(throw[drop, fling] the handkerchief)'라는 말이 있다. 이는 마음에 드는 여성의 발밑에 하얀 손수건을 떨어뜨리고, 그 여성이 손수건을 주우면 사랑을 받아들인다는 표시이다. 오늘날 이 말은 '속마음을 넌지시 내보이다, 호의를 보이다'라는 뜻으로 쓰인다. 그리고 복싱 경기에서 유래된 '수건을 던지다(throw in the towel)'는 어떤 일이 성공할 수 없다는 걸 깨닫고 그 일을 중지하거나 포기하는 것, 즉 '패배를 인정하다'라는 뜻으로 쓰인다.

# DAY 099 | 엿보는 톰

고다이버 부인(Lady Godiva)은 11세기 영국 코벤트리(Coventry) 지방의 영주이던 마샤 백작 리어프릭(Leofric)의 아내였다. 남편 리어프릭은 당시 자신의 영지에 있던 농민들에게 혹독하게 세금을 걷는 등 가혹하게 다루었는데, 부인은 이러한 남편에게 농민들의 어려움을 이야기하면서 세금을 내려달라고 간청했다.

그러나 리어프릭은 고다이버의 의견을 묵살한 채 여전히 농민들을 탄압했다. 하지만 고다이버가 포기하지 않고 계속 간청하자 그는 "만약 당신이 나체로 말을 타고 내 영지를 한 바퀴 돈다면 세금 감면을 고려해보겠다"고 농담 삼아 말했다.

그러자 고다이버는 고민 끝에 농민들을 위해 자신의 한 몸을 희생하기로 한다. 이때 그녀가 내일 자신들을 위해 그렇게까지 한다는 소문을 듣고 감동한 영지의 농민들은 전부 집 안으로 들어가서 문을 걸어잠그고 커튼을 친 채 무거운 정적 속에서 얼른 나체 시위가 끝나기를 기다리기로 했다. 날이 밝자 그녀는 정말로 실오라기 하나 걸치지 않고 자신의 머리카락으로만 몸을 가린 채 말을 타고 영지를 돌아다녔다. 그런데 톰이라는 양복 재단사는 욕망을 이기지 못하고 부인의 나체를 훔쳐보다가 눈이 멀었다고 한다.

관음증 환자(voyeur)를 뜻하는 '엿보는 톰(peeping Tom)'이란 단어는 바로 여기서 유래했다. 이후 이 말은 '엿보기 좋아하는 호색가(a peeping lecher), 호기심이 강한 사람(a man of a curious disposition)'을

〈레이디 고다이버〉, 존 콜리어, 1898

뜻하게 되었다.

결국 고다이버는 세금을 감면하는 데 성공했고, 농민들은 그녀의 희생 정신에 감동해 그녀를 존경했다고 한다. 지금도 '관행이나 상식, 힘의 역학에 불응하고 대담한 역(逆)의 논리로 뚫고 나가는 정치'를 빗대어 '고다이버이즘(godivaism)'이라고 부른다. 그녀는 17세 정도밖에 되지 않은 여성이었지만 자신이 다스리는 백성들을 위해 수치심도 이겨내고 자신의 몸을 희생했다는 점에서 정말 대단한 인물이었으며, 현대 정치인들이 반드시 본받아야 할 그야말로 여장부였던 것이다.

지금도 코벤트리 마을의 로고는 말을 탄 여인의 형상을 하고 있고, 관련 상품도 꾸준히 나오고 있다. 그 대표적인 것이 고다이버 부인의 이름을 딴 수제 초콜릿인데, 이 회사에서 만든 초콜릿 상자의 뚜껑 안쪽에는 레이디 고다이버의 실제 일화가 상세히 적혀 있다.

아비뇽 유수

아비뇽 유수(Avignonese Captivity)란 로마 가톨릭의 교황청이 1309년부터 1377년까지 약 70년 동안 아비뇽으로 옮겨 그곳에 머물렀던 시기를 말한다. 흔히 이를 고대 유대인의 바빌론 유수에 빗대어 '교황의 바빌론 유수(Babylonian Captivity of the Papacy)'라고도 부른다.

1303년 필리프 4세(Philip IV, 1268~1314)와 교황 보니파시오 8세(Bonifacio VIII, 1235~1303)가 갈등을 빚던 중 프랑스 군이 로마의 남동쪽 아나니(Anagni)의 별장에 머물고 있던 교황을 습격한 사건이 벌어졌는데, 이를 '아나니 사건'이라고 한다. 이때부터 교황은 프랑스 국왕의 꼭두각시가 되었다. 교황권은 크게 약화되었으며, 아비뇽의 교황들은 프랑스 왕의 영향 아래에서 프랑스에 의존하는 형편이었다. 특히 프랑스 인 추기경 베르트랑 드 고트가 1305년 교황 클레멘스 5세로 즉위하자 필리프 4세는 교황청을 자신의 영역 내에 두고자 했다. 프랑스 왕의 강력한 간섭을 받아 로마로 돌아가지 못한 채 프랑스에 체류하게 된 그는 남부 아비뇽에 머물렀으며, 마침내 1309년에는 그곳에 교황청이 세워졌다.

이후 '아나니 사건' 이후의 일들을 처리하기 위해 '비엔나 공의회'를 준비하던 중 이탈리아 반도는 신성로마제국의 하인리히 7세의 침략을 받아(1310~1313) 교황은 이탈리아로 돌아가지 못하고 프랑스에 머무를 수밖에 없었다. 그리하여 아비뇽 유수기에는 프랑스 출신의 추기경

아비뇽 교황청

들이 대거 등용되었으며, 교황 또한 모두 프랑스 출신이었다. 교황청은
그레고리우스 11세[Gregorius XI, 1329(?)~1378]때가 되어서야 비로
소 로마로 돌아갈 수 있었다. 하지만 로마와 아비뇽에 두 명의 교황이
분립하는 교회의 대분열(1378~1417)로 이어지면서 교황권은 갈수록 쇠
약해지고 말았다.

# DAY 101 | 내 큰 탓이오

READ ☐

"내 탓이오(Mea culpa)"라는 말은 『구약성서』에 두 번 나온다.

> 다윗이 에브야타르에게 말하였다. "그 에돔 사람 도엑이 그날 거기에 있었는데, 그가 틀림없이 사울에게 보고하리라 짐작하였소. 당신 아버지 집안이 모두 목숨을 잃은 것은 바로 내 탓으로 돌려야 하오."
>
> ─ '사무엘, 상' 제22장 22절

> 요나가 그들에게 대답하였다. "나를 들어 바다에 내던지시오. 그러면 바다가 잔잔해질 것이오. 이 큰 폭풍이 당신들에게 들이닥친 것이 나 때문이라는 것을 나도 알고 있소."
>
> ─ '요나기' 제1장 12절

이후 중세 때 유럽을 휩쓴 흑사병 때문에 이 말이 다시 등장했다. 흑사병(黑死病, the Black Death)은 인류 역사에 기록된 최악의 전염병으로 페스트라고도 하는데, 피부의 혈소 침전으로 피부가 검게 변하기 때문에 그렇게 불렀다.

1340년대 유럽은 흑사병으로 당시 인구의 약 30퍼센트에 달하는 약 2천 5백만 명이 희생되었다. 14세기 중세 유럽에 퍼져나간 흑사병은 '대흑사병'이라 불리는데, 사회 구조를 붕괴시킬 정도로 유럽 사회에 큰 영향을 주었다. 당시에는 흑사병이 왜 생기는지는 몰랐기 때문에 거

Fig. 362.—The Jews of Cologne burnt alive.—From a Woodcut in the " Liber Chronicarum
Mundi : " large folio, Nuremberg, 1493.

**흑사병이 창궐하자 집단 화형을 당하는 유대인들**

지, 유대인, 나병 환자, 외국인 등에게 올가미를 씌워 집단 폭력을 가하
거나, 학살까지 자행했다. 이러한 마녀사냥은 흑사병으로 인한 사회적
혼란을 사회적 소수자들에게 전가한 어리석은 폭력이었다.

흑사병의 창궐은 삶에 대한 태도도 바꾸어놓아 당시 유럽의 문화
는 흑사병의 영향으로 매우 음울해졌고 염세주의적 경향이 두드러졌
다. 그리하여 "지금 이 순간을 즐기자(carpe diem)"라는 호라티우스의
말이 다시 유행했으며, 이는 보카치오의 소설 『데카메론』 등에도 이러
한 추세가 잘 나타나 있다.

흑사병은 유럽인들의 종교적인 사고에도 큰 영향을 주었다. 일부 사
람들은 하느님이 흑사병으로 심판하니 고행을 함으로써 죄를 씻어야
한다고 주장하기도 했다. 그리하여 흑사병을 신의 천형으로 여긴 사람
들은 자신을 채찍으로 때리며 속죄함으로써 신의 분노를 달래려 했다.
유럽의 거리마다 채찍으로 자신을 때리며 속죄하는 수만 명의 편타고

행자(鞭打苦行者, flagellant)들이 넘쳐났다.

교황도 처음에는 그들의 행진과 집회에 대해 '내 큰 탓이오(Mea Maxima culpa)'라고 외치면서 그들을 축복했다. 하지만 그 수가 점점 많아지고, 그 집단이 폭도로 변하면서 종교화되자 교황은 칼과 화형으로 그들을 탄압하기 시작했다.

'내 탓이오'라는 말은 우리나라에서도 천주교평신도협의회에서 1989년에 실시한 사회 참여 캠페인에 쓰이기도 했다. 당시에는 차량에 '내 탓이오' 스티커도 많이 붙이고 다녔고, 사회 전역으로 확대되어 엄청난 반향을 일으키며 사회 전반에 걸친 책임 회피와 이기주의를 되돌아보는 계기를 마련한 바 있다.

# DAY 102 | 오컴의 면도날

READ ☐

영국의 백작령 서리(Surrey) 출신의 신학자이자 철학자인 윌리엄 오컴(Wiliiam of Ockham, 1285~1349)은 "이 세상에서 정말로 실재하는 것은 무엇인가?"라는 물음에 대한 답을 찾는 데 평생을 바쳤다. 그는 이 문제를 놓고 벌어지는 광범위하고 복잡한 논쟁들 속에서 무의미한 진술들을 배제해야겠다고 마음먹었다.

그는 신학에 관한 저서 『피터 롬바르디의 명제집에 대한 논평(Quaestiones et decisiones in quattuor libros Sententiarum Petri Lombardi; Commentary on the Sentences of Peter Lombard)』에서, "Pluralitas non est ponenda sine neccesitate."(plurality should not be posited without necessity: 필요하지 않은 경우에조차 많은 것을 가정하면 안 된다)라고 말했고, 『논리학 전집(Summa Logicae)』(1323)에서는 다음과 같이 말했다. "Frustra fit per plura quod potest fieri per pauciora."(It is futile to do with more things that which can be done with fewer: 보다 적은 수의 논리로 설명이 가능할 때는 많은 수의 논리를 세우지 말라.)

이것이 바로 '오컴의 면도날(Oc-kham's razor)'의 핵심이다. 당시 중세 사회에서는 교조적인 신학 이론과 형이상학적인 상상들이 보편적 진리로 행세했다. 그러한 허구적인 관념에 얽매이지 않고 상식과 현실에 기반을 둔 합리적인 자세로 사물을 분석하려고 했던 그의 예리한 지적은 백해무익한 편견과 상상을 도려내는 면도날과 같은 것이었기 때문에 이런 이름이 붙여진 것이다. 이 논리는 필요하지 않은 가설이나 무

월리엄 오컴

의미한 진술을 토론에서 배제하기 때문에 '경제성의 원리(Principle of economy)'라고도 불리며, 필연성이 없는 개념을 배제하기 때문에 '사고 절약의 원리(Principle of Parsimony)'라고도 불린다.

'오컴의 면도날'은 현대의 과학 이론을 구성하는 기본 지침으로 자리잡았다. 가설이나 이론을 세울 때, 그에 대해 토론할 때 같은 현상에 대해 다른 가설이 있다면 가정이 더 많은 쪽을 배제해야 하기 때문에 의미가 있다고 할 수 있다.

'오컴의 면도날'과 반대되는 논리로 '브레너의 빗자루(Brenner's Broom)'가 있다. 남아프리카 출신 영국의 생물학자이자 유전학자인 시드니 브레너(Sidney Brenner)가 주장한 논리이다. 2002년 노벨 생리의학상 수상자인 그는 당시 신생 학문이었던 분자유전학을 연구하면서, 새로운 학문이 기존 학문 분야들 사이에 자리잡기 위해서는 과감해야 한다며 이 빗자루 논리를 주장했다.

그는 새로운 가설이나 발견이 당장 모든 것을 설명해주지는 못한다는 것을 인정하고 자신의 탁월한 아이디어와 명쾌한 통찰력을 믿고 우선 그것을 용감하게 발표하라고 주문했다. 해결되지 않았거나 제대로 이해되지 못한 내용이나 골치 아픈 것들은 일단 빗자루로 양탄자 밑에 쓸어넣은 다음 자신이 여전히 양탄자 위에 제대로 서 있을 수 있는지, 그럴 마음이 계속 드는지 검토하라는 것이다. 그는 좋은 아이디어를 가진 젊은 과학자들이 미해결의 난제에 짓눌려 낙심하는 일이 없도록 하기 위해 이 빗자루를 발명한 것이다.

우리가 어떠한 문제로 토론을 벌이거나, 발생한 현상의 문제점을 찾을 때 '오컴의 면도날'은 효과적인 방향을 제시해준다. 수많은 가능성과 가설 속에서 헤매지 말고 오컴의 면도날을 빌려 하나씩 잘라나가는 것이 효과적이다. 하지만 우리가 그리 알려지지 않은 지식의 최전선에서 새로운 생각에 골몰하고 있다면, 브레너의 빗자루가 더 나을 것이다. 어쩌면 지식이나 통찰은 유레카처럼 갑자기 깨닫는 경우가 많아서 그 뒤에 오는 세부 사항에 대한 증명이 없거나 잘 모르는 부분이 있더라도 그것들을 양탄자 밑에 쓸어넣어 두고 과감하게 자신의 견해를 제시하는 것도 괜찮다.

# DAY 103 | 뷔리당의 당나귀

중세 프랑스의 스콜라 철학자이자 윌리엄 오컴의 제자이기도 한 장 뷔리당(Jean Buridan, 1295~1356)이 말한 '욕심 많은 당나귀 이야기'가 있다. 길을 가던 굶주린 당나귀 앞에 똑같은 양의 건초 두 더미가 똑같은 거리 양쪽에 떨어져 있었다. 웬 떡이냐 싶었던 당나귀는 어느 건초더미를 먼저 먹을까 망설였다. 이쪽 건초더미를 먹자니 다른 쪽 건초더미가 더 많아 보였다. 결국 당나귀는 어느 것을 먼저 먹어야 할까 고민하다가 굶어죽고 말았다.

동질, 동량의 먹이에 둘러싸인 당나귀는 의지의 자유가 없기 때문에 양측으로부터의 동일한 힘에 이끌려 움직이지도 못하고 굶어죽은 것이다. 그래서 이 당나귀는 '뷔리당의 당나귀(âne de Buridan; Buridan's ass)'라고 불렸다. 나중에 이 말은 어느 한쪽을 결정하려는 의지가 다른 한쪽을 지지하는 동일한 의지에 의해 상쇄되어, 즉 두 개 중 어느 하나를 선택해야 할 때 그 동기가 똑같기 때문에 결국 아무런 결정도 내릴 수 없는 상황을 가리키게 되었다.

하지만 이것은 다른 사람들이 뷔리당의 '자유의지론(theory of free will)'을 반박하기 위하여 말한 것이라는 설도 있다. 비슷한 이야기가 아리스토텔레스의 『천체론(De Caelo)』에도 나오기 때문이다. 이 책에는 어떤 목마르고 배고픈 자가 물과 음식을 놓고 목마름을 해소하기 위해 물을 먼저 마실까, 아니면 배고픔을 면하기 위해 음식을 먼저 먹을까 망설이다 죽었다는 이야기가 들어 있다.

# DAY 104 | 칼레의 시민

1347년 도버 해협 양쪽의 영국과 프랑스 사이에 벌어진 '백년 전쟁'(1337~1453) 때의 일이다. 노도와 같은 영국의 공격을 방어하던 프랑스의 북부도시 칼레는 국왕의 지원을 기대할 수 없는 절망적인 상황 속에서 거의 1년을 버티다가 항복하지 않을 수 없었다. 칼레의 대표자들은 도시 전체가 불타고 모든 칼레 시민들이 학살되는 참극을 피하기 위해 영국 왕 에드워드 3세에게 자비를 구했다. 그러자 영국 왕 에드워드 3세는 항복 조건을 제시했다.

"좋다. 칼레 시민들의 생명은 보장하겠지만 그동안의 어리석은 반항에 대해 누군가는 응분의 책임을 져야 한다. 이 도시에서 가장 명망 있는 시민 대표 여섯 명을 골라 자루를 뒤집어쓰고 밧줄을 목에 건 채 맨발로 영국군 진영으로 와 도시의 열쇠를 건넨 후 교수형을 받아야 한다."

시민들은 누군가가 자신들을 대신해 죽어야만 했기 때문에 기뻐할 수도 슬퍼할 수도 없었다. 그때 칼레에서 가장 부자인 외스타슈 드 생 피에르(Eustache de Saint Pierre)가 먼저 자원했다.

"자, 칼레의 시민들이여… 나오라… 용기를 가지고…"

그러자 시장 등 고위 관료와 법률가 등 상류층이 줄을 이어 나와 어느새 일곱 명이 되었다. 한 사람은 빠져도 되자 제비를 뽑자는 말도 있었지만 그렇게 할 수 없었다. 생 피에르는 "내일 아침 장터에 제일 늦게 나오는 사람을 빼자"고 제의했고 이에 모두 동의했다.

<칼레의 시민>, 로댕, 1895

이튿날 이른 아침 영국군의 요구대로 여섯 명이 자루를 뒤집어쓰고 밧줄로 묶인 채 광장에 모였다. 하지만 생 피에르가 오지 않아 사람들은 모두 궁금했다. 알고 보니 그는 이미 죽어 있었다. 죽음을 자원한 사람들의 용기가 약해지지 않도록 칼레의 명예를 위해 스스로 목숨을 끊었던 것이다.

드디어 이들이 처형되려던 마지막 순간 영국 왕 에드워드 3세는 임신 중이던 왕비의 간청에 못 이겨 그 용감한 시민 여섯 명을 살려주고 칼레는 참극을 면했다.

그 후 1884년 칼레 시는 로댕(Rene-Francois-Auguste Rodin, 1840~1917)에게 이들의 희생 정신을 기리기 위한 기념상 제작을 의뢰했고, 1895년 6월 3일 기념상이 제막되었다. 이 작품이 바로 그 유명한 '칼레의 시민'인데, 비장한 슬픔으로 얼룩진 이 조각상은 상류계급의 의무를 다하는 소위 '노블레스 오블리주'의 교훈을 남겼다. 독일의 극작가 게오르그 카이저(Georg Kaiser, 1878~1945)는 1917년에 이 소재를 바탕으로 3막의 희곡을 선보이며 독일 표현주의 시대를 열기도 했다.

# DAY 105 | 악을 생각하는 자에게 악이 내리도다

READ ☐

가터 훈장(The Most Noble Order of the Garter)은 1348년에 에드워드 3세에 의해서 제정된 잉글랜드 최고의 훈장이다. 이것은 본래 기사단 훈장으로 가터 기사단(Kights of the Garter)의 일원이 된다는 의미를 지니고 있었다. 이 훈장은 성장(星章), 목걸이, 가터(양말 대님), 외투(外套)로 구성되어 있는데, 성장에는 수호신 성 게오르기우스의 십자가가 그려져 있고, 목걸이 휘장에는 성 게오르기우스와 용이 새겨져 있다. 특히 가터는 이 훈장 중에서 가장 특색이 있다. 폭 1인치(2.54cm)의 파란색 벨벳 천에 프랑스 어로 "악을 생각하는 자에게 악이 내리도다(Honi soit qui mal y pense; Evil be to him that thinks evil)"라는 글귀가 금실로 새겨져 있다. 그래서 '블루 리본'으로 불리기도 한다.

이 훈장은 무릎 부근에 매다는 게 이색적인데, 그 유래가 있다. 에드워드 3세가 솔즈베리 백작 부인(후에 흑태자의 아내가 됨)과 춤출 때 그녀의 파란색 가터 하나가 바닥에 떨어졌는데, 그것을 보고 곁에 있던 신하들이 낄낄거리며 웃자 에드워드는 떨어진 가터를 정중하게 주워 아무렇지 않게 자기의 다리에 매고는 프랑스 어로 "악을 생각하는 자에게 악이 내리도다" 하고 외치며 신하들을 꾸짖었다.

영국에서 최고 명예의 상징인 가터 훈장의 수상자 이름 뒤에는 K.G.(knight garter, 남성) 또는 L.G.(lady garter, 여성)가 붙는다. 이 훈장을 받은 수상자가 죽으면 훈장은 관리를 맡고 있는 기사단에 반납된다.

가터 훈장

왕실은 1945년 선거에서 패배해 총리직에서 물러나는 윈스턴 처칠에게 이 훈장을 수여하려 했으나, 그는 "국민에게 파면이라는 훈장을 받았는데, 왕실로부터 가터 훈장을 받을 수 없다"고 말했다고 한다. 하지만 1953년 그는 결국 이 훈장을 수락했다.

참고로 프랑스의 최고 훈장은 '영광의 군단'이라는 뜻을 가진 '레지옹 도뇌르(Ordre national de la Légion d'honneur)'이다. 나폴레옹 1세가 1802년에 제정한 이 훈장은 프랑스의 정치, 경제, 문화 등의 발전에 공적이 있는 사람에게 수여한다. 하지만 표창보다는 영예로운 신분을 수여하는 성격이 짙으며, 그랑 크루아, 그랑 도피시에, 코망되르, 오피시에, 슈발리에 등 5등급으로 나뉘어 있다. 프랑스에서 최고 권위를 지닌 이 훈장의 수훈자는 국가적 행사에서 특별한 예우를 받는다.

레지옹 도뇌르 훈장을 받은 한국인으로는 이건희 삼성전자 회장, 조중훈, 조양호 한진그룹 창업자 부자, 영화감독 임권택, 지휘자 정명훈, 영화감독 이창동 등이 있다.

# DAY 106 | 백년 전쟁

영국은 1066년 영국을 정복하고 왕이 된 노르망디의 윌리엄 공작 덕분에 중세 때만 해도 프랑스에 본국의 영토를 갖고 있었다. 이 때문에 영국과 프랑스 사이에는 항상 영토 문제로 충돌할 소지가 다분했다. 왕위 계승과 상속 문제가 대두되었을 때는 절정에 다다랐다. 영국과 프랑스의 영토 분쟁 중에서 가장 치열하고 장기간 계속된 것이 바로 '백년 전쟁'(1337~1453)이다. 프랑스의 필리프 6세와 영국의 에드워드 3세가 프랑스의 왕위 계승 문제를 놓고 대립하여 발발한 이 전쟁은 끝날 때까지 116년이 걸렸지만, 그 기간에 전투가 단속적으로 이루어졌기 때문에 통상 '백년 전쟁'이라 부른다.

당시 전쟁은 프랑스 영토에서 벌어졌기 때문에 프랑스의 손실이 막심했다. 전쟁 초기에는 프랑스 군이 불리했다. 특히 영국 왕 에드워드 3세의 장남 에드워드(Edward, 1330~1376)는 1355년 보르도로 진군하여 아키텐에 머물면서 남프랑스 일대를 장악하고 약탈과 방화를 일삼았는데, 늘 검은 갑옷을 입고 출전했기 때문에 '흑태자(the Black Prince)'라는 별명이 붙었다. 승승장구하던 그는 1356년 '푸아티에 전투(Battle of Poitiers)'에서도 프랑스 군을 대파하고, 국왕 장 2세와 그의 수많은 측근들을 사로잡았다. 하지만 그가 스페인 원정에서 귀국한 뒤 1376년 지병으로 사망하고 1381년 '와트 타일러의 난'이 일어난 데다가 그의 뒤를 이은 리처드 2세의 지배에 대한 귀족들의 반발까지 겹쳤기 때문에 전쟁은 소강 상태로 접어들었다.

이후 1428년 영국이 프랑스 전체를 지배할 목적으로 프랑스 남부로 진군하여 오를레앙을 포위함으로써 전쟁이 다시 시작되었다. 프랑스 군은 잇따른 패배로 사기가 땅에 떨어져 있었고, 더구나 어린 왕세자인 샤를(1403~1461)의 주변에는 사리사욕을 채우려는 귀족과 상인들만 득실거려 프랑스는 풍전등화의 위기에 처했다.

이때 프랑스 동부 동레미 라 퓌셀(Domrémy-la-Pucelle) 출신의 순박한 시골 처녀 잔 다르크(Jeanne d'Arc, 1412~1431)가 나타났다. 그녀는 어느 날 성인들이 자신에게 나타나 오를레앙의 포위를 풀고 대대로 프랑스 왕의 대관식이 거행되었던 랭스에서 왕세자를 즉위시키라는 계시를 내렸다고 주장했다. 1429년 2월 시농에서 샤를을 만난 그녀는 "프랑스를 구하라"는 신의 음성을 들었다고 주장해 거의 절망 상태에 빠져 있던 왕세자와 프랑스 군에게 자신감을 불어넣는 데 성공했다.

오랜 전쟁에 지친 프랑스 군은 잔 다르크에 고무되어 사기를 되찾고 영국군에게 반격을 가했다. 샤를은 영국군에게 포위되어 있던 오를레앙 지역으로 병사를 몰고 달려가 그 지역을 탈환하고 불과 수주일 만에 르와르 계곡에서 영국군을 몰아냈다. 그녀는 샤를과 함께 곧바로 랭스로 진격해 1429년 7월 드디어 그곳을 점령했다. 한때 사생아로 낙인 찍혔던 왕세자 샤를은 마침내 랭스의 대주교의 집전 아래 대관식을 거행하고 '샤를 7세(Charles VII)'가 되어 정통 프랑스 왕이 되었고,

Sainte Jeanne d'Arc

잔 다르크

'승리 왕(the Victorious)'이라는 별칭도 갖게 되었다.

그러나 그녀는 1430년 '콩피에뉴 전투(Battle of Compiegne)'에서 프랑스 왕가와 대립하던 부르고뉴 군의 포로가 되어 영국군에게 넘겨졌고, 재판장은 루앙의 종교재판에서 신성한 신의 중계자인 사제를 거치지 않고는 신의 계시를 받을 수 없다는 이유로 1431년 19살에 불과한 그녀를 마녀로 규정해 화형시켜버렸다. 이미 왕위에 오른 샤를 7세는 잔을 구하는 데 적극적이진 않았지만, 그녀가 처형된 뒤 1456년 다시 종교재판을 열어 그녀의 무죄를 선고했다.

잔 다르크의 출현은 확실히 프랑스를 가장 어려운 상황에서 구원한 기적적인 일이었으며 이후 프랑스 인들의 애국심의 상징이 되었다. 결국 잔 다르크의 열정과 애국심 덕분에 프랑스 군은 승리를 거듭하고 1452년 보르도에서 결정적인 승리를 함으로써 영국을 물리칠 수 있었다. 마침내 1453년 프랑스 왕가와 부르고뉴 가의 극적인 화해로 프랑스에서 영국군을 완전히 몰아냄으로써 '백년 전쟁'은 완전히 끝이 났다.

# DAY 107 | 장미 전쟁

'백년 전쟁'이 끝나자마자 영국에서 왕권을 둘러싸고 각각 요크 가와 랭커스터 가를 지지하는 귀족들 간에 1455년부터 1485년까지 30년 동안이나 내전이 벌어졌다. 이 내전에서 요크 가의 문장(紋章)은 흰 장미였고 랭커스터 가의 문장은 빨간 장미였기 때문에 '장미전쟁(薔薇戰爭, Wars of the Roses)'이라고도 불린다.

헨리 6세(재위(1422~1461) 때 요크 공 리처드는 랭커스터 가문의 창시자 헨리 4세가 왕이 된 것은 흑태자의 아들인 플랜태저넷 왕가 리처드 2세로부터 왕위를 찬탈했기 때문이며, 따라서 자신의 왕위 계승권이 우선이라고 주장하고 군사를 일으켰다. 이에 따라 잉글랜드 내의 귀족들도 둘로 갈라지게 되었다.

1460년 리처드가 전사하자 장남 에드워드 4세가 뒤를 이어 1461년 랭커스터 가를 물리치고 왕위에 올랐다(즉위 1461~1470). 그런데 원래 요크 가를 편들었던 워릭 백작이 반란을 일으키자 1470년 에드워드 4세는 도망치고, 헨리 6세가 다시 왕위에 복귀했다(1470~1471 복위). 하지만 에드워드 4세는 곧 세력을 규합하여 1471년 반란군을 평정하고 워릭 백작과 헨리 6세를 처형한 뒤 복귀했다(1471~1483 복위).

이후 1483년 에드워드 4세가 사망하자 그의 아들 에드워드 5세가 열 살의 어린 나이로 즉위했다(즉위 1483). 그러자 야심에 찬 작은아버지 글로스터 공 리처드가 에드워드 5세와 동생 리처드를 런던탑에 가두고 왕위에 올라 스스로 리처드 3세(즉위 1483~1485)라 칭했다. 그러

| 요크 가의<br>흰 장미 문양 | 랭카스터 가의<br>붉은 장미 문양 | 요크 가와 랭카스터 가의<br>화합을 상징하는 튜더 왕조의 장미 문양 |

나 대륙에 망명해 있던 랭커스터 계의 리치먼드 백작 헨리 튜더가 프랑스의 도움을 받아 1485년 웨일즈에 상륙하여 '보즈워스 전투(Battle of Bosworth)'에서 리처드 3세를 물리침으로써 30년에 걸친 장미 전쟁은 막을 내렸다.

왕위에 오른 그는 헨리 7세(재위 1485~1509)라 칭하고 '튜더 왕조(Tudor dynasty)' 시대를 열었다. 헨리 튜더는 화합을 위해 요크 가의 에드워드 4세의 딸이자 에드워드 5세의 여동생인 엘리자베스를 왕후로 맞아들였으며, 붉은 장미와 흰 장미를 합쳐 왕가의 문장으로 삼았다. 이후 장미는 영국의 국화(國花)가 되었으며, 지금도 붉은 장미와 흰 장미를 합하면 화합을 뜻한다.

# DAY 108 | 현자의 돌

연금술(鍊金術, Alchemy)이란 화학적 수단을 이용하여 비금속을 귀금속, 특히 금으로 바꾸는 기술을 말한다. 나아가 여러 물질이나 인간의 육체나 영혼도 대상으로 삼아 기존의 존재보다 완전한 존재로 연성하는 시도를 일컫기도 한다. 이러한 시행 과정에서 황산, 질산, 염산 등 오늘날의 화학 약품들이 많이 발견되고 실험 도구들도 발명되었다. 그리하여 연금술사들이 이루어놓은 성과는 현재의 화학(Chemistry)으로 이어졌다. 그래서 영국의 여성 역사학자 프랜시스 예이츠(Frances Yates, 1899~1981)는 "16세기의 연금술이 17세기의 자연과학을 낳았다"고 말하기도 했다.

애초 연금술은 근대 과학 이전 단계의 과학과 철학적인 시도로서, 화학, 금속학, 물리학, 약학, 점성술, 기호학, 신비주의 등을 거대한 힘의 일부로 이해하려는 운동이었다. 연금술의 개념과 실천들이 나타난 시기는 동방과 서방에 걸쳐 기원전 1000년경인 것으로 알려져 있다. 연금술 문화는 그리스, 아랍, 메소포타미아, 인도, 중국 등 여러 문명 속에서 두루 발전했다. 특히 서양에서 연금술이라는 발상의 토대가 된 것은 아리스토텔레스의 이론이다. 그에 따르면 세계는 물, 불, 공기, 흙의 네 가지 원소로 이루어져 있기 때문에 만물은 이들이 어떤 비율로 결합하느냐에 따라 형성된다는 것이다.

현재의 기준에서 볼 때 연금술은 과학이 아니라 미신이나 마술에 가깝다. 고대로부터 약 2000년 이상 신봉되어온 원소 변환설을 근거로 값싼 철이나 납과 같은 금속을 비싼 금으로 바꾸려고 했다. 인간들은 온갖 물질을 용해하고 합성하고 증류하는 실험을 통해 그 물질을 만들려고 했던 것이다.

일반적으로 잘 알려진 연금술의 예로 물질을 보다 완전한 존재로 바꾸는 '현자의 돌'을 만드는 기술을 들 수 있다. 이 현자의 돌을 이용하면 비금속을 금 등의 귀금속으로 바꾸고, 인간을 불로불사의 존재로 만들 수 있다고 믿었다. 일반적으로 연금술은 금으로의 물질 변성 등 '이식'의 이미지가 강하지만, 본래는 생명의 근원인 '생명의 엘릭시르'로 도달하게 하는 것이 궁극적인 목적이었다.

현자의 돌(lapis philosophorum), 철학자의 돌(Philosopher's stone), 마법사의 돌(Sorcerer's Stone)은 전설에 존재하는 물질로, 값싼 금속을 금으로 바꿀 수 있는 능력은 물론 사람을 젊게 만들 수 있다고 믿어졌기에 오랫동안 서양 연금술의 최고 가치로 여겨졌다.

〈현자의 돌을 구하는 연금술사〉, 라이트 오브 더비, 1771

현자의 돌을 만드는 데 성공하는 것은 곧 '마그눔 오푸스(Magnum opus; Great Works)'를 완수하거나, 또는 마그눔 오푸스를 완수하는 데 결정적인 계기를 마련하는 것이나 다름없다. 그래서 오늘날 '마그눔 오푸스'는 우리말로 '위대한 일이나 학문'을 뜻하게 되었다.

연금술에 해당하는 영어 alchemy는 아랍어의 al-kymiya(알키미야)에서 왔고, 이것이 그리스 어로 차용되어 cumeia(키메이아)가 되었다. Al은 아랍어의 정관사이며, Chemi는 이집트 어로 '나일 강 삼각주에서 나온 검은 것 또는 검은 땅'을 가리킨다. 이러한 검은 땅은 화학적인 성분을 포함하고 있기 때문에 연금술이라는 말은 "이집트인에게 주는 신의 창조물"이라고 번역할 수 있다. 그리고 키메이아는 그리스 어로 "빚어내다"라는 뜻이기 때문에 연금술은 '만듦의 학문'이라고 해도 과언이 아니다.

그러나 연금술은 정말로 모든 금속들을 금으로 만드는 데 목적이 있는 것이 아니라 인간을 계몽하는 데 있었다는 주장이 설득력 있다. 납을 금으로 변화시킨다는 것은 은유에 지나지 않는다. 금은 변화라는 엔트로피를 거부하는 거의 유일한 금속이다. 시간이 흘러도 그 모습 그대로이며, 물에 담가놓아도 땅에 묻어놓아도 마찬가지이다. 이러한 불변성 때문에 사람들은 금에 끌리게 된 것이다.

연금술사들은 몇 천 년이나 실험을 거듭했으나 납을 금으로 바꾸지 못했다. '납을 금으로 변화시킨다'라는 말을 곧이곧대로 받아들였기 때문이다. 연금술이 가지고 있는 진정한 의미는 납을 금으로 바꾸는 것이 아니라, 무지몽매한 수준에 머물러 있는 '인간'을 금 같이 여러 방면에서 고귀한 '인간 혹은 신'으로 승화시키는 것을 의미한다. 연금술의 오래된 금언에 "인간이 바로 신이다"라는 구절이 있다. 이는 납을 금으로 변화시키듯이 인간의 내부에 숨겨져 있는 잠재력을 끌어내어 신성화된 존재로 탈바꿈시키는 것을 의미한다. 연금술의 진짜 목적은 다름 아닌 인간 계몽에 있었던 것이다.

너희들이 바로 신이라는 것을 모르느냐?

– 헤르메스 트리스메기스토스

# DAY 109 | 악화가 양화를 구축한다

1558년부터 엘리자베스 1세의 재정 고문으로 활약했던 영국의 무역상 토마스 그레샴(Thomas Gresham, 1519~1579)은 런던에 최초로 왕립 증권 거래소를 설립했으며, 자기 이름을 딴 그레샴 대학도 세운 인물이다.

일반적으로 가격은 같지만 품질에서 차이가 있는 상품의 경우에는 경쟁에 의해 품질이 우수한 것이 열등한 것을 몰아낸다. 하지만 화폐에서는 그와 반대 현상이 일어난다. 아직 지폐가 통용되지 않던 시절에는 주로 금화나 은화가 화폐로 쓰였다. 이 무렵 정부에서는 재정 부담을 줄이기 위해 종종 불순물을 섞어 화폐의 질을 떨어뜨리곤 했다. 즉 10파운드짜리 은화에 10파운드 가치의 은이 들어 있어야 하는데 5파운드어치의 은만이 들어 있는 채 10파운드짜리로 통용되었던 것이다. 실질 가치가 액면가에 못 미치는 주화를 만들고 남은 금이나 은은 군주들이 챙겼다. 이렇게 되면 10파운드의 가치를 지닌 은화(good money, 양화)는 저장해두고 5파운드의 가치를 지닌 화폐(bad money, 악화)만이 통용되어 나중에는 악화가 양화를 몰아내는 꼴이 된다는 것이다.

이러한 사실이 점차 일반인들에게도 알려지자 사람들은 실질 가치가 더 높은 양화는 금고에 쌓아두고 악화만 사용하기에 이르렀다. 그 결과 양화는 시중에서 자취를 감추고 악화만이 통용되고 말았다. 이것이 바로 그레샴이 주장한 '악화(惡貨)가 양화(良貨)를 구축(驅逐)한다(Bad money drives out good)'는 법칙, 즉 '그레샴의 법칙(Gresham's law)'이다.

악화의 역사는 시라큐스의 디오니시 우스 왕까지 거슬러 올라가지만, 헨리 8세(Henry VIII, 1491~1547) 때 절정을 이루었다. 그는 국가의 재정이 악화되자 잔머리를 써서 은화에 불순물을 섞었다. 이런 상황은 헨리 8세를 이은 에드워드 6세까지 이어졌다. 처음에는 사람들이 순진하게 속았지만, 시간이 지나면서 뭔가 이상한 점을 눈치채기 시작했다. 무게

토머스 그레샴

가 다른 동전을 보게 된 사람들은 무거운 동전은 나중에 녹여서 다시 쓸 수도 있으니 일단 장롱에 넣어두고, 가벼운 동전만 사용하기 시작했던 것이다.

금과 은은 사실 화폐라기보다는 현물에 가까웠기 때문에 그레샴이 말한 대로 된 후에야 오늘날과 같은 화폐가 등장하게 되었다. 하지만 금이나 은 같은 현물에 비해 실제 가치가 훨씬 떨어지는 금속 동전은 사람들의 반발을 일으킬 수 있었다. 이러한 움직임을 진정시키기 위해서 나중에 '법정 통화(legal tender)'라는 개념이 도입되었다. 1821년 영국 정부는 세계 최초로 금 본위제(gold standard)를 도입하여, 법정 통화의 가치를 국가가 소유한 금의 총량과 일정 비율로 유지하게 했다. 이러한 금 본위제는 1944년 브레턴우즈 협약에 의해 사실상 달러 본위제로 교체되었으며, 이는 1971년에 미국이 대놓고 금 본위제를 포기함으로써 확정되었다. 그러므로 현재 우리가 사용하고 있는 돈은 모두 악화라고 할 수 있다. 동전은 거들 뿐이고 대부분의 돈이 종이 화폐라는 점을 감안한다면, 헨리 8세 시절의 악화는 그나마 양호한 수준이라 하겠다.

# DAY 110 | 르네상스

프랑스의 역사가 미슈레(J. Michele)는 『프랑스사』(1855) 7권에 '르네상스'라는 제목을 붙이고 16세기의 유럽을 문화적으로 새로운 시대로 칭하면서 처음으로 르네상스라는 용어를 사용했다. 이후 스위스의 역사가 부르크하르트(J. C. Burdkhardt)가 『이탈리아의 르네상스 문화』(1860)에서 르네상스를 인간성의 해방과 인간의 재발견, 합리적인 사유와 생활 태도를 가져다준 근대 문화의 발판이라고 주장함으로써 이 말이 세상에 널리 퍼지게 되었다.

르네상스(Renaissance)라는 말은 원래 이탈리아 어의 리나시멘토(Rinasimento)에서 나왔는데, '재생(rebirth)'이나 '부활(revival)'을 의미한다. 고대의 그리스 로마 문화를 이상으로 삼아 이들을 부흥시킴으로써 새 문화를 창출해내려는 운동으로, 그 범위는 사상, 문학, 미술, 건축 등 다방면에 걸쳐 있었다. 그래서 르네상스를 흔히 '문예부흥'이라 번역하기도 한다.

르네상스는 통상 14세기부터 16세기에 이르러 이탈리아를 중심으로 일어난 문화 운동을 일컫는다. 중세의 봉건제도와 교회에 반항하여 현실적 인간 생활을 전면적으로 긍정하고, 인간 개성을 자유롭게 발휘하려는 움직임은 유럽의 남부에서 문학, 예술 등에 나타난 인문주의(Humanism)의 특징을 보여주었다. 그리하여 중세의 절대 권력을 지닌 교회를 비판하고 신이 아닌 인간 중심의 작품들이 선보이기 시작했는데, 다빈치, 미켈란젤로, 라파엘로의 작품들이 그 대표작이다. 북부에서는 로마 교황의 권위에 도전하고 교회 조직과 정신의 근본적 개혁을 요구하는 종교개혁 운동으로 발전했다.

역사적인 측면에서 볼 때 유럽은 르네상스의 시작과 더불어 기나긴 중세 시대의 막을 내렸으며, 동시에 르네상스를 거쳐서 근대로 접어들게 되었다. 또한 르네상스는 15~16세기 신항로 개척에도 큰 영향을 주었다. 당시 유럽은 이슬람 제국에게 지중해의 해상권을 빼앗겼기 때문에 새로운 항해 루트를 찾아야만 했다. 그래서 코페르니쿠스의 지동설에 힘입은 콜럼버스, 바스코 다 가마, 마젤란과 같은 모험가들은 서쪽으로 가면 괴물이 입을 벌리고 있다는 교회의 괴담을 물리치고 위험천만한 항해를 감행했던 것이다.

# DAY 111 콜럼버스의 달걀

READ ☐

이탈리아 제노바에서 태어난 크리스토퍼 콜럼버스(Christopher Columbus, 1451~1506)는 제도학, 천문학, 라틴 어 등에 능통했다. 그는 토스카넬리의 지도와 마르코 폴로의 저작으로부터 영향을 받아 서쪽으로 항해하면 인도에 도달할 수 있을 거라는 확신을 갖게 되었다. 그는 항해 제안을 했다가 여러 나라에서 퇴짜를 맞았지만 에스파냐의 이사벨라 여왕을 끈질기게 설득해 마침내 후원을 얻어냈다. 게다가 새로 발견된 땅에서 얻은 수입의 10퍼센트와 모든 무역 거래의 8분의 1을 자신의 지분으로 확보했고, 자기가 발견한 땅이 식민지가 될 경우 자신을 총독으로 임명해달라는 요구까지 했다.

1492년 8월 3일 '산타마리아 호'를 타고 리스본을 떠난 그는 드디어 10월 12일 신대륙 바하마와 쿠바, 아이티를 발견하고 이듬해에 귀국했다. 그는 이후에도 세 차례 더 아메리카 대륙을 탐험했으나, 그는 죽는 날까지 자신이 발견한 땅이 인도인 줄로만 알았다.

신대륙을 발견하고 돌아온 그를 시기하는 사람들은 "배를 타고 서쪽으로만 가면 누구나 신대륙을 발견할 수 있다. 그리 대단한 일이 아니다"라며 콜럼버스를 깎아내렸다. 이런 소문을 들은 콜럼버스는 어느 모임에서 사람들에게 "달걀을 세로로 세울 수 있는 자는 나와 보시오" 하고 제안했다. 하지만 아무도 선뜻 나서지 못했다. 그러자 콜럼버스가 달걀을 탁자에 살짝 내리쳐 세워 보였다. 이를 지켜본 사람들은 "그런 식으로 하면 나도 할 수 있지" 하고 웅성거렸다. 이때 콜럼버스가 나서서

달걀을 세우는 콜럼버스

말했다. "물론 누구나 이 달걀을 세울 수 있소. 하지만 누구나 그 방법을 생각해내는 건 아니오. 내가 신대륙을 발견한 것도 이런 이치라오."

이 일화는 발상 전환의 전형으로 널리 알려져 있다. 그러나 신영복 교수의 『처음처럼』을 보면 콜럼버스의 달걀은 발상 전환의 창조성이라기보다는 생명을 서슴지 않고 깨뜨릴 수 있는 비정한 폭력성으로 간주하고 있다.

> 다른 사람들이 감히 달걀의 모서리를 깨뜨릴 생각을 하지 못했던 것은 그것이 생명이기 때문입니다. 달걀이 둥근 것은 그 속의 생명을 안전하게 보호하기 위해서입니다. 모지지 않고 둥글어야 어미가 가슴에 품고 굴리면서 골고루 체온을 전할 수 있기 때문입니다.
> 타원형의 모양으로 만들어 멀리 굴러가지 않도록 하거나, 혹시 멀리 굴러가더라도 다시 돌아오게 한 것 모두 생명을 지키기 위한 고뇌의 산물입니다. 그러한 달걀을 차마 깨뜨리려는 생각을 하지 못하는 사람과 그것을 서슴없이 깨뜨려 세울 수 있는 사람의 차이는 단지 발상의 차이가 아닙니다. 인간성의 차이라고 해야 합니다.

# DAY 112 | 모나리자의 미소

READ ☐

레오나르도 다빈치(Leonardo da Vinci, 1452~1519)의 그림 중 가장 유명한 작품을 꼽자면 단연 〈모나리자〉일 것이다. 1503년경부터 〈모나리자〉를 그리기 시작한 다빈치는 1516년 프랑스 왕 프랑수아 1세의 초청을 받아 제자인 프란세스코 멜지(Francesco Melzi)와 함께 프랑스로 이주했다. 이때 그는 〈모나리자〉, 〈성 안나와 성 모자〉, 〈세례자 요한〉 등 세 점의 그림을 가져갔는데, 여기서 〈모나리자〉를 완성했다는 설이 유력하다. 이후 프랑수와 1세가 이 그림을 샀으며, 수세기 동안 왕실의 어느 구석에 전시되었다가 프랑스 혁명 후 루브르 박물관으로 옮겨졌다.

그런데 1911년 8월 21일, 페루지아라는 이탈리아 출신 루브르 박물관 직원이 청소용구 함에 숨어 있다가 휴관일 백주대낮에 이 〈모나리자〉를 훔쳐서 유유히 사라졌다. 하지만 그는 2년 뒤 피렌체의 화상에게 팔려다가 체포되었다. 다시 프랑스로 돌아온 〈모나리자〉는 지금 루브르 박물관에서 전시 중인데, 이곳을 방문하는 연 600만 명의 관람객 중 80퍼센트가 이 그림을 보기 위해 찾아온다고 한다. 현재 〈모나리자〉의 가격은 7억 달러를 호가하지만 돈으로 그 가치를 산정하기란 힘들 것이다.

〈모나리자〉는 서명이나 날인이 전혀 없으며 이 작품에 대한 설명도 찾아볼 수 없다. 그렇기 때문에 모델이 누군지 확실하게 밝혀진 바가 없다. 하지만 그 중 가장 유력한 인물은 당시 피렌체 공화국과 밀접한 관계를 유지했던 부유한 비단 상인 프란체스코 디 바르톨로메 디 자노비 델 지오콘도(Francesco di Bartolomeo di Zanobi del Giocondo)라는 사람의 셋째부인인 젊은 리자 게라르디니(Lisa Gherardini)이다. 프란체스코 델 지오콘도가 아내의 초상화를 그려달라고 부탁했다는 문서는 없지만 자신의 초상화를 그려달라는 문서가 남아 있기 때문이다.

그리고 〈모나리자〉의 프랑스 어 제목인 '라 조꽁드(La Joconde)'는 이 탈리아 어로 '지오콘도(Giocondo)의 부인'이라는 말의 '라 지오콘다(La Gioconda, 본래 '웃는 여자'라는 뜻)'이기 때문에 델 지오콘도와 관계가 있음이 알려지게 되었고, 이 웃는 여인이 그의 셋째부인 리자 게라르디니임을 간접적으로나마 뒷받침해주고 있다.

그래서 나중에 〈모나리자〉라는 제목이 붙여졌는데, 모나리자의 '모나(mona)'는 유부녀 이름 앞에 붙이는 이탈리아 어 경칭이며, '리자(Lisa)'는 엘리자베타(Elisabetta)의 애칭이다.

희미하게 미소 짓고 있는 이 여인의 입 가장자리와 눈꼬리 그리고 배경은 엷은 안개가 덮인 듯한 효과를 주는 '스푸마토(sfumato, '연기'라는 뜻)' 기법을 사용했으며, 이 자연스러운 미소를 얻기 위해 악사와 광대들을 동원했다는 설도 있다. 그리고 모나리자 그림에는 눈썹이 그려져 있지 않는데, 눈썹을 뽑는 것이 당시 미의 기준이었기 때문이라고 한다.

하지만 그녀의 미소에 대한 해

〈모나리자〉, 레오나르도 다빈치, 15C

석은 여러 가지이다. 19세기 영국의 비평가 월터 페이터는 "그녀는 자신이 앉아 있는 곳 주변의 바위보다도 나이가 많다. 마치 여러 번 죽음을 경험하면서 죽음의 비밀을 깨달은 흡혈귀처럼 말이다"라고 평했으며, 어떤 이는 그녀의 미소가 "왠지 불안하고 슬프기도 하다"라고 말했고, 또 어떤 이는 "음탕한 여인의 미소"라고 치부하기도 했다. 그리고 굳게 다문 입술과 비대칭적인 낯선 표정은 천식이나 매독에 걸려 수은 처방을 받았기 때문이라고도 하며, 왼쪽 얼굴이 약간 비대칭이고 경직되어 보이는 것은 마비 증상이 있었기 때문이라는 설도 있다.

그러나 그리스 조각에서나 볼 수 있는 이 고혹적이고 신비로운 미소가 500년의 세월이 흐른 지금도 〈모나리자〉를 세상에서 가장 아름다운 초상화로 남게 해준 건 아무도 부정할 수 없는 사실이다.

# DAY 113 | 목적이 수단을 정당화한다

READ ☐

15세기 후반 주변의 영국이나 프랑스, 스페인 등은 절대군주 하에 있는 통일 국가를 이루었지만, 이탈리아는 여러 소군주국으로 분열되어 있었다. 하지만 르네상스 시대를 거치면서 이탈리아에도 통일에 대한 염원이 불타오르기 시작했는데, 그 불씨를 지핀 인물이 바로 니콜로 마키아벨리(Niccolo B. Machiavelli, 1469~1527)이다.

피렌체 출신인 그는 원래 공화주의자였지만 1513년에 쓰고 사후인 1532년에 출간된 『군주론(The Prince)』에서는 군주의 자세를 논했다. 이 책은 공직에서 쫓겨난 마키아벨리가 피렌체의 정치 실세로 복권된 메디치(Medici) 가문에서 일자리를 얻기 위해 쓴 일종의 자기 추천서와도 같은 것이다. 여기서 그는 정치는 도덕으로부터 구별된 고유의 영역이므로 군주로의 권력 집중을 강조하고 군주의 처세는 극단적이어야 한다고 역설했다. 나아가 강력한 군주 밑에서 프랑스 및 에스파냐 등 강대국과 대항하여 이탈리아를 통일해야 한다고 호소했다.

마키아벨리는 도덕과 정치를 분리해서 바라보면서 통치자가 최고의 목표를 달성하려면 도덕적인 것이 항상 합리적이지 않다는 것을 깨달아야 하며, 국가를 유지하려면 때로는 어쩔 수 없이 진실과 자비, 인간애와 종교에 반하여 행동할 필요가 있다고 주장했다. 절체절명의 위기 상황에서 이성적인 판단은 환상일 뿐이기 때문에 군주는 사자의 힘과 여우의 간교함을 갖추어야 하며, 한 번의 단호한 폭력으로 더 많은 폭력과 혼란을 잠재울 수 있다면 당연히 그쪽을 택해야 한다는 것이다.

하지만 이는 정치적으로 좋은 목적을 전제했을 경우 타당한 말이다. 권모술수의 정치도 공동체와 공공의 이익을 위해서만 통할 수 있기 때문이다.

이 저서는 근대 정치 사상의 기원이 되었으며, '마키아벨리즘 (Machiavellism)'이라는 용어를 낳기도 했다. 이미 그의 이름은 1569년에 영국에서 발간된 영어사전에 Machiavellian란 형용사로 등장하여 '통치술 전반에 걸쳐 권모술수를 부리는(Practising duplicity in statecraft in general conduct)'이라는 뜻으로 쓰였다. 이후 마키아벨리즘은 '목적을 위해 수단과 방법을 가리지 않는 비열함'이라는 뜻으로 쓰이게 되었다.

하지만 "목적이 수단을 정당화한다"라는 말은 마키아벨리의 저서에 글자 그대로 등장하지는 않는다. 더구나 그는 위기 상황에 대처하는 국가 수호자의 모습으로 잔인한 군주를 상정했을 뿐 결국 법에 의해서 지배되는 민주적인 국가가 이상적인 국가라고 생각했다. 그러므로 그는 본인의 의도와 달리 '목적이 수단을 정당화한다'는 누명을 쓴 채 지난 500년 동안 숱한 비난을 받아온 셈이다. 아무튼 오늘날 마키아벨리를 긍정하는 사람이든 부정하는 사람이든 그가 근대 정치 사상의 주춧돌을 놓은 사람이라는 점에는 이견이 없을 것이다.

# DAY 114 | 코페르니쿠스적 전환

READ ☐

니콜라우스 코페르니쿠스(Nicolaus Copernicus, 1473~1543)는 폴란드의 토룬 지방에서 부유한 상인의 아들로 태어났다. 당시 학문의 중심지였던 이탈리아의 볼로냐 대학과 파두아 대학에서 의학과 신학, 법학, 수학, 천문학 등을 두루 공부했던 그는 1506년 폴란드로 돌아와 성직자로서 일생을 보냈다.

흔히 대담하고 획기적인 생각을 '코페르니쿠스적 발상(Copernican ideas)'이라고 부를 만큼 코페르니쿠스의 이론은 당시 사람들에게 크나큰 충격을 주었다. 사후인 1543년에 출간된『천구의 회전에 관하여(On the Revolutions of the Heavenly Spheres)』에서 그는 지구가 더 이상 우주의 중심이 아님을 천명했다. 당시에 태양과 별이 지구를 중심으로 움직이는 것이 아니라 지구가 태양을 중심으로 돌고 있다는 그의 천체 이론 (Heliocentrism, 태양 중심설, 지동설)은 가히 혁명적인 것이었다.

이것은 당시 누구도 의심하지 않던 프톨레마이오스의 우주 체계(the geocentric theory, 지구 중심설, 천동설)에 정면으로 도전한 것이었다. 그리고 지구가 우주의 중심이고, 인간은 그 위에 사는 존엄한 존재이며, 달 위의 천상계는 영원한 신의 영역

**니콜라우스 코페르니쿠스**

이라고 생각했던 중세의 우주관을 붕괴시키는 결과를 가져왔다.

하지만 코페르니쿠스의 체계가 관측 결과와 완전히 맞아떨어지는 것이 아니었다. 그래서 후대에 케플러, 갈릴레오, 뉴턴 등 여러 천문학자들에 의해 수정되고 보완되어 오늘에 이르렀다.

한편 칸트는 『순수이성비판』을 통해 우리의 인식(주관)이란 외계의 대상(객관)을 감각으로 받아들여 반영하는 데 불과한 것이 아니라, 즉 외계의 대상에 따라 수동적으로 받아들이는 것이 아니라, 이성의 주체적인 능력으로 사물에 대한 개념을 구성해야만 가능하다고 주장했다. 그래서 칸트는 코페르니쿠스가 천문학에서 성취한 인간 의식의 전환을 자신은 철학의 인식론에서 성취했다고 해서 자신의 인식론을 '코페르니쿠스적 전환(Kopernikanische Wendung; Copernican revolution)'이라고 부르기도 했다.

# DAY 115 │ 유토피아

보통 '이상향'이라는 말로 쓰이는 '유토피아(utopia)'는 영국의 사상가 토머스 모어가 라틴 어로 쓴 『유토피아(Utopia)』(1516)에서 유래되었는데, 원제는 '국가 중 가장 좋은 국가와 유토피아라는 새로운 섬에 관하여(Of a republic's best state and of the new island Utopia)'이다. 이것은 그리스 어의 ou(not, 없다)와 topos(place, 장소)를 조합한 말로, '어디에도 없는 곳(no place)'이라는 뜻이다. 즉 유토피아는 '현실에는 결코 존재하지 않는 이상적인 사회'를 일컫는 말이다. 그런데 같은 발음이 나는 eutopia는 그리스 어의 eu(good, 좋은)와 topos(place, 장소)를 조합했기 때문에 '좋은 곳(good place)'을 뜻한다. 따라서 유토피아는 이 세상에 없는 곳(outopia)이지만, 동시에 좋은 곳(eutopia)을 가리키기도 한다.

그는 이 책에서 유토피아를 대서양의 가상의 섬으로 기록하고 있는데, 지리적으로나 역사적으로 존재하지는 않지만, 그곳은 좋은 곳이라고 말하고 있다. 이처럼 유토피아는 본래부터 '없는 곳'과 '좋은 곳'이라는 이중의 의미를 갖고 있어 유토피아 개념에 다의성과 모호성이 존재하게 되었다.

이 책은 토마소 캄파넬라(Tommaso Campanella)의 『태양의 도시(The City of the Sun)』(1623)와 프랜시스 베이컨(Francis Bacon)의 『뉴 아틀란티스(New Atlantis)』(1627) 와 더불어 '3대 유토피아 소설'로 꼽히고 있다. 이러한 유토피아 사상은 중세적 사회 질서에서 근대적 사회질

『유토피아』(1516)의 초판본

서로 옮아가는 시기에 발생한 사회적 모순에 대한 반성으로, 또는 발흥하는 근대의 과학기술 문명에 대한 기대감에서 탄생한 것이다.

유토피아를 '이 세상에 없는 곳'에 초점을 두면 그것은 신화나 동화 속에나 존재하는 환상의 세계에 불과하며, 실현 불가능한 것을 꿈꾸는 것에 지나지 않는다. 하지만 '좋은 곳'에 초점을 두면 그것은 역사 이래 인간이 도달하고자 끊임없이 추구해온 이상 사회나 국가를 가리킨다. 그러므로 유토피아가 존재하지 않는다는 것은 '지금 여기(hic et nunc; here and now)'에 없다는 것일 뿐이지 결코 실현될 수 없다는 말은 아니다.

즉 유토피아는 아직 실현되지 않은 현실일 뿐이기 때문에 그것을 추구하는 것은 현실 도피의 관념적 유희가 아니라 이상 사회나 국가를 실현하기 위한 실험이며, 나아가 합리적이고 과학적인 사회이론을 정립하는 작업이기도 한 것이다. 그러므로 오늘날의 유토피아주의는 새로운 질서를 창출하고 미래에 대한 비전과 청사진을 제시하는 일종의 구체적 이념으로 자리잡기에 이르렀다.

유토피아와 반대로 조지 오웰의 『동물농장』처럼 전체주의적이거나 독재적인 정부에 의해 억압받고 통제받는 가상 사회는 디스토피아(dystopia)라고 한다. 이는 존 스튜어트 밀이 의회 연설에서 처음 쓴 말로, 그리스 어 'dys(나쁜)'와 'topos(장소)'가 결합된 '나쁜 곳'이라는 뜻을 지니고 있다.

# DAY 116 | 나는 영국과 결혼했다

READ ☐

역사상 가장 강력하고 부유한 영국을 만들었던 주인공 엘리자베스 1세 여왕(Elizabeth Tudor, 1533~1603)이 한 말이다. 어머니 앤 불린이 억울하게 간통과 반역죄의 누명을 쓰고 참수형을 당한 뒤 엘리자베스는 궁중에서 늘 불안하고 위험천만한 어린 시절을 보냈다. 딸이라는 이유만으로 아버지 헨리 8세가 그녀를 홀대하고, 이복언니 메리 공주(Mary Tudor)도 항상 그녀를 감시하고 견제했기 때문이다.

더구나 여섯 번의 결혼으로 로마 교황의 미움을 받았던 왕의 죽음은 영국을 더욱 불안정하게 만들었다. 1553년 그를 이어 왕위에 오른 '메리' 여왕은 가톨릭의 부활을 위해 '피의 메리(Bloody Mary)'라고 불릴 만큼 성공회와 청교도를 탄압했다. 성공회 신자인 엘리자베스는 탄압을 피하기 위해 가톨릭교도로 위장했으나, 때로는 죄수로 몰려 런던탑에 갇히기도 했다. 하지만 성격이 천성적으로 밝고 활기찼던 그녀는 결코 자신이 처한 상황에 좌절하거나 자신을 불행하다고 여기지 않았다.

불안정하게 목숨을 이어갔던 엘리자베스는 1558년 메리 1세가 병으로 죽자, 다행히도 25세의 나이에 여왕으로 즉위했다. 엘리자베스는 추밀원과 균형적 관계를 유지했으며, 1588년 펠리페 2세가 '무적 함대'를 출동시켜 잉글랜드를 제압하려 하자 해적 출신인 프랜시스 드레이크(Francis Drake, 1540~1596)를 중용해 물리침으로써 해상권을 장악하기에 이르렀다. 영국은 이러한 내적 발전과 외국과의 대결 속에서 국민들의 정신적 결속과 일체감이 생겨났으며, 국민 문학의 황금기를 맞이하게 되었다. 윌리엄 셰익스피어의 문학과 프랜시스 베이컨의 경험론 철학이 바로 이 시대의 대표적인 산물이다.

나라가 안정되자 대신들이 여왕의 결혼을 재촉했다. 그리고 각국 왕들의 청혼이 있을 때마다 여왕은 "나는 영국과 결혼했습니다. 영국의 백성들이 아들이자 딸입니다"라고 말했다고 한다. 이후 그녀는 아메리카 대륙에 독신인 자기를 빗댄 버지

**엘리자베스 1세**

니아(Virginia, 처녀지)라는 이름의 식민지를 개척했으며, 아시아에는 '동인도회사'를 설립하여 그 세력을 세계로 뻗혀 대영제국으로 나아갈 발판을 마련해놓았다. 그리하여 후세 사람들은 이 시기를 '엘리자베스 시대'라고 부르게 되었다.

# DAY 117 | 죽느냐 사느냐, 그것이 문제로다

윌리엄 셰익스피어(William Shakespeare, 1564~1616)의 4대 비극 중 하나인 『햄릿(Hamlet)』의 제3막 1장에 나오는 대사이다.

> 사느냐, 죽느냐. 그것이 문제로다
>
> (To be or not to be, that is the question).
>
> 잔인한 운명의 화살을 맞고도 죽은 듯 참아야 하는가?
>
> 아니면 성난 파도처럼 밀려오는 재앙에 맞서 싸워야 하는가?
>
> 죽는 것은 잠자는 것. 잠이 들면 꿈을 꾸겠지.
>
> 죽음이야말로 우리가 간절히 바라는 결말이 아니던가?
>
> 칼 한 자루면 이 모든 것을 끝낼 수 있는 것을.
>
> 죽음 이후의 불안 때문에 지금 이곳에 남아 고통을 견뎌내는 것이다.
>
> 이런 상념들이 결국 우리를 겁쟁이로 만드는구나.

13세기경 덴마크 왕자 햄릿은 왕국의 엘시노아 성에서 갑작스럽게 아버지의 죽음을 맞이한다. 곧바로 작은아버지 클로디어스가 왕위에 오르고 햄릿의 어머니 게르트루드 왕비와 재혼한다. 햄릿은 어머니의 이런 행위를 수치스럽게 생각했는데, 여기서 나온 유명한 말이 바로 "약한 자여, 그대 이름은 여자이니라(Frailty, thy name is woman)"이다.

햄릿은 작은아버지가 아버지를 죽인 것으로 여겼는데, 어느 날 밤 아버지를 닮은 망령으로부터 그동안의 자초지종을 들은 햄릿은 진상을 확인하기 위해 남몰래 계획을 세운다. 그는 이러한 계획을 들키지 않으려고 미친 사람처럼 행동한다.

윌리엄 셰익스피어

그러던 어느 날 성에 한 극단이 들어온다. 햄릿은 그들을 매수해 부왕과 숙부와 어머니인 왕비와의 관계를 묘사한 연극을 올리도록 한다. 연극을 보던 숙부 클로디어스는 독살 장면이 나오자 예상대로 퇴장해버리고, 햄릿은 망령의 말을 확신하게 된다. 숙부에게 복수를 하려던 햄릿은 실수로 연인 오필리아의 아버지 플로니어스를 살해한다. 오필리아는 이 충격으로 실성해서 물에 빠져죽고 플로니어스의 아들 레어티스는 왕에게 아버지와 누이의 원수를 갚겠다고 청한다.

왕 클로디어스는 레어티스를 충동질하여 독을 묻힌 검을 가지고 햄릿과 대결하게 한다. 그러나 햄릿이 레어티스를 찔러 승리를 거두는데, 햄릿의 기개에 감탄한 레어티스는 클로디어스의 음모를 고백하고 숨을 거둔다. 햄릿은 왕의 가슴을 찌르고 부왕의 원수를 갚는다. 하지만 햄릿도 독검에 상처를 입어 죽음을 맞는다.

우리는 보통 인간의 성격을 구분할 때 우유부단하고 내성적인 사람을 '햄릿형', 이성적 판단보다는 행동이 앞서는 사람을 '돈키호테형'이라고 하는데, 이는 근대 러시아의 작가 이반 투르게네프(Ivan Sergeyevich Turgenev, 1818~1883)가 '햄릿과 돈키호테'라는 강연을 통해 처음 이 둘을 비교한 데서 유래한 것이다.

# DAY 118 | 그래도 지구는 돈다

READ ☐

이탈리아의 수학자이자 '천문학의 아버지'로 불리는 갈릴레오 갈릴레이(Galileo Galilei, 1564~1642)가 지동설을 주장한 죄목으로 재판을 받고 나오면서 한 말이 바로 "그래도 지구는 돈다(E pur si muove; And yet it moves)"이다.

그는 지구가 태양을 돈다는 코페르니쿠스의 이론을 옹호하여 태양계의 중심이 지구가 아니라 태양임을 믿었다. 하지만 1612년부터 태양 중심 이론에 대한 반대가 만만치 않았다. 1614년에는 로마 가톨릭 교회의 젊은 사제 토마소 카치니(Tommaso Caccini, 1574~1648)가 갈릴레오의 주장을 비난하며 이단으로 몰았다. 갈릴레오는 이러한 음해들에 맞서 스스로를 방어하기 위해 로마로 향했다. 그러자 1616년 추기경 로베르토 벨라르미노(Roberto Bellarmino)는 갈릴레오에게 서신을 보내 지동설을 옹호하지 말라고 명했다. 하지만 뜻을 굽히지 않은 갈릴레오는 1632년 10월 로마의 신성재판소에 출두했다.

교회의 단죄에 따라 그는 가택 연금에 처해졌다. 1634년부터 그는 피렌체 근교의 아르체트리(Arcetri)에 있는 자신의 별장에 머물렀다. 이후 건강이 악화되어 1638년에는 완전히 시력을 잃었으며, 탈장과 불면증까지 겹쳤다. 그래서 병을 치료하기 위해 피렌체로 여행하는 것을 허가받았으나 1642년 심한 열로 인해 그만 숨을 거두고 말았다.

그런데 이 말은 갈릴레오가 한 말이 아닐 공산이 크다. 이 말이 처음 거론된 것은 재판이 끝난 지 120여 년이 지난 뒤인 1757년에 이탈

〈재판정에 선 갈릴레오〉, 크리스티아노 반티, 1857

리아 토리노 출신의 작가 주세페 바레티(Giuseppe Varetti, 1719~1789)가 쓴 『이탈리아 도서관(The Italian Library)』이라는 책에서 처음 거론되었기 때문이다. 아무튼 1965년에 교황 바오로 6세가 이 재판에 대해 처음 언급하면서 재판에 대한 재평가가 이루어지기 시작했다. 그리고 마침내 갈릴레이가 죽은 지 350년 후인 1992년이 되어서야 교황 요한 바오로 2세가 당시 재판이 잘못되었음을 인정하고 갈릴레오에게 사죄했다.

이 밖에 그에 대한 유명한 일화로 '피사 사탑에서의 낙체 실험'이 있다. 1589년 피사 대학의 수학 교수가 된 그는 『운동에 대하여(On Motion)』(1590)를 저술, 높은 곳에서 무게가 각각 다른 물체를 떨어뜨리는 실험을 통해 떨어지는 '물체의 속도는 무게에 비례한다'는 아리스토텔레스의 이론이 잘못되었음을 증명했다. 하지만 이 실험은 실제로 행해지지 않았다고 한다.

# DAY 119 | 엘도라도

대항해 시대에 남아메리카 정복에 나선 에스파냐의 모험가들은 아마존 강과 오리노코 강의 중간쯤에 있다고 믿은 황금의 나라를 엘도라도(El Dorado)라고 불렀다. 에스파냐 어 'El'은 정관사, 'Dorado'는 '황금의'라는 뜻이다. 이 때문에 흔히 '황금 덩어리가 무진장 매장되어 있는 곳'을 일컫는 말로 쓰이고 있다.

이 어원은 콜롬비아의 수도 보고타 근처에 있는 보고타 고원에 뮈스카(Muisca) 족 추장의 전설에서 비롯되었다고 한다. 추장이 부족에게 재앙이 오지 않게 해달라는 의식을 치르기 위해 온몸에 황금가루를 바른 뒤 구아타비타 호수(Lake Guatavita)로 들어가 물속에 잠기면 부족 사람들이 신에게 기도를 올린 다음 금은보화를 호수 속에 던졌다고 한다. 이렇게 의식이 끝나면 추장은 온몸에 발랐던 황금가루를 씻어내고 물 밖으로 나왔다. 그래서 호수 속에서는 막대한 금은보화가 쌓이게 되었다고 한다.

이런 소문이 항간에 널리 퍼지자 유럽의 모험가들이 남미 대륙으로 몰려오면서 금은보화 찾기에 혈안이 되었다. 실제로 1595년경에는 영국의 탐험가 월터 클레이 경이 베네수엘라에 있는 오리노코 강 상류 지역에서 다량의 금을 채취했다고도 한다. 18세기까지 유럽인들은 남아메리카 오리노코 강과 아마존 강변에 엘도라도가 있다고 믿었으며, 수많은 모험가들이 이 전설에 이끌려 탐험길에 나섰다. 당시의 지도에는 엘도라도의 위치가 가이아나 지역으로 표시되어 있었다.

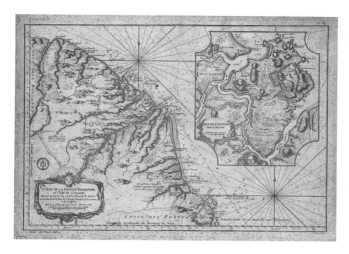
엘도라도라고 생각했던 가이아나 고지도

　이 같은 사실이 알려지자 문학계와 영화계에서는 가상의 황금향을 일컫는 엘도라도를 소재로 한 작품들을 발표해 독자들의 흥미를 끌었다. 존 밀턴은 『구약성서』에 전해져 내려오던 낙원 상실에 대한 이야기를 대서사시로 표현한 『실락원(Paradise Lost)』(초판은 10권, 1667; 재판은 12권, 1674)을 공개해 엘도라도에 얽힌 궁금증을 증폭시켰다. 그리고 볼테르는 1759년에 발표한 『캉디드(Candide Ou L'Optimis)』에서 엘도라도를 찾아가는 모험담을 중점적으로 묘사했다. 또 에드가 앨런 포는 『엘도라도』라는 제목으로 4절시를 발표하기도 했다. 이후 20세기에 들어서는 조셉 콘라드가 중편소설 『암흑의 심장(Heart of Darkness)』(1899)에서 무대를 아프리카 콩고로 돌려 엘도라도를 거론했으며, 1966년에는 존 웨인과 로버트 미첨 주연의 〈엘도라도〉라는 영화도 만들어졌고, 2000년에는 월트 디즈니가 장편 만화영화 〈엘도라도〉를 선보이기도 했다. 이처럼 황금이 넘쳐난다는 엘도라도는 지금까지도 우리들의 호기심을 자아내고 있다.

# 5

## 근대 편

# DAY 120 | 아는 것이 힘이다

READ ☐

Scientia est Potentia.(Knowledge is power.)

이는 영국 경험론의 대표적인 철학자이자 정치가이며 과학자인 프랜시스 베이컨(Francis Bacon, 1561~1626)이 남긴 말이다. 자연이나 현실 세계를 지배하는 법칙에 대한 경험적이고 실용적인 지식을 습득한다면 자연을 마음대로 활용할 수 있고, 사물에 대한 지식을 계속 얻을 수 있으며, 나아가 종교적 관습이나 정치적 권위의 억압으로부터 자유로울 수 있다는 믿음을 보여주는 말이다. 한 마디로 사물을 정확하게 이해하면 세상을 움직일 수 있다는 뜻이다.

베이컨이 말한 인간에게 힘을 부여하는 지식은 '과학 지식'을 뜻한다. 그는 이러한 과학 지식을 추구해 나가려면 기존의 스콜라적인 '네 가지 우상(The Four Idols)'을 극복해야 한다고 주장했다.

베이컨이 지적한 첫 번째 우상은 '종족의 우상(Idols of the Tribe; idola tribus)'이다. 이것은 인간이라는 종족 전체의 공통적 성질에 의해 생기는 오류를 가리킨다. 인간이 가진 생물학적 특징이나 편견을 가지고 사물을 이해하거나 해석하는 태도로서, 인간적 관점에서 세상의 사물을 파악하려는 것이 지닌 한계이다. 이는 인간이 동물의 한 종에 불과하다는 사실을 망각하고 우주의 한 부분에 불과한데도 우주의 중심이라고 생각하기 때문에 생기는 것이다.

두 번째 우상인 '동굴의 우상(Idols of the Cave; idola specus)'은 각 개인이 갖고 있는 한계를 말한다. 평생을 동굴에서 살던 사람이 세상에 나왔을 때 개인의 주관이나 선입견 및 편견을 가지고 세상을 봄으로써 넓은 세계를 제대로 파악하지 못하게 되는 폐단을 뜻한다. 이는 개인이 성장 과정에서 겪은 특수 경험, 특정 교육, 친분관계, 권위 등에 의지하는 우물 안 개구리 식 편견이

프랜시스 베이컨

다. 그는 객관적이고 일반적인 검증 없이 단편적인 지식에 기대는 것은 과학적인 태도가 아니므로 다른 사람들과 협동하고 상호비판을 통해 이 우상을 극복해야 한다고 주장했다.

세 번째 '시장의 우상(Idols of the Marketplace; idola fori)'은 사람이 서로 교역하며 관련을 짓는 시장에서 사물들에게 적합하지 못한 단어나 이름을 붙여 사용함으로써 생기는 우상을 말한다. 특히 잘못된 언어를 사용하여 사물의 이해를 방해하는 것을 말한다. 이는 언어와 실재를 혼동하는 데서 오는 오류이며, 언어가 있다고 해서 반드시 그에 대응하는 실재가 있는 것은 아니므로 실제 물체와 현상에 접근하기 위해서는 언어나 말이 아니라 실험이나 사물 자체의 관찰을 통해 오류를 극복해야 한다고 주장했다.

네 번째 우상인 '극장의 우상(Idols of the Theater; idola theatri)'은 자신의 사색이나 경험에 따라 판단하여 옳고 그름을 명백히 하지 않고, 학문적 패러다임의 지배를 받아 자신들의 편견과 왜곡을 인식하지 못하거나, 권위나 전통을 지닌 어떤 사람의 학설이나 주장을 무비판적으로 받아들여 그것에 의지하려는 데서 생겨나는 오류를 말한다. 이는

마치 극장에서 연극배우가 대본에 따라 그대로 연기하는 것과 마찬가지이다. 어떤 전제를 무조건 받아들여야 한다고 주장하는 독단주의나 아무것도 알 수 없다고 단정해버리는 회의주의도 여기에 해당한다.

이 네 가지 우상을 극복하고 진리를 추구하기 위해 그는 새로운 과학과 기술의 진보에 어울리는 새로운 인식 방법을 제시했다. 그리고 아리스토텔레스는 삼단논법을 통해 진리를 도출해내려고 했기 때문에 자연철학을 망쳐놓은 장본인이라고 주장했다. 그러면서 『신기관(Novum Organum Scientiarum; New Method)』(1620)을 통해 아리스토텔레스의 연역법적 방법론을 공격하고, 실험에 기초한 연구 방법, 즉 개별자에 대한 지식으로부터 점차 보편적이고 일반적인 진리로 나아가는 귀납법적 방법론을 제창했다. 확실하게 감각을 통해서 얻을 수 있는 지식을 일반화해 나가는 것만이 진리라고 확신하고, 사물을 일일이 확인하여 마지막에 근본 원리를 찾아내는 귀납법이야말로 학문을 위한 가장 올바른 방법론이라고 주장한 것이다. 그래서 그는 경험과 관찰을 중히 여기는 경험론을 역설했던 것이다.

# DAY 121 | 인간은 생각하는 갈대

프랑스의 유명한 철학자이자 수학자인 파스칼(Blaise Pascal, 1623~1662)은 1654년 말 사두마차를 타고 가다 말의 고삐가 풀리는 바람에 마차가 다리로 돌진하는 사고를 당했다. 다행히 생명에는 지장이 없었는데, 이런 불행 중 다행은 그를 점점 더 신학에 집착하게 만들었다. 신의 존재를 확인하는 '불의 체험'을 겪은 이후 그는 신에 관한 명상들을 남기기 시작했다.

파스칼이 누나 질베르트 페리에(Gilberte Périer)의 집에서 지병으로 죽었을 때, 그의 방에서 무수히 많은 종이 묶음이 나왔다. 이것이 바로 『팡세(Pensées, 생각)』이다. 『팡세』는 1670년에 『종교 및 기타 주제들에 대한 파스칼 씨의 생각(Pensées de M. Pascal sur la religion, et sur quelques autres sujets: Thoughts of M. Pascal on religion, and on some other subjects)』이라는 제목으로 첫선을 보인 자필 원고(포르오와얄 판)와 첫 번째 사본(라퓌마 판), 두 번째 사본(셸리에 판) 등 세 종류가 있다.

이 책의 서두에 나오는 명언이 바로 '인간은 생각하는 갈대'인데, 성서의 구절에서 따온 말이다.

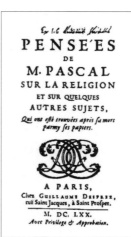

파스칼의 『팡세』, 1670

L'homme est un roseau le plus faible de la nature: mais c'est un roseau pensant: Man is only a reed, the weakest in nature, but he is a thinking reed.

인간은 자연 가운데서 가장 약한 갈대에 불과하다.
그러나 생각하는 갈대이다.


'마태오 복음서' 제11장 7절 '세례자 요한에 대한 예수의 증언'을 보면, 예수가 사람들에게 너희가 무엇을 보러 나갔느냐, 바람에 흔들리는 갈대를 보러 나갔느냐고 물었다. 사람들은 세례자 요한의 설교를 들으면서 그가 아니라 그의 뒤쪽에 있는 요단 강가의 바람에 흔들리는 갈대를 보는 것처럼 한눈을 팔고 있었던 것이다.

> As they went away, Jesus began to speak to the crowds about John; "What did you go out into the wilderness to look at? A Reed shaken by the wind?"
>
> 요한의 제자들이 물러간 뒤에 예수께서 군중에게 요한을 두고 이렇게 말씀하셨다. "너희는 무엇을 보러 광야에 나갔더냐? 바람에 흔들리는 갈대냐?"

그래서 바람에 흔들리는 갈대는 '줏대 없는 사람(doughface)'이나 '주관이 확실치 않은 사람'을 가리킨다. 그리고 '마태오 복음서' 제12장 20절과 '이사야서' 제42장 3절에 나오는 '부러진 갈대(a broken reed)'는 '믿을 수 없는 사람'을 일컬을 때 쓰이며, 'lean on a reed'는 '못 믿을 사람(물건)에 의지하다'라는 뜻이다.

# DAY 122 | 클레오파트라의 코가 조금만 낮았더라면

클레오파트라, 정확히 말하면 클레오파트라 7세(Cleopatra VII, 기원전 69~30)는 이집트 왕국의 마지막 왕조인 프톨레마이오스 왕조의 마지막 여왕이다. 아버지 프톨레마이오스 12세가 죽자 그녀의 남동생인 프톨레마이오스 13세와 결혼하여 함께 이집트를 통치했으나, 그가 죽자 이집트 관습에 따라 다시 또 다른 남동생인 프톨레마이오스 14세와 결혼했다. 하지만 권력 다툼의 와중에서 그와 프톨레마이오스 왕조의 권력 기반인 그리스 계가 반발하는 바람에 그녀는 잠시 자리에서 물러났다. 이때(기원전 48년 10월) 마침 폼페이우스와 권력 투쟁을 벌이던 로마의 실권자 카이사르가 이집트로 원정을 왔다. 카이사르의 마음을 사로잡은 클레오파트라는 그의 도움으로 다시 왕권을 잡을 수 있었다.

그 후 카이사르가 암살을 당하자, 클레오파트라는 새로운 실력자인 안토니우스에게 접근하여 그와 결혼했다. 안토니우스는 당시 로마의 보호 아래 있던 이집트를 근거지로 삼아 대제국을 건설하려는 야심을 품고 카이사르의 양자인 옥타비아누스와 전쟁을 벌였다. 기원전 31년 9월 2일, 마침내 레바논 앞 바다에서 안토니우스와 연합군을 형성한 클레오파트라는 그 유명한 '악티움 해전(Battle of Actium)'을 벌였다. 그러나 싸움 도중 클레오파트라가 함대를 이끌고 도망쳐 싸움은 싱겁게 끝나고 말았다.

패장 안토니우스가 자살하자 클레오파트라는 옥타비아누스까지도 유혹하려고 했지만 실패하고 말았다. 강대국 로마로부터 자신의 왕국

클레오파트라 7세

을 보호하고, 로마의 힘을 빌려 대제국을 건설하려고 했던 '나일의 마녀' 클레오파트라. 로마에 포로로 끌려간 그녀는 모욕을 당할까봐 두려워한 나머지 스스로 독사에 팔을 물려 비극적인 최후를 맞았다.

'아버지를 사랑하는 여신'이라는 뜻을 지닌 클레오파트라는 동양의 양귀비와 쌍벽을 이루는 서양의 대표적인 미인으로 알려져 있다. 하지만 주화나 조각으로 남아 있는 클레오파트라는 미인이라기보다 매부리코에 넓은 이마, 부드러운 눈매를 지닌 매력적인 여인이다.

그녀는 미모만으로 여러 영웅들의 마음을 사로잡은 것이 아니었다. 풍부한 교양과 재치 있고 세련된 말솜씨가 진정한 그녀의 매력이었다. 특히 목소리는 더없이 감미로웠는데, 고대 그리스의 전기 작가 플루타르크는 그녀의 목소리를 '줄이 많이 달린 현악기가 울리는 음색' 같다고 표현했다. 또한 그녀는 외국어에도 능통하여 몇 나라의 언어를 자유자재로 구사했다고 한다.

파스칼은 『팡세』에서 "클레오파트라의 코가 조금만 낮았더라면 세계의 역사가 달라졌을 것"이라고 말했다. 이 말은 역사가 아주 사소한 것으로부터도 변할 수 있다는 뜻이다. 원문을 충실히 번역하자면 다음과 같다.

Le nez de Cléopâtre, s'il eût été plus court, toute la face de la terre aurait changé; Cleopatra's nose, had it been shorter, the whole face of the world would have been changed.

클레오파트라의 코가 조금만 더 짧았더라면 세계의 얼굴이 변했을 것이다.

# DAY 123 | 튤립 광풍

READ ☐

네덜란드는 튤립(tulip)이 국화이며 튤립의 수출량도 세계 제일이다. 특히 8만 5천여 평의 단지에 약 600만 송이의 튤립이 있는 세계 최대 규모의 튤립 공원 '쾨켄호프(Keukenhof)'는 세계적으로 유명하다. 하지만 정작 튤립은 척박하고 광활한 중앙아시아가 고향이며, 당시 거대한 세력을 형성했던 오스만투르크제국에서는 '신의 꽃'으로까지 찬양받은 꽃이었다.

튤립을 유럽에 처음 소개한 사람은 신성로마제국이 오스만 투르크와의 분쟁 중재자로 터키에 보낸 오기르 드 부스백 백작(Baron, Ogier De Busbek, 1522~1592)이다. 1554년 그는 지금의 이스탄불과 에디르네 사이의 어느 길가에 피어 있던 이 꽃에 끌려 거금을 지불하고 알뿌리를 구입했다. 드 부스백 백작이 꽃가게 주인에게 이 꽃의 이름을 묻자 '랄레(lale)'라고 알려주었지만 통역사가 꽃 모양이 터번처럼 생겨 그냥 툴밴드(tulbend, 원래는 면, 무명이라는 뜻)라고 소개하는 바람에 툴리판트(tulipant)로 불렸다. 이후 프랑스 어로는 tulipe, 영어로는 tulip이라는 이름으로 정착되었다.

1593년 프랑스의 식물학자 카롤루스 클루시우스(Carolus Clusius 또는 Charles de l'Écluse, 1526~1609)가 '비엔나 왕실 약초관리소' 소장에서 네덜란드 라이덴 대학의 '호르투스 식물원(Hortus Botanicus)' 책임자로 자리를 옮기면서 이 꽃을 가져가 심은 뒤부터 네덜란드에 뿌리를 내렸다. 당시 네덜란드에서는 역사상 유례없는 경제 호황 덕분에 돈으로

**Toonneel van FLORA.**

*Vertonende :*

Grondelijcke Redens-onderfoekinge,
*van den*
HANDEL DER FLORISTEN.

*Gherfprelt/ op de fpreucke van Anthonius de Guevara :*
Een voorfichtich eerlijck man, fal altijt meer ghedulden,
dan ftraffen.

*t' famen gefteld; niets/batter bagelijr :* Uyt luft : fproyt fmaed,

Noch is hier by-gevoegt de Lijfte van eenige *Tufkaen* vercocht zijnde meeft-
bledende tot Alcmaer op den 15 Februarij 1637. Item 't Lof-dich
van *Caliope*, over de Goldine FLORA, &c.

**AMSTERDAM.**

Ghedruckt by Iooft Broerfz, Boeck-drucker inde Gzaerhe-ftraet/
inde Drucherye / Anno 1637.

툴립 사재기를 부추기는 팸플릿, 1637

신분 상승에 성공한 '레헨트(Regent)'라는 새로운 계급이 등장했다. 때마침 기르기 쉽고 특이한 변종을 생산할 수 있는 툴립이 부와 상류층 취향의 상징으로 부각되면서 레헨트 계급들이 조금씩 툴립에 투자하기 시작했다. 더구나 원예가 국가적으로 유행하면서 툴립 거래에 뛰어든 사람들이 짭짤한 수익을 내자, 너나 할 것 없이 전 재산을 저당 잡혀 툴립 거래에 뛰어들었다.

튤립 거래가 누구나 쉽게 돈을 벌 수 있다는 인식이 확산되면서 희귀한 품종의 튤립뿐만 아니라 평범한 품종까지 가격이 치솟기 시작했다. 나중에는 꽃을 피우지도 않은 알뿌리까지 거래가 이루어지는 비정상적인 광기의 상황이 연출되었다. 이것을 튤리포마니아(Tulipomania), 즉 '튤립 광풍'이라고 부르는데, 이 튤립의 알뿌리조차 상인들의 손을 거치면서 일반 노동자 1년치 봉급의 몇 배가 된 것이다. 오늘날 짓지도 않은 아파트에 거금을 투자하는 것과 아주 흡사한 상황이 벌어진 것이다.

이처럼 비이성적인 물욕이 만들어낸 비정상적인 투기의 끝은 어떠했을까? 1637년 2월 3일, 갑자기 튤립 가격이 폭락하기 시작하여 결국 튤립에 투자한 사람들은 몰락하고 말았으며, 생산과 상업이 마비되었다. 이처럼 광기 어린 투기의 광풍이 휩쓸고 간 네덜란드는 이후 침체의 늪에서 헤어나지 못하고 유럽의 주도권을 영국에 넘겨주고 말았다.

# DAY 124 | 역사를 바꾼 네 개의 사과

READ ☐

사과는 나무딸기(an apple of Cain, 카인의 과일, 우리나라의 복분자), 가지(Jew's apple; 유대인의 과일, eggplant), 석류(Carthaginian apple; 카르타고의 사과, pomegranate), 토마토(an apple of love, 사랑의 과일) 등의 단어에도 들어가 있다. 이는 fruit가 '과일'이라는 단어로 자리잡기 전까지 apple이 그 자리를 대신했기 때문이다. 그러면 역사의 흐름을 바꿔놓은 사과 네 가지를 살펴보자.

## 1. 아담의 사과

『구약성서』의 '창세기' 편을 보면 태초의 인간인 아담과 하와(이브)가 선악과를 따먹지 말라는 하나님의 금기를 어기고 뱀의 꾐에 넘어가 선악과를 따먹는 바람에 낙원(Eden)에서 쫓겨난다.

원죄설의 근거가 되는 이 선악과가 명확한 증거는 없지만 대개 사과라고 말한다. 이후 헤브라이즘의 시대를 연 이 '아담의 사과'는 세계를 바꾼 첫 번째 사과로 불렸다. 이 사과는 '금단의 열매(the forbidden fruit)'로 불리는데, 아담이 먹어버린 그 사과(Adam's apple)는 남자의 목에 있는 후골(喉骨, 울대뼈)을 가리키기도 한다.

## 2. 파리스의 사과

바다의 여신 테티스의 결혼식에 초대받지 못한 '불화의 여신' 에리스가 격분하여 신들 사이로 던진 황금사과에는 '가장 아름다운 여신에게'라는 글이 새겨져 있었다. 헤라, 아프로디테, 아테나 이 세 여신들은 나름대로 이유를 대며 자신이 그 사과의 주인이라고 주장한다.

해결책을 찾지 못하자, 그녀들은 불길한 신탁 때문에 버려져 양치기가 키운 트로이의 왕 프리아모스의 아들 파리스에게 판결을 부탁한다. 젊은 파리스는 소아시아의 통치권(헤라)이나 전투에서의 무적의 힘(아테나)보다 아름다운 여인(아프로디테)을 택했다.

아프로디테가 약속한 아름다운 여인은 스파르타의 왕 메넬라오스의 아내 헬레나였는데, 파리스는 그녀를 데리고 곧장 트로이로 달아났다. 그러자 그리스 연합군은 그녀를 구출하기 위해 트로이를 상대로 전쟁을 벌였는데, 이것이 바로 '트로이 전쟁'이다. 트로이 전쟁 승리 이후 그리스의 헬레니즘은 한 시대를 풍미했으며, 이후 '분쟁의 씨앗(the apple of discord)'으로 자주 인용된 '파리스의 사과'는 세계를 바꾼 두 번째 사과가 되었다.

### 3. 빌헬름 텔의 사과

14세기 말의 스위스는 합스부르크 가의 집행관인 폭군 헤르만 게슬러(Her-mann Gessler)의 학정

아들과 함께 게슬러에 맞서는 빌헬름 텔

밑에서 아주 힘들게 살아가고 있었다. 어느 날 게슬러는 광장에 모자를 걸어놓은 긴 장대를 세워놓고 마을에 들어오는 사람들 모두에게 그 앞에서 절을 하라고 명령했다. 하지만 빌헬름 텔은 그 명에 따르지 않았다.

발끈한 게슬러는 그를 체포해 죽이려고 했지만 그의 명성 때문에 함부로 죽일 수 없었다. 그래서 게슬러는 그의 어린 아들의 머리 위에 사과를 올려놓고 단 한 발로 사과를 명중시키면 그를 용서해주기로 했고, 명사수 빌헬름 텔은 성공했다.

독재자에게 의연히 맞선 빌헬름 텔의 이야기는 합스부르크 가의 학정에 맞선 스위스 독립운동의 시발점이 된 중요한 사건이었으며, 약소국의 독립운동을 확산시키는 도화선이 되었다. 그래서 빌헬름 텔의 '자유의 사과'는 세계를 바꾼 세 번째 사과로 불렸다.

## 4. 뉴턴의 사과

1665년경 유럽 일대에 흑사병이 만연하여 대학이 휴교하자, 뉴턴은 고향으로 내려갔다. 어느 날 정원의 나무에서 우연히 사과가 떨어지는 것을 보고 지구와 사과 사이에 어떤 힘이 존재한다는 것을 순간적으로 깨달았다. 즉 지구가 사과를 당기는 힘이 있다는 것에서 착안해

뉴턴과 사과가 그려진 독일 우표

모든 물체 사이에는 만유인력이 존재한다는 사실을 밝혀낸 것이다.

만유인력의 발견은 근대 과학을 발전시키는 획기적인 사건이 되었기 때문에 이 '과학의 사과'는 세계를 바꾼 네 번째 사과가 되었다.

# DAY 125 | 짐이 곧 국가니라

루이 14세(Louis XIV, 1638~1715)는 채 다섯 살 생일이 되기도 전에 왕위에 오른 뒤 1715년 9월 죽을 때까지 무려 72년 3개월 18일 동안이나 나라를 통치했기 때문에 유럽의 군주 중 가장 오랫동안 재위한 왕으로 기록에 남아 있다.

루이 14세는 국왕의 권력은 신으로부터 받는 것이라는 '왕권 신수설'을 믿었기에 '태양 왕(Le Roi Soleil)'이란 별명으로 널리 알려져 있다. 그는 중앙 집권화를 통해 봉건제도의 잔재를 없애버리려고 했다. 그러자 일부 지방의 귀족들이 뭉쳐 1635년에 반란을 일으켰는데, 이를 가리켜 '프롱드의 난(La Fronde)'이라고 한다. 프롱드는 '투석기(sling)'라는 뜻인데, 파리 군중들이 당시 실권자인 재상 마자랭 지지자들의 집 창문에 돌을 던진 데서 유래된 말이다. 이것은 프랑스의 부르봉 왕권에 대한 귀족 세력의 마지막 반항이었다. 루이 14세는 반란을 진압한 지방 귀족들을 베르사유 궁전으로 불러들여 사치스런 생활을 즐기게 함으로써 그들의 세력을 서서히 약화시키고, 그들의 힘을 통제했다. 이러한 통제력 덕분에 그는 유럽에서 절대 군주의 전형으로 자리잡을 수 있었다.

이렇듯 절대 군주의 기초를 다진 그는 "짐이 곧 국가니라(L'État, c'est moi)"와 같은 말을 했다고 전해진다. 하지만 이 말은 그의 정적들이나 볼테르가 퍼뜨린 헛소문이라는 설도 있다. 1655년 4월 3일, 의회에서 젊은 군주가 이 유명한 말을 선포했다는 기록은 전혀 발견되지 않았

다. 또한 루이 14세는 이 말을 할
만큼 총명하지도 못했기 때문에
볼테르가 루이 14세의 전기를 쓰
면서 가짜 인용구를 집어넣었다는
설이 설득력을 얻고 있다.

루이 14세는 선대의 중상주의
정책으로 당대 유럽 왕들 중에서
가장 부유한 국가를 물려받았었
다. 1588년 네덜란드와 연합하여
에스파냐의 무적 함대를 격파한
후 점점 강해지는 영국에 뒤지지
않으려고 루이지애나 등 식민지에
서도 세금을 징수해 부를 축적해

태양왕 루이 14세

온 프랑스는 어느 정도 영국과 견줄 만했다. 하지만 베르사유 궁전 증
축과 사치스러운 궁정 생활, 말년의 계속된 패전으로 막대한 부가 유
출되면서 경제 위기를 겪어야 했다.

베르사유 궁전을 착공한 지 20년 후인 1682년, 루이 14세는 아직
미완성된 베르사유로 거처를 옮겼다. 그때부터 베르사유 궁전에는 프
랑스의 왕족들과 대귀족들이 이주해 왔는데, 이들의 궁정 생활은 무척
이나 화려했다. 그는 사냥과 기마 경기를 열고, 트럼프와 당구와 춤을
즐겼으며, 연극을 좋아해 당시 3대 희곡 작가인 코르네유, 라신, 몰리에
르 등의 연극 활동을 후원하기도 했다. 이런 개인적 취향 덕분에 프랑
스에서는 화려한 궁정 문화가 꽃피었다.

무려 72년이 넘게 절대 권력을 휘두르며 무리하게 전쟁을 수행하고
경제를 파탄시킨 자신을 책망한 그는 임종 직전에 증손자인 루이 15

세에게 "너는 이웃 나라와 싸우지 말고 평화를 유지하도록 힘써라. 이 점에서 나의 전철을 밟지 마라. 국민들의 고통을 덜어주는 정치를 펼쳐라. 부디 내가 행하지 못한 모든 일을 해주기 바란다"라는 유언과 함께 "짐은 이제 죽는다. 그러나 국가는 영원하리라"라는 말을 남겼다고 한다.

# DAY 126 | 에티켓

READ ☐

　현대 사회에서 보통 말하는 에티켓(etiquette)이란 모든 사람들을 대할 때의 마음가짐과 태도를 가리킨다. 구체적으로는 인간 관계의 위아래와 집 안팎에서의 예법, 관혼상제의 절차와 초대장, 그때의 식사 예의범절 등은 물론, 전화하는 법, 수프 먹는 법, 커피와 술 마시는 방식, 건배하는 데도 에티켓이 있다. 환경과 입장에 따라 에티켓 그 자체가 변하는 경우도 있으나 기본적으로는 크게 다르지 않다.

　에티켓의 어원은 베르사유 궁전에서 사람들에게 주는 티켓(ticket)에 기원이 있다는 설이 있다. 그 티켓에는 궁전에서 유의할 사항이나 예의범절이 적혀 있었다고 한다. 또 프랑스 어의 'estiquier(붙이다)'를 어원으로 한다는 설도 있다. 루이 14세 때 베르사유 궁전에서는 날마다 연회가 열렸는데 화장실이 없어 방문객들이 건물 구석이나 정원의 풀숲 또는 나무 밑에 용변을 보았다고 한다. 그러자 궁전의 정원 관리인이 정원을 보호하기 위해 "잔디를 밟지 마시오(keep off the grass)"라는 표지판(étiquets)을 세웠고, 루이 14세가 이를 따르도록 명령함으로써 이를 지키는 것이 '예의를 지킨다'는 뜻으로 확대되었다는 것이다. 현대 프랑스 어로 이 말은 '명찰, 가격표, 짐표, 라벨'을 뜻하기도 한다.

　에티켓과 비슷한 '매너'는 에티켓과는 의미가 좀 다르다. 에티켓은 사람과 사람 사이에서 마땅히 지켜야 할 규범으로서 형식적 측면이 강하고, 매너는 그 형식을 나타내는 방식으로, 방법적 성격이 강하다. 그래서 에티켓은 '있다, 없다'로 표현하고, 매너는 '좋다, 나쁘다'로 표현한다.

즉 에티켓은 내가 당연히 해야 할 도리를 말하며, 매너는 상대방 입장에서 상대를 편안하게 만들어주는 배려를 말한다. 예를 들면 화장실에서 문 앞에서 안쪽 상대에게 노크를 하는 것은 에티켓이 있는 것이고. 공공장소에서 휴대폰을 함부로 사용하지 않는 행위는 매너가 좋다고 말한다.

# DAY 127 | 정의란 가장 강한 자의 주장이다

READ ☐

이 말은 17세기 프랑스의 작가 라퐁텐(Jean de La Fontaine, 1621~ 1695)의 유명한 우화에서 나왔다. 라퐁텐이 살았던 시대는 무소불위의 '태양 왕' 루이 14세의 전성기였다. 그의 힘을 믿고 호가호위하던 귀족들과 성직자들의 횡포는 이루 말할 수 없었고 백성들의 원성은 하늘을 찔렀다.

권력자에 기생하며 살았던 라퐁텐은 루이 14세의 손자에게 헌정하는 아부성 우화도 몇 편 썼지만, 대부분은 권력을 비판하고 풍자하는 글을 썼다. 이솝 우화에서 따온 '늑대와 어린 양'의 이야기는 당시 프랑스의 폭압적인 상황을 풍자한 짧은 우화이다.

늑대가 시냇가에서 물을 마시고 있는 어린 양을 보고는 잡아먹으려고 적당한 핑계거리를 찾고 있었다. 늑대는 양들이 물을 진흙탕으로 만들어버려서 마실 수 없게 되었다고 꾸짖었다. 어린 양은 억울해하며 자기는 혀로만 살짝 물을 마셨고, 더 구나 아래쪽에 있는 물을 마셨기 때문에 위쪽 물이 더러워질 이유가 없다고 말했다. 늑대는 자기의 꾀가 들켜버리자 이번에는 이렇게 말했다. "작년에 네가 우리 아버지를 욕했지?" 그러자 어린 양은 이렇게 항변했다. "작년에는 난 이 세상에 태어나지도 않았는데요."

라퐁텐

그러자 늑대는, "그렇다면 네가 아니라, 너의 형이나 아버지나 너희 식구들 중 누구 하나임에 틀림없어"라고 우기면서 어린 양이 윽박질러 숲으로 끌고 가 잡아먹고 말았다. 어린 양은 자신의 억울함을 호소했음에도 일방적으로 당하고 만 것이다. 여기서 "정의란 가장 강한 자의 주장이다"라는 말이 나왔다. "정의는 강한 자의 이익"이라고 주장한 고대 그리스의 소피스트 트라시마코스(Trasimacos, 기원전 459~400)의 말과도 일맥상통한다.

강한 자는 권력을 가지고 있어 법을 만들고, 법은 그 사회에서 정의이다. 강한 자가 법을 만들어 정의의 기준을 삼기 때문에 정의는 강한 자의 것이라는 것이다. 법이 약자를 보호하기 위한 것이라고 생각할 수도 있지만, 반대로 강한 자가 약자를 수탈하는 도구로 사용될 수 있고, 법이 있으면 정의로운 방식으로 수탈을 하므로 저항이 약해진다. 법이라는 정의의 기준을 세워놓으면 거기에 저항하는 사람을 법에 저항하는 무법자로 처단할 수가 있으니 말이다.

# DAY 128 | 누가 고양이 목에 방울을 달 것인가

이 말도 라퐁텐의 우화 '쥐들의 회의'에서 나온 말이다. 고양이는 발소리를 내지 않고 걷는다. 발바닥이 지방과 탄성 섬유로 이루어져 있어 미끄럼 방지 기능을 하고, 사냥이나 목표물에 접근할 때는 소리를 없애주는 쿠션 기능을 한다. 그래서 고양이는 청각이 뛰어난 쥐도 쉽게 잡아먹는다.

그의 우화에 나오는 덩치 큰 고양이 로딜라르뒤스(Rodilardus)는 닥치는 대로 쥐들을 잡아먹었다. 그래서 견디다 못한 쥐들은 모두 한자리에 모여 긴급 대책회의를 열었다. 쥐들은 머리를 맞대고 고양이가 오는 것을 미리 알아내는 방법을 궁리했으나 신통한 방법이 별로 없었다.

"저놈의 고양이 때문에 우리 쥐들이 전멸하게 됐어.
과연 이를 막을 방도가 없을까?" 늙은 쥐가 물었다.
그러자 아주 꾀 많고 영리한 생쥐 한 마리가 제안했다.
"고양이란 놈이 올 때는 귀가 밝은 우리도 들을 수 없지요.
그러니 놈의 목에 방울을 다는 겁니다. 그 녀석이 움직일 때마다
방울 소리가 날 거고, 우린 피할 수 있을 겁니다."
쥐들은 모두 과연 묘안이라고 입을 모아 칭찬했다.
그러자 한 구석에 앉아 있던 늙은 쥐가 물었다.
"그런데 누가 고양이 목에다 방울을 달지?"
하지만 정작 고양이 목에 방울을 달겠다고 나서는 쥐는 한 마리도 없었다.

『라퐁텐 우화집』에 나오는 '쥐들의 회의'

 이 이야기는 이론만 내세우고 실천을 못하는 이론가를 풍자한 것으로, 아무리 뛰어난 생각이라도 실행할 수 있는 방법이 없으면 헛된 공론에 불과하다는 교훈을 주고 있다.

 조선시대의 문학평론집인 『순오지(旬伍志)』에도 이와 같은 이야기가 나온다. 저자인 홍만종(洪萬宗, 1642~1725)이 1678년 병석에 있을 때 15일 걸려 탈고했다고 해서 제목을 그렇게 붙였는데, 여기에 실린 '묘항현령(猫項懸鈴)'이라는 글이 바로 그것이다. 이것은 '고양이 목에 방울 달기(Belling the cat)'라는 속담의 근원설화이기도 하다.

# DAY 129 | 타불라 라사

READ ☐

타불라 라사(tabula rasa)는 라틴 어로 '깨끗이 닦아낸 서판'이라는 뜻인데, 원래 고대 그리스에서 글을 쓰는 데 사용했던 작은 밀랍 판을 의미한다. 기록이 더 이상 필요하지 않으면 밀랍을 녹여서 서판을 다시 깨끗하게 지웠다.

손대지 않은 서판의 비유는 인간이 '아무것도 쓰여 있지 않은 백지' 상태로 태어나는가, 아니면 어떤 성격을 타고나는가 하는 철학적 논쟁에서 자주 사용되었다. 플라톤의 제자 아리스토텔레스는 『영혼에 관하여(De anima)』에서 "인간은 아직 아무것도 쓰여 있지 않은 나무판이다"라고 주장했다. 이런 생각은 독일의 신학자 알베르투스 마그누스(Albertus Magnus, 1193~1280)가 그의 책을 정리하고 주석을 달면서 '타불라 라사'라는 말로 처음 썼다. 그리하여 아리스토텔레스의 소요학파와 마찬가지로 아리스토텔레스의 영향을 많이 받은 스콜라 학파도 정신의 본래 상태는 공백이라고 주장했다.

'타불라 라사'를 새롭게 혁명적으로 강조한 철학자는 영국의 경험론자 존 로크(John Locke, 1632~1704)였다. 그는 『인간 오성론(Essay Concerning Human Understanding)』(1690)에서 인간이 태어날 때는 어떤 정신적인 관념도 미리 갖추지 않고 마음이 '백지 상태'로 태어나며, 나중에 외부 세상의 감각적인 지각 활동과 경험

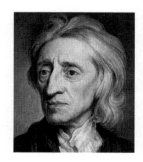

존 로크

을 통해 서서히 마음이 형성되어 전체적인 지적 능력이 형성된다고 주장했다.

이러한 로크의 주장은 중세 유럽에서 세습적인 왕권과 귀족 신분의 정당성을 부정하고 사상적 근거를 침식시키는 데, 특히 프랑스 혁명에 큰 영향을 주었다. 모든 사람이 백지 상태로 출발한다면 왕과 귀족은 물론이고 어느 누구도 타고난 우월함을 지녔다고 할 수 없기 때문이다. 그리고 이 주장은 현대에 들어서 인종차별주의에 맞서는 자들에게 열렬한 지지를 받았다.

그러나 인간이 백지 상태로 태어난다는 생각은 19세기 다윈의 진화론과 20세기 뇌와 유전자 연구로 밝혀진 인간 지각 능력의 발전 과정에 대한 새로운 인식 덕분에 근본적인 의문이 제기되기도 한다.

# DAY 130 | 존 불, 갈리아의 수탉, 엉클 샘

READ ☐

전형적인 영국인이나 영국 전체를 가리킬 때 존 불(John Bull)이라고 표현한다. 이는 작가 조나단 스위프트와 절친했던 영국인 의사 존 아버스닛(John Arbuthnot)의 『존 불의 역사(The History of John Bull)』라는 책에 나오는 주인공인 농부 존 불에서 비롯되었다. 영국과 프랑스 간의 전쟁을 중지하라고 쓴 정치 풍자집인 이 책에서 작가는 수소처럼 무뚝뚝하고 솔직하며 완고한 영국인의 성격을 존 불을 통해 대변해주고 있다. 보통 배불뚝이 모습으로 그려지는 존 불은 프랑스 인들이 영국인을 조롱할 때 쓰곤 한다. 참고로 '힘'과 '부지런함'의 상징인 수소(황소)는 bull, 거세한 식용 수소는 ox라고 한다.

'갈리아의 수탉'은 헤겔의 『법철학』을 비판한 마르크스의 『헤겔 법철학 비판 서설(Contribution to the Critique of Hegel's Philosophy of Right)』 마지막 부분에 나오는 말이다.

이제 정리하자. 독일의 해방은 인간이 그 자체로 최고의 존재임을 견지하는 이론 위에서만 현실로 이루어질 수 있다. 독일이 중세로부터 해방된 것은, 중세를 극복하는 다양한 부분적 해방이 동시다발적으로 이루어졌기 때문에 가능했다. 마찬가지로 모든 족쇄가 끊어지지 않는 한 어떠한 족쇄도 끊어질 수 없다. 독일의 해방은 인간의 해방을 의미한다. 그 해방의 머리는 철학이며, 심장은 프롤레타리아이다. 프롤레타리아의 지양 없이 철학은 현실화될 수 없으며, 철학의 현실화 없이 프롤레타리아는 지양될 수

없다. 모든 내부적 조건이 충족되었을 때, 독일의 부활의 날은 갈리아의 수탉(Gaul's Cock)이 내는 울음소리로 고지될 것이다.

이처럼 마르크스가 '프랑스의 프롤레타리아트'를 '갈리아의 수탉'으로 비유한 것은 '미네르바의 올빼미'에 대응시키기 위한 것이었다. 올빼미는 '황혼'에 날지만 수탉은 '새벽'에 울기 때문에 자신의 사상이 훨씬 혁신적이라는 것을 나타내는 말이기도 하다.

프랑스 민족은 켈트 족의 한 갈래인 갈리아 족에 뿌리를 두고 있다. 라틴 어 gallus는 '갈리아 족'뿐만 아니라 '수탉'이라는 뜻도 들어 있어 수탉이 아주 오래 전부터 프랑스의 상징으로 존재해왔음을 알 수 있다. 그래서 갈리아의 수탉은 프랑스 인을 가리키게 되었다. 특히 1998년 프랑스 월드컵에서는 수탉이 '푸틱스'라는 이름으로 마스코트 역할을 하기도 했다.

엉클 샘(Uncle Sam)은 미국을 상징한다. 이 이름은 '엉클 샘 윌슨'이라는 애칭으로 알려진 뉴욕 트로이 출신의 정육점 주인 새뮤얼 윌슨(Samuel Wilson)에서 유래되었다. 1812년에 발발한 '영미 전쟁' 기간 동안 그는 군에 납품한 쇠고기 통에 정부 소유라는 것을 표시하기 위해 'U.S.'라는 도장을 찍었다. 이를 계기로 엉클 샘이라는 이름이 미국의 애칭으로 널리 사용되기 시작했다. 미국의 약자인 US와 엉클 샘의 약자가 같았기 때문이다. 이후 1961년에는 의회가 결의안을 통과시킴으로써 엉클 샘은 국가를 상징하는 이름으로 공인받기도 했다.

보통 백발과 구레나룻에 연미복과 조끼, 줄무늬 바지를 입고 중절
모를 쓰고 있는 그의 모습은 미국의 민간 전승에 나오는 상징적 인물
브라더 조너선(Brother Jonathan)에서
유래한 것이다. 엉클 샘이 캐리커처로
처음 등장한 것은 1870년대 초인데,
독일계 미국인으로 '미국 만화계의
대부'로 불리는 토머스 내스트
(Thomas Nast)가 그 선봉장이었다.
20세기에 들어 가장 잘 알려진 엉클
샘은 제임스 몽고메리 플래그(J. M.
Flagg)가 1917년에 제작한 제1차 세계
대전의 징병 포스터로, 거기에는 '미
군을 위해 당신이 필요하다'라는 문
구가 들어 있다.

엉클 샘이 등장한 징병 포스터

# DAY 131 | 시간은 금이다

미국 '독립선언서'의 기초를 작성한 벤저민 프랭클린(Benjamin Franklin, 1706~1790)이 서점 점원으로 일할 때였다. 어느 날 손님 한 사람이 들어와 책을 고르고 값을 물어보자 프랭클린은 5달러라고 대답했다. 비싸다고 생각했던 손님은 책을 놓고 나갔다. 하지만 잠시 후 그 손님이 다시 들어와 그 책값을 또 물었다. 책을 읽고 있던 프랭클린은 6달러라고 대답했다. 어이없던 손님이 아까는 5달러라고 했는데 왜 이제는 6달러냐고 묻자, 프랭클린은 "시간은 돈이다"라고 대답했다. 이는 자신의 책 읽는 귀중한 시간을 빼앗았다는 말이다. 이후 사람들은 프랭클린의 "시간은 돈이다(Time is money)"라는 말을 "시간은 금이다(Time is gold)"라는 말로 바꿔 쓰기 시작했다.

미국 건국의 아버지이자 피뢰침의 발명가이기도 한 프랭클린은 1748년 '젊은 상인에게 보내는 조언'이라는 짧은 글을 발표했다. 서론의 두 문장이 끝나자마자 첫 번째 조언을 제시했다. "시간이 돈이라는 사실을 명심하세요!" 하루에 2달러를 벌 수 있는 사람이 반나절만 일했다면 1달러를 버린 것이나 다름없다는 이야기이다.

100달러짜리 지폐 속의 프랭클린

시간은 소중한 재화이고, 따라서 신중하게 써야 한다는 생각은 전혀 새로운 것이 아니다. 로마의 시인 호라티우스(Quintus Horatius Flaccus, 기원전 65~8)의 '카르페 디엠(carpe diem, 현재를 잡아라, 즉 지금 살고 있는 현재 이 순간에 충실하라는 뜻)'이라는 말에서 알 수 있듯 이 말은 고대 세계에서도 익히 알려져 있었다. 그러나 경제적인 관점에서 금언 형식으로 표현한 건 프랭클린이 처음이었다. 오늘날 미국의 100달러짜리 지폐에 프랭클린의 초상화가 그려져 있는 것도 우연이 아니다. 지폐를 유통시키는 데 결정적인 공을 세웠고, 시간처럼 귀중한 재화를 돈에다 비교한 사람이니 100달러짜리 지폐에 들어갈 자격이 충분하다. 하지만 그의 통찰 덕분에 현대인들은 정신없이 바쁘게 살아가고 있다.

# DAY 132 | 군주는 국가의 첫 번째 머슴이다

Der Herrscher als der erste Diener seines Staates.

(The monarch is the first servant of the state.)

호엔촐레른 가의 프로이센(프러시아)은 16세기부터 오늘날의 동북부 독일 지방을 중심으로 봉건적 통치를 시작했다. 이후 18세기에는 프랑스, 오스트리아, 러시아를 상대로 '7년 전쟁'(1756~1763)을 승리로 장식하고, 슐레지엔을 확보하면서 중부 유럽의 신흥 강국으로 떠올랐다. 18세기 초 프리드리히 1세가 상비군과 관료제를 갖추어 절대 왕정의 토대가 마련된 프로이센은 보통 프리드리히 대제(Friedrich der Grosse)로 불리는 프리드리히 2세(Friedrich II, 1712~1786) 때 전성기를 맞이했다.

〈프리드리히 대제〉, 안톤 그라프

1740년에 즉위한 그는 프로이센을 유럽에서 가장 강력한 국가로 만들고 싶어 했다. 프로이센을 절대주의 국가로 개조하기 위해 군국주의 정책을 강화했고, 이를 뒷받침하기 위해 군사 제도를 개편하고 관료제를 강화했으며, 근대 산업을 육성했다. 더구나 그는 볼테르와도 편지를 주고받는 등 예술가와 철학자들을 지원하고, 종교에 관용을 베풀었으며, 자신이 지은 '산수치 궁전(the palace of Sanssouci)'의 음악 홀에서 플룻을 연주하기도 하여 전형적인 계몽 전제군주의 면모를 보여주기도 했다.

이처럼 프리드리히 대제는 일반적으로 '국민들에 봉사하는 계몽군주'로 알려져 있지만 실제로 그가 펼친 정치는 전제 정치였다. 그러므로 프리드리히 대제가 "군주는 국가의 첫 번째 머슴이다"라고 한 말은 사실 군주가 곧 국가인 절대 국가를 지향한 그에게는 그다지 어울리는 말이 아니다.

그럼에도 불구하고 계몽 전제군주 프리드리히 대제는 강력한 왕조적 국가의식을 지녔으며, 프로이센의 발전에 방해되거나 비합리적인 요소를 배제한 인물로 평가받고 있다.

# DAY 133 자유가 아니면 죽음을 달라!

버지니아에서 태어난 패트릭 헨리(Patrick Henry, 1736~1799)는 20대 중반까지 실패뿐인 삶을 이어갔다. 사업에 뛰어들어 두 번 실패한 그는 마침내 사업을 접고 독학으로 법률 공부를 시작했다. 이후 변호사가 된 헨리의 능력은 1763년 '사제의 소송(Parson's Cause)' 사건을 통해 유감없이 발휘되었고, 이에 힘입어 1765년에는 버지니아 식민지 의회의 하원의원에 당선되기도 했다.

당시는 영국이 세수를 증대하기 위해 식민지에 대해 소위 '인지 조례(Stamp Act)'를 제정한 직후였다. 인지 조례란 식민지의 상업 및 법률 서류, 신문, 팸플릿, 카드, 달력, 주사위 등에 세금을 부과하는 법이었다. 이 때문에 식민지 주민들이 겪는 고통은 이루 말할 수 없었다. 그리하여 버지니아 의회에서는 인지 조례에 대한 논란이 한창 벌어지고 있었다. 이때 헨리는 명연설로 사람들을 감동시키면서 영국 정부와 식민 정책에 가장 강력하게 맞선 급진적 지도자로 떠올랐다.

영국에서 아메리카 식민지로 건너온 사람들은 자유가 필요했다. 그래서 아메리카 독립전쟁은 봉건적인 왕정에서 민주적인 공화정으로 가는 역사적 발전을 위한 필연적인 과정이었다. 패트릭 헨리의 연설은 이러한 투쟁의 정당성에 대한 가장 감동적인 호소였다. 1774년의 제1차 '대륙회의(Continental Congress)'에 버지니아 대표로 참석한 그는 각 식민지의 급진파 대표들에게 식민지의 자유와 권리를 옹호할 것을 주장했다. 그런 와중에 버지니아 의회가 해산되자 그는 1775년 3월 23일리치먼드에서 개최된 비합법 민중대회에서 다음과 같은 불후의 명언을 남겼다. "자유가 아니면 죽음을 달라!(Give me liberty or give me death!)."

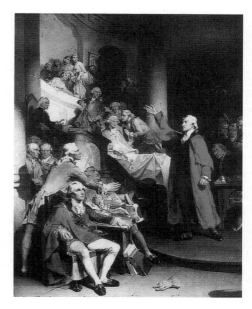

1765년 버지니아 의회에서
'인지조례' 반대 연설을 하고 있는 패트릭 헨리

1773년 '보스턴 차 사건' 이후 영국이 군대를 파견하자 미국인들은 민병대를 조직하여 대항했다. 마침내 1775년 4월 19일, 보스턴의 서쪽 렉싱턴과 콩코드에서 전투가 벌어지면서 '아메리카 독립전쟁'이 시작되었다. 5월에 열린 제2차 '대륙회의'는 13개 식민지에서 헌법을 제정하여 아메리카 합중국을 세우기로 결정했다.

아메리카 독립을 위해 인상적인 활동을 펼친 헨리는 1776년 버지니아 주지사가 되어 3년 동안 재임하면서 총사령관인 조지 워싱턴과 더불어 독립전쟁을 주도했다. 이후 '대륙회의'의 대표들은 벤저민 프랭클린, 존 애덤스, 로저 셔먼, 로버트 리빙스턴, 토머스 제퍼슨 등 다섯 명이 기초한 '독립 선언서(The Declaration of Indepen-dence)'를 작성하여 1776년 7월 4일 필라델피아에서 공식 발표했다. 이 날이 바로 미국의 '독립기념일'이다. 초대 대통령은 조지 워싱턴이 맡았으며, 1783년 9월 3일 마침내 미국은 '파리조약'을 통해 국제적으로 독립을 공인받았다.

"자유가 아니면 죽음을 달라!"는 구호는 1820년대 오스만 투르크에 맞서 독립전쟁을 벌인 그리스의 좌우명 'Eleftheria i Thanatos(Freedom or Death)'에 차용되었고, 이 전쟁을 다룬 니코스 카잔차키스(Nikos Kazantzakis)의 소설 제목이 되기도 했다.

# DAY 134 | 보이지 않는 손

영국의 고전파 경제학자 애덤 스미스(Adam Smith, 1723~1790)는 『국부론(An Inquiry into the Nature and Causes of the Wealth of Nations)』(1776)에서 "보이지 않는 손이 수요와 공급을 조절해 시장을 통제한다"고 말했다.

'보이지 않는 손(Invisible Hand)'이란 국가가 시장에 개입하지 않아도 자연스럽게 공급과 수요가 균형을 이루고 적정선에서 가격이 결정되어 합리적이고 효율적인 경제 상태가 유지된다는 이론이다. 즉 정부의 간

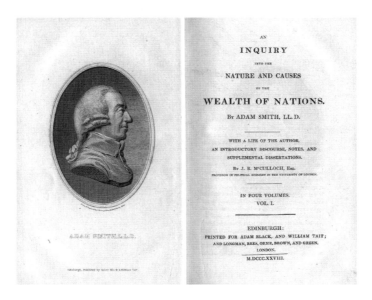

애덤 스미스의 『국부론』

섭과 통제를 폐지하고 국가의 역할이 최소한에 머물러도 나름대로 자본주의적인 원리에 따라 균형 잡힌 시장 경제가 생성된다는 것이다.

당시 정부의 규제를 지지한 중상주의를 비판했던 그는, 자연스러운 경쟁을 통해 국민 경제 전체의 질서가 유지되어야 국가에 부와 번영이 온다는 자유방임주의(laissez-faire)적인 입장을 취함으로써, 고전 경제학의 사상적 기초를 마련했다. 하지만 애덤 스미스는 개인이 무제한으로 이기심을 발휘한다면 결국 사회가 파멸에 이를 것이라고 우려하면서, 정의의 법칙으로 이를 제한해야 한다고 주장하기도 했다.

당시 그의 '보이지 않는 손'은 획기적인 이론으로, 자본주의 사회에서 공익과 사익이 어떻게 연결되고 조화를 이루는지를 설명하기 때문에 자본주의를 상징하는 용어가 되었다. 하지만 1930년대 세계 대공황이 발생하자 국가가 시장에 어느 정도 간섭해야 한다는 케인즈의 이론이 대두되었다. 시장을 보이지 않는 손에만 맡기면 독점과 불균형이 일어나므로 국가가 조정자 역할을 해야 한다는 것이다. 그래서 대부분의 선진 국가에서는 시장경제를 취하고 있으면서도 정부의 간섭을 적절히 유지하는 슘페터의 사회민주주의적인 개념을 병행하고 있다.

# DAY 135 | 올드 랭 사인

READ ☐

'올드 랭 사인(Old Lang Syne)'은 스코틀랜드 민족 시인 로버트 번즈 (Robert Burns, 1759~1796)가 1788년에 옛날부터 전해 내려오던 민요를 채보한 것으로, 스코틀랜드 방언으로는 '오랜 옛날부터(Old Long Since)'라는 뜻이다. 원래 노랫말은 가족과 친구와의 석별이 아니라 절친한 친구와 오랜만에 다시 만나는 기쁨을 노래한 것이다.

"어릴 때 함께 자란 친구를 잊어서는 안 돼. 어린 시절에는 함께 데이지를 꺾고 시냇물에서 놀았지. 그 후 오랫동안 헤어져 있다 다시 만났네. 자, 한잔하세."

이 노래는 제2차 세계대전 당시 영국군 장교 로이(로버트 테일러)와 마이라(비비안 리)의 애절한 사연을 담은 영화 〈애수(Waterloo Bridge)〉 덕분에 전 세계로 퍼져나갔다. 휴가를 나왔다가 공습을 피해 지하실로 피신한 로이가 미모의 발레리나 마이라와 운명적으로 만난다. 이들이 식당에서 만찬을 하며 사랑의 감정을 키워가는 장면에서 흘러나오는 노래가 바로 '올드 랭 사인'이다.

스코틀랜드 인들은 지금도 연말이면 성당에 모여 고향을 추억하면서 '올드 랭 사인'을 부른다고 한다. 그리고 영국 런던

로버트 번즈

의 트라팔가 광장에서도 해마다 12월 31일 템스 강변의 시계탑 빅 벤(Big Ben)이 자정을 알리면 시민들이 모두 환호성을 지르며 '올드 랭 사인'을 합창한다.

이 노래는 1948년 안익태가 작곡한 〈한국 환상곡(Korea fan-tasy)〉의 합창 부분이 애국가로 정해지기 전까지 우리 애국가의 멜로디로 사용되기도 했다. 이후 1953년 부산 피난 시절에 〈애수〉가 상영되면서 이 노래가 다시 소개되었고, 시인 강소천 선생이 우리말 가사를 붙여 〈석별의 정〉이라는 제목으로 발표했는데, 특히 졸업식에서 환송곡으로 많이 불렸다.

오랫동안 사귀었던 정든 내 친구여.
작별이란 웬 말인가, 가야만 하는가.
어디 간들 잊으리오, 두터운 우리 정.
다시 만날 그 날 위해 노래를 부르자!

# DAY 136 | 빵이 없으면 과자를 먹으면 되지

READ ☐

마리 앙투아네트(Marie Antoinette, 1755~1793)는 요제프 프란츠 오스트리아 황제와 마리아 테레지아의 막내딸로 오스트리아 빈에서 태어났다. 그녀는 14세 때인 1770년 루이 16세와 정략 결혼을 하고, 1774년 그가 왕위에 오르자 왕비가 되었다. 하지만 검소한 국왕 루이 16세와 달리 사치를 일삼아 왕국의 재정을 바닥나게 했다. 화려함과 사치의 대명사로 기억되는 그녀는 1789년 프랑스 혁명이 일어난 지 3년 뒤인 1792년 8월 10일 시민 봉기 때 탕플탑에 유폐되었고, 루이 16세가 처형된 지 얼마 지나지 않은 1793년 10월 16일 결국 단두대의 이슬로 사라지고 말았다.

혁명 이후에도 루이 16세가 봉건제 철폐를 완강히 거부하자 군중들은 왕비가 배후에서 조종하고 있다고 의심했다. 이때부터 그 경망스러운 '오스트리아 여자'가 증오의 대상이 되었다.

그 중에는 이런 소문도 있었다. 기근이 들어 빵값이 폭등하면서 곳곳에서 굶어죽는 사람들이 속출하고 있던 당시 백성들이 빵을 달라고 아우성을 치자 "빵이 없으면 과자를 먹으면 되

〈마리 앙투아네트〉,
장 밥티스트 고티에 다고티, 1775

지"라고 말했다는 것이다. 문헌에 따르면, 당시 그 과자는 브리오슈 (Brioche)라고 한다.

하지만 이 말은 당시 오스트리아 합스부르크 왕가 출신의 왕비를 시기한 어떤 사람이 왕실을 증오하는 시민들에게 퍼뜨린 과장된 소문일 확률이 높다. 왜냐하면 이 말은 마리 앙투아네트가 루이 16세와 결혼한 해인 1770년 12월에 완성된 장 자크 루소의 『고백록 (Confessions)』(출판은 1782년)에서도 찾아볼 수 있기 때문이다. 왕실의 낭비와 사치 그리고 왕족들과 극빈자들의 괴리를 통렬히 비판했던 루소는 이 책에서 이름은 밝히지 않은 채 한 공주가 굶주린 사람들을 보고 그런 말을 던졌다고 쓴 것이다.

"어느 고귀한 공주가 농부들로부터 빵이 떨어졌다는 말을 듣고 '브리오슈' 를 먹게 하라고 했다는 이야기인데, 이 일화에서 그녀는 뻔뻔한 공주로 매도되지 않는다. 그녀가 알고 있는 빵이름은 '브리오슈' 뿐이었고, 자기가 먹을 빵을 굶주리는 사람들에게 나눠주려는 호의에서 나온 말이기 때문이다."

# DAY 137 | 미네르바의 올빼미는 황혼녘에 난다

이 말은 헤겔(Georg Wilhelm Friedrich Hegel, 1770~1831)의 저서 『법철학 강요(Grundlinien der Philosophie des Rechts』(1821)의 서문 마지막 부분에 나오는 말이다.

> "이제 세계가 어떻게 있어야 할 것인가를 가르치는 것에 대해 한 마디 덧붙인다면, 그러한 교훈을 받아들이기 위한 철학의 발걸음은 너무 느리다는 것이다. … 철학이 자기의 회색에 회색을 덧칠할 때 생의 한 모습은 이미 늙은 것이 되어 있을 뿐이며, 이렇게 회색에 회색을 덧칠한다 해도 생의 모습은 젊어지는 것이 아니라 다만 인식될 뿐이다. 미네르바의 올빼미는 황혼이 깃들 무렵에야 비로소 날기 시작한다(Die Eule der Minerva beginnt erst mit der einbrechenden Dammerung ihren Flug)."

하루가 지면서 황혼이 깃드는 저녁이 되어야 비로소 철학하는 지혜가 그 하루를 돌이켜보기 시작한다는 말이다. 다시 말해서 철학은 한 시대(프랑스 혁명에서 나폴레옹 시대까지)가 몰락할 때 그것의 인식자로서 모습을 드러낸다는 것이다. 역사가도 마찬가지로 한 시대가 지난 뒤에야 그 시대를 평가하고 판단할 수는 있지만, 미래를 예측하고 적극적으로 대비하도록 해

프리드리히 헤겔

줄 수는 없다는 말이다.

미네르바는 로마 신화에서 공예, 직업, 예술의 신으로 알려져 있었지만 나중에 그리스 신화에 나오는 지혜와 전쟁의 여신 아테나와 동격으로 취급받는다. 일부 학자들은 그리스의 '아테나 숭배'가 에트루리아에서 로마로 들어오면서 '미네르바 숭배'가 되었다고 주장한다. 그리스 신화에서 아테나가 전쟁의 신 아레스를 꺾어 전쟁의 여신의 지위를 차지했듯이, 로마 신화에서도 미네르바는 마르스의 지위를 빼앗아 전쟁의 여신으로 추앙받았다.

미네르바는 항상 올빼미를 데리고 다녔기 때문에 올빼미는 지혜의 상징이 되었다. 그래서 미네르바의 올빼미는 지혜 또는 철학을 의미하는데, 철학(philosophy)은 그리스 어로 '사랑(philos)'과 '지혜(sophia)'의 합성어이기도 하다.

# DAY 138 | 당신이 바로 그분이로군요

프랑스 군은 1806년 10월 14일 '예나–아우얼슈테트 전투'에서 프로이센 군과 작센 군을 격파하고 바이마르로 진격했다. 보수적 현실주의자였던 바이마르 공국의 재상 괴테(Johann Wolfgang von Goethe, 1749~1832)는 바야흐로 프랑스의 지배적인 영향력을 기정사실로 받아들이면서 프랑스가 만들어낸 유럽의 정세가 안정되어 평화가 정착되기를 희망했다. 프랑스 혁명을 역사 발전의 필연적인 과정으로 보는 사람들도 있으나, 그 당시 많은 유럽 사람들에게 프랑스 혁명은 공포의 대상이었고, 괴테 자신도 그것을 매우 두려워했다. 특히 괴테는 루이 16

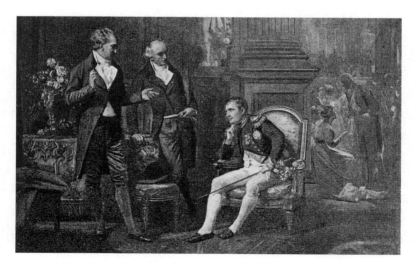

나폴레옹과 담소하고 있는 괴테

세의 처형을 매우 충격적인 일로 받아들였고, 더욱이 과격한 프랑스 혁명의 물결이 독일까지 파급되는 것을 염려했다. 그래서 프랑스 혁명의 혼란을 막고 질서를 회복한 나폴레옹에게 호감이 간 것은 당연한 일인지도 모른다.

어느 날 괴테는 나폴레옹(Napoleon Bonaparte, 1769~1821)으로부터 만나자는 전갈을 받았다. 마침내 1808년 10월 2일 오전 10시, 당시 유럽을 평정했던 나폴레옹과 괴테는 독일 중부 에어푸르트(Erfuhrt)의 총독 관저에서 한 시간가량 만났다. 당시 괴테는 『젊은 베르테르의 슬픔 (Die Leiden des jungen Werthers)』(1774) 출간 이후 유럽 지성계에서 '황제'와 같은 지위를 차지하고 있었다. 프랑스 군 장성 몇 사람이 배석한 가운데 이루어진 그 접견에서 나폴레옹은 "Vous tes un homme(당신이 바로 그분이로군요)"라는 유명한 말로 인사를 했는데, "Voi un homme(저기에 인간이 있다)"라고 말했다는 설도 있다.

아무튼 괴테는 이 말을 자신과 나폴레옹을 동일한 반열에 놓고 대하는 인사말로 받아들였다. 이 자리에서 나폴레옹은 이집트 원정 때도 가져갔던 『젊은 베르테르의 슬픔』을 일곱 번이나 읽었다고 자랑하면서 이 소설의 다소 부족한 부분을 지적하기도 했고, 괴테의 사생활에 대해 물어보기도 했다. 나폴레옹은 또한 괴테에게 고대 로마의 군인 정치가 카이사르(Gaius Julius Caesar)의 생애를 다룬 비극 작품을 써줄 것과 파리를 방문해줄 것을 요청했다. 하지만 괴테는 나폴레옹의 이 두 가지 요청을 모두 받아들이지 않았다.

나폴레옹에 기대어 자국의 안정을 꾀하려던 괴테의 현실주의적인 희망은 그야말로 희망 사항에 지나지 않았다. 나폴레옹의 욕심은 끝이 없었으며, 러시아 원정에 실패한 다음 결국 폐위되어 세인트 헬레나 섬으로 유배당했다. 이후 괴테는 나폴레옹의 정책에 대해 거리를 두었지만 나폴레옹의 인간적인 면모에 대해서는 찬미하는 입장을 취했다. 그래서 그는 1808년에 받은 프랑스의 '레지옹 도뇌르 훈장'을 달고 다녔고, 1821년에는 나폴레옹에게 헌정하는 만초니의 시를 독일어로 번역하기도 했다. 괴테 눈에 비친 나폴레옹은 오랜 세월 동안 굳어진 인습적인 도덕률을 단숨에 타파한 인물이었으며, 천부적인 비범함을 갖춘 사람이었다.

괴테뿐만이 아니라 작곡가 베토벤도 나폴레옹을 추앙해 교향곡 3번 '영웅; 보나파르트를 상기하기 위해'를 작곡했다. 그러나 나폴레옹이 스스로 황제의 자리에 오르자 베토벤은 분노하여 보나파르트라는 이름을 찢으면서 "역시 권력욕을 채우는 보통 인간에 지나지 않는다"라고 비난했다. 결국 이 곡은 나중에 그냥 '영웅'(Eroica)이라는 제목으로 발표되었다.

# DAY 139 | 내 사전에 불가능이란 단어는 없다

지중해의 코르시카 섬에서 태어난 나폴레옹은 프랑스 혁명 10년 전인 1779년에 프랑스 본토로 이주했다. 파리에서 16세에 육군사관학교를 졸업하고 포병 소위에 임관한 그는 1793년 말 반혁명군과 영국 함대가 점령한 툴롱 항의 공방전에서 지휘관으로 눈부신 공을 세워 대위에서 일약 사단장으로 승진했다. 이후 승승장구하던 그는 1796년 조세핀과 결혼했고, 같은 해에 이탈리아 원정군 사령관으로 임명되었다.

이런 상황을 불안하게 여긴 혁명 정부는 나폴레옹을 견제하기 위해 1798년 5월 그를 이집트 원정에 나서도록 했다. 하지만 그는 아부키르 만에서 호레이쇼 넬슨이 이끄는 영국 함대에 패했고, 본국과의 연락이 끊기자 이집트에서 탈출한 후 10월에 프랑스로 귀국했다. 그리고 곧바로 혼란스런 정국을 타개하기 위해 1799년 11월 9일[프랑스 혁명력으로는 안개 달(霧月, 브뤼메르) 18일] 쿠데타를 일으켰다. 그리하여 나폴레옹은 불과 30세의 나이에 제1통령으로 임명됨으로써 사실상 정권을 손아귀에 넣었다.

당시 소용돌이 속의 유럽에서 그가 반프랑스 연합국들에 제안한 강화 조약이 거절당하자 나폴레옹은 직접 알프스를 넘어 이탈리아 북부로 진격하려 했다. 이는 포에니의 한니발 장군 이래 대규모의 군사가 처음으로 알프스를 넘는 엄청난 사건이었다. 그러자 당시 그의 부관들은 불가능한 일이라며 나폴레옹을 극구 말렸고, 나폴레옹은 이때 "내 사전에는 불가능이란 단어는 없다"라고 외쳤다는 설이 있다.

아무튼 험준한 알프스를 넘은 그는 1800년 2월 '마렝고 전투'에서 승리를 거두고 오스트리아를 굴복시켰으며, 다음 해 2월에는 오스트리아가 강화 제의를 받아들여 라인 강 절반을 프랑스 측에 할양했으며, 북이탈리아 등을 프랑스의 보호국으로 설정했다. 이 강화로 제2차 대 프랑스 동맹은 붕괴되었는데, 영국만이 전쟁을

〈알프스를 넘는 나폴레옹〉, 다비드, 1801

지속하다가 중심축인 소(小) 피트(William Pitt) 수상이 물러나자 1802년 3월 양국 간에 '아미앵 조약'이 체결되어 10년 만에 겨우 안정을 되찾았다.

이후 1802년 종신 통령에 임명된 나폴레옹은 1804년에 황제가 되어 무소불위의 권력을 행사했다. 하지만 1805년 10월 21일 스페인과 연합한 해군이 트라팔가 해전에서 넬슨이 이끄는 영국 함대에 대패하자 1806~1807년에 소위 '대륙 봉쇄령'을 내려 영국을 견제했다.

그러나 무리수를 둔 1812년의 러시아 원정은 그에게 일대 전환기나 다름없었다. 결국 50만 명의 인명 피해만 입고 퇴각하면서 나폴레옹은 쇠퇴의 길을 걷기 시작했다. 나폴레옹이 러시아 정벌에서 참패를 당하자 그동안 나폴레옹에게 당했던 프로이센, 오스트리아, 러시아, 스웨덴 등이 '제6차 대 프랑스 동맹'을 결성했다. 이러한 대 프랑스 동맹군에

맞서 싸우던 프로이센의 마그데부르크 주재 프랑스 군 총사령관 장 르마르와(Jean Lemarois) 장군은 1813년 7월 9일 나폴레옹에게 이 도시를 방어하기가 불가능하다는 내용의 전갈을 보냈다. 그러자 나폴레옹은 그에게 다음과 같이 답변했다.

Ce n'est pas possible, m'ecrivez-vous; cela n'est pas français.

(It is not possible, you write to me: that is not French)

이 문장을 번역하자면 다음과 같다.

'그것이 불가능하다고 당신이 나에게 썼지만, 그건 프랑스 어가 아니다.'

그런데 이 말은 나폴레옹이 원조가 아니라 당시 유명한 극작가 콜랭 다를르빌(Colin d'Harleville, 1755~1806)이 쓰던 문구를 인용한 것이라는 주장도 있다.

아무튼 이 말은 일본을 거쳐 중역(重譯)되어 우리나라에 들어오면서 "내 사전에 불가능이라는 단어는 없다"로 둔갑해버렸다. 여기에서 사전은 낱말 풀이책(辭典, dictionary)이며, 굳이 영어로 번역하자면 'The word impossible is not in my dictionary' 정도이다.

이후 나폴레옹은 결정적인 라이프치히 전투에서 대패하고 말았으며, 1814년에는 파리가 함락되는 바람에 엘바 섬으로 유배를 당하는 신세가 되었다. 하지만 그는 1815년 섬을 탈출해 파리에 돌아와 다시 황제로 즉위하면서 재기를 꿈꾸었으나, 같은 해 6월 브뤼셀의 워털루에서 영국의 웰링턴 장군에게 대패함으로써 그의 꿈은 백일천하로 끝나버렸다. 결국 그는 아프리카 남서부 영국령 세인트 헬레나 섬에 유배되어 그곳에서 파란만장했던 인생에 종지부를 찍었다.

# DAY 140 겨울이 오면 봄도 멀지 않으리

READ ☐

이 말은 영국의 낭만주의 시인 퍼시 비시 셸리(Percy B. Shelly, 1792~1822)의 '서풍에 부치는 노래(Ode to the west wind)'(1819)라는 5편의 시의 마지막 구절이다.

> The trumpet of a prophecy! O, wind,
>
> If Winter comes, can Spring be far behind?
>
> 오, 바람이여, 예언자의 외침이여,
>
> 겨울이 온다면 봄이 저 멀리 있을 수 있단 말인가?

바이런, 키츠와 함께 영국 낭만주의 시대를 풍미했던 그는 이상주의적이고 낭만적이었지만, 자유에 대한 강렬한 동경을 그린 시인이었다. 그래서 그의 서정시는 이상주의적 혁명에 대한 정열과 연결되어 있다. 이 시도 단순하게 자연을 노래한 차원이 아니라 억압과 인습에 대한 저항 정신을 담고 있다. 그의 시는 계절과 자연의 법칙을 말한 단순한 서정시가 아니라 대자연의 순리를 빌어 자유주의의 사상을 담아낸 것이다.

셸리 초상, 알프레드 크린트, 1819

당시 유럽은 1789년 프랑스 혁명이 일어나고 반동을 거쳐 나폴레옹이 유럽을 뒤흔들던 시절이다. 프랑스마저 절대 왕정으로 되돌아갔던 당시, 자유의 전사를 자처했던 셸리는 이 시를 통해 과감히 혁명과 변화의 메시지를 전달한 것이다. 겨울은 사람의 자유를 억누르는 폭력을 상징하고, 봄은 구속 없이 자유로워지는 모습을 상징한다. 겨울이 온다고 해도 봄은 필연적으로 온다는 자연의 법칙에 빗대, 누구도 억제할 수 없는 자유를 맘껏 누릴 수 있는 날이 멀지 않았다는 희망을 시로 표현한 것이다.

　셸리는 명문 사학 이튼 칼리지를 졸업하고 옥스퍼드 대학에 들어갔으나 〈무신론의 필요성(The Necessity of Atheism)〉이란 팸플릿을 발간하는 등 무신론을 주장하다가 퇴학 처분을 받았다. 셸리는 전 부인 헬리에트가 자살하자 평소 존경하던 혁명적 사상가 고드윈의 딸 메리와 1816년 말에 재혼했다. 부인과 함께 이탈리아로 건너가 지내던 그는 1819년 플로렌스에서 이 시를 발표했다. 메리도 남편의 권유로 소설을 쓰기도 했는데, 유명한 괴기 소설 『프랑켄슈타인』(1818)이 바로 그녀의 작품이다.

# DAY 141 민중의 소리는 신의 소리

READ ☐

　1820년 나폴레옹이 세인트 헬레나로 유배되고 루이 18세가 왕위에 올랐다. 이 반동적인 왕정 복고 정권 하에서 극단적인 왕당파들의 목소리는 점점 커지고, 마침내 1820년 3월 31일 출판물에 대한 검열법이 제정되었다. 그러자 이 법안의 통과를 연기하자고 주장했던 탈레랑(Charles Maurice de Talleyrand-Périgord, 1754~1838)은 1821년 6월 24일 귀족원에서 출판물 검열 제도 존속에 반대하는 연설을 했는데, 다음이 그 내용의 일부이다.

　　정부의 성실성을 위태롭게 해서는 안 된다. 현재로서는 더 이상 기만할 수 없다. 볼테르보다도, 나폴레옹보다도, 집정관 그 누구보다도 재능이 있는 누군가가 있다. 민중이다. 민중 모두의 이해에 관련된 투쟁에 발을 들여놓고, 또 그것을 고집하는 것은 잘못이다. 더욱이 현재로서는 모든 정치상의 과오는 위험천만하다.

　1789년 프랑스 혁명 이후 제출된 출판의 자유에 관한 진정서를 두고 출판의 자유는 시대적 요청임을 밝혔다. 그리고 정치가가 이러한 요청을 거부하는 것은 매우 위험스런 일이라고 주장했다. 이 연설은 이전부터 격언으로 내려오던 "Vox populi, vox Dei", 즉 "민중의 소리는 신의 소리(민심은 천심)"를 가장 잘 대변해주는 것이었다. 하지만 탈레랑의 노력에도 불구하고 출판물 검열 법안은 의회를 통과하고 말았다.

**탈레랑**

탈레랑은 파리의 귀족 출신으로 루이 왕조의 군인 집안에서 태어났다. 어린 시절에 한쪽 다리를 다치는 바람에 성직자가 된 그는 1775년에 랭스의 생드니 수도원 원장이라는 직위를 얻었다. 파리에 머물면서 성직자회의 사무관이라는 직함을 등에 업고 사교계에 진출한 그는 재상 모르파의 비호를 받으며 정치적 입지를 넓혀갔다. 그리고 중농주의 경제학자 튀르고 등과 가까이 지내면서 국정 개혁에 뜻을 둔 이후 1788년에는 오툉의 주교로 임명되었으며, 곧바로 명사회의 칙선의원(勅選議員)으로 선출되었다.

1789년 프랑스 혁명 당시에는 삼부회(三部會) 위원에 뽑히면서 교회 재산의 국유화를 제안하는 등 개혁적인 발언을 서슴지 않아 교회로부터 파문을 당하기도 했다. 1792년에는 영국에 외교관으로 파견되어 W. 피트에게 양국 상호 영토 보전을 제의하기도 했다. 같은 해 4월 오스트리아에 선전 포고를 하면서 발발한 '프랑스 혁명 전쟁'으로 왕정이 폐지되자 미국으로 망명한 뒤 토지 매매, 투기 등으로 거부가 되어 방탕한 생활에 빠지기도 했다.

1794년 '테르미도르 반동'으로 자코뱅 당이 몰락한 후, 1796년 다시 프랑스로 돌아온 탈레랑은 총재 정부의 외교를 담당했는데, 나폴레옹이 뛰어난 재능을 인정하면서 그를 정계에 진출시켰다. 이후 1799년에 나폴레옹이 정권을 잡자 탈레랑은 외무장관에 취임하기도 했다. 하지만 1806년 대륙봉쇄를 계기로 나폴레옹의 정책에 회의를 품어 오스트리아의 메테르니히, 러시아 황제 등과 내통한 뒤 1810년에는 외무장관

직을 사임했다. 나폴레옹의 몰락 바로 직전에는 '대 프랑스 동맹국'의 괴뢰 정권을 수립하기도 했으며, 1814년 비엔나 회의에서는 전권 대사로서 비상한 수단을 발휘해 전승국을 농락하기도 했다. 나폴레옹의 백일천하 후에 그는 다시 외무장관에 임명되기도 했지만, 왕당파와 의회로부터 미움을 사 결국 자리를 내주고 말았다.

# DAY 142 | 어느 날 아침에 일어나 보니 갑자기 유명해져 있었다

READ ☐

조지 고든 바이런

조지 고든 바이런(George Gordon Byron, 1788~1824) 남작은 런던에서 태어났다. 태어날 때부터 오른발이 굽어 콤플렉스를 지녔지만 글재주만은 아주 뛰어났다. 1798년에 5대 바이런 남작이 사망하는 바람에 그는 6대 바이런 경이 되어 조상의 땅 노팅엄으로 이주하게 된다. 1805년 케임브리지 대학교에 입학하여 역사와 문학을 전공했지만 학업에는 그다지 신경을 쓰지 않았다. 재학 중이던 1807년에 시집 『나태한 나날들(Hours of Idleness)』을 출판했으나 이듬해 《에든버러 리뷰》지로부터 비난을 받자 1809년에 풍자시집 『잉글랜드 음유 시인과 스코틀랜드 비평가(English Bards and Scotch reviewers)』를 출판하여 분풀이를 했다.

1808년에 케임브리지를 떠난 그는 약 3년 간 포르투갈, 스페인, 그리스 등을 여행한 뒤 귀국해 런던에 살다가 1812년에 드디어 『차일드 해럴드의 순례(Childe Harold's Pilgrimage)』를 출판하면서 일약 유명 작가로 떠올랐다. 이때 바이런은 다음과 같은 유명한 말로 소감을 표현했다. "어느 날 아침에 일어나 보니 유명해져 있었다(I awoke one morning and found myself famous)." 그 후 1819년 미완성으로 남은 〈돈 주앙

〈Don Juan〉 등을 계속 발표함으로써 키츠, 셸리와 더불어 영국 낭만파 시인의 대표로 자리를 잡았다.

그는 1815년 1월 2일에 안네 이자벨라 밀뱅크(Anne Isabella Milbanke, "Annabella")와 결혼했다. 그녀는 매우 도덕적이고 수학적 재능을 타고난 여성이었다. 그런 재능을 물려받은 첫딸 에이다 러브레이스(Augusta Ada King, Countess of Lovelace)는 나중에 세계 최초의 프로그래머가 되기도 했다. 컴퓨터 프로그래밍 언어인 '에이다(Ada)'도 바로 그녀의 이름에서 따온 말이다.

하지만 바이런의 결혼 생활은 가정 폭력, 근친 상간, 여배우와의 불륜 등의 염문으로 순탄치 않아 결국 별거에 들어갔다. 어지러운 머리를 정리하려고 1816년 4월 영국을 떠난 그는 스위스의 제네바에서 셸리를 만났는데, 스위스 각지를 떠돌면서도 퇴폐한 생활이 지속되어 200여 명의 여성들을 섭렵했다는 설도 있다.

그러나 그리스 문화를 사랑했던 그는 1823년 오스만 투르크에 맞선 그리스의 독립전쟁에 참여하여 그리스 인들로부터 국민 영웅으로 추앙받기도 했다. 이듬해 열병에 걸린 그는 〈오늘 나는 36세가 되었다〉라는 시를 마지막으로 남기고 36세의 젊은 나이로 그리스 서부의 메솔롱기온(Missolonghi, Mesolongion)에서 세상을 뜨고 말았다.

# DAY 143 | 왕은 군림하되 통치하지 않는다

아돌프 티에르

The king reigns, but he does not rule.

이 말은 1605년 폴란드의 왕이었던 지그문트 3세가 의회에서 처음 썼지만 나중에 아돌프 티에르(Adolphe Thiers, 1797~1877)가 인용함으로써 더욱 유명해진 말이다. 1830년 그는 프랑스와 미녜, 아르망 카렐과 함께 신문 《나시오날(Le National)》을 창간했다. 이 신문은 샤를 10세를 타도하고 '프랑스 국민의 왕' 루이 필립에게 권력을 안겨준 '7월 혁명'을 일으키는 데 지대한 역할을 했다.

티에르는 같은 해 2월 4일자 신문에서 다음과 같은 사설을 썼다.

국왕은 지배하지도 못하고 통치하지도 못하며, 그저 군림할 따름이다. 하지만 대신은 지배하며 통치한다. 대신은 자신의 의사에 반대하는 부하는 절대 거느리지 않는다. 그러나 국왕은 자신의 의사에 반대하는 대신도 거느린다. 국왕은 지배하지도 못하고, 통치하지도 못하며, 그저 군림할 따름이기 때문이다.

이 말은 국왕은 왕국의 최고의 관리가 아니며, 대신의 임면권은 의회에 있기 때문에 국왕이 마음대로 뽑을 수 없다고 주장한 것이다. 그러자 왕당파는 이러한 주장이야말로 국왕을 무력화하는 술책에 불과하다며 티에르를 거세게 비난했다. 사실 티에르의 의도도 거기에 있었다.

하지만 티에르가 지지했던 루이 필립은 1848년 '2월 혁명'으로 쫓겨났으며, 이후 수립된 제2 공화국에서는 나폴레옹 3세 루이 보나파르트가 프랑스 최초의 대통령에 선출되었다. 이후 1852년 욕심을 부린 그는 나중에 쿠데타를 통해 제2제정의 황제의 자리에 올랐지만 1871년 '프러시아-프랑스 전쟁(보불 전쟁)'에서 패배한 프랑스는 그를 내쫓고 아돌프 티에르를 대통령으로 하는 제3 공화국을 수립했다.

영국에서는 왕당파(토리당, Tory party)와 의회파(휘그당, Whig party)가 오랫동안 대립한 끝에 1688년 의회가 '명예 혁명(Glorious Revolution)'으로 최종 승리를 거두면서 "왕은 군림하되 통치하지는 않는다"는 입헌민주주의 원칙이 구현되었다. 이것이 근대 의회민주주의의 역사적 출발점이다.

지금도 입헌군주제인 영국의 왕은 상징적인 존재로 군림하지만 통치하지는 않는다. 형식상 국가 수반이기 때문에 의회에서 만든 법률에 대해 동의(Royal Assents)를 해준다. 매주 화요일 저녁 총리로부터 국정을 보고 받는데, 마음에 들면 격려(Encourage)를 하고 그렇지 않으면 경고(Warn)를 할 수 있다. 하지만 모든 결정은 총리의 자문(Advice of Minister)에 따라야 하기 때문에 정치적으로는 '인형극(Puppet Show)', 경제적으로는 '관광용 상품(Show Biz)'이라는 혹평을 받기도 한다.

DAY
**144** | **배부른 돼지보다**
**배고픈 소크라테스가 낫다**

READ ☐

이것은 영국의 공리주의자 존 스튜어트 밀(John Stuart Mill)이 자신의 저서 『공리주의(On Utilitarianism)』(1863)에서 한 말이다. 원문은 "It is better to be a human being dissatisfied than a pig satisfied; better to be Socrates dissatisfied than a fool satisfied"이다. 즉 "배부른 돼지보다는 배고픈 인간이 낫고, 만족한 바보보다는 불만족한 소크라테스가 낫다." 따라서 우리가 흔히 쓰는 이 말은 두 문장을 한 문장으로 축약해 변형된 것이다.

존 스튜어트 밀은 1806년 런던에서 '최대 다수의 최대 행복'을 주장한 공리주의자 제레미 벤담의 친구이자 제자인 제임스 밀(James Mill)의 장남으로 태어났다. 밀은 어렸을 적부터 그리스 어를 배우기 시작해 일곱 살 때 이미 플라톤의 『대화』를 읽고, 여덟 살 때부터 라틴 어를 배우기 시작한 뒤 온갖 문학 서적과 역사 서적을 섭렵했으며, 열두 살 때부터는 논리학과 경제학까지 손을 대기 시작했다고 한다. 그는 분명 천재였지만, 그의 어린 시절은 일상적인 교우관계도 맺지 못하고 또래 아이들처럼 놀이 문화도 겪지 못한 채 공부에만 매달려야 했다.

종교를 거부했던 그는 당시 영국 국교도만 갈 수 있던 명문대를 포기하고 1823년 아버지가 근무하고 있던 '동인도회사'의 서기로 취직했다. 그리고 논리학과 경제학을 연구했으며, 아버지의 『웨스트민스터 평론』이나 벤담의 저서 『증거론』의 출간을 돕기도 했다. 우울한 청소년기를 보낸 그는 스무 살에 지금까지 어떤 것도 자신에게 즐거움을 주지 못했고, 어느 누구에게도 사랑을 받아보거나 주지도 못했으며, 근본적으로 자신이 몸을 바쳐 살아갈 만큼 가치 있는 것이라곤 하나도 없다고 단정지었다.

하지만 워즈워드와 같은 낭만파 시를 읽기 시작함으로써 우울증을 극복했고, 마침내 스물네 살의 청년은 위대한 사랑도 발견했다. 그보다 한 살 어린 기혼녀 해리엇 테일러(Harriet Taylor)를 만난 것이다. 이후 테일러 부인과는 21년 동안 순수한

**밀과 헤리엇 테일러의 딸 헬렌 테일러**

교제를 지속하다가 남편 테일러가 사망한 후에 결혼했다. 당시 이들의 삼각관계는 세간의 이목을 끌기에 충분했지만 당사자들의 이성적인 행동 덕분에 추문에까지 이르지는 않았다. 더욱이 밀은 이후에 테일러 부인과 5장으로 된 『자유론(On Liberty)』(1859)을 같이 저술하였고, 이 책은 그의 대표작이 되었다. 그는 이 책에서 인간의 개별성과 사회성의 가치를 어떻게 조화시킬 것인가에 대한 고민을 고스란히 담아내고 있다. 그리고 이후에 출간된 『여성의 예속(The Subjection of Women)』(1869)은 당시로서는 보기 드문 페미니즘적 시각을 반영한 것으로 최근에 새로이 주목받고 있다.

밀은 테일러 씨가 사망한 이후 1851년 그녀와 결혼하고 행복한 나날을 보냈지만 불과 7년 반 만에 프랑스 여행 도중 아비뇽에서 그녀가 결핵으로 사망하자 비탄에 빠지고 말았다. 하지만 그는 곧 건강을 회복하여 웨스트민스터 지역구 자유당 의원으로도 활동했다.

하원의원으로 당선된 밀은 임기 동안 노동자 출신 의원들을 지지하고 여성의 참정권을 위해 노력하는 등 매우 진취적인 의원 활동을 전개하기도 했다. 테일러 부인이 작고한 뒤부터 무려 15년 동안 딸인 헬렌의 보살핌을 받고 있던 밀은 1873년 프랑스 아비뇽에서 "나는 내 일을 다 끝마쳤다"는 말을 끝으로 부인의 묘지 옆에 안장되었다.

# DAY 145 | 해가 지지 않는 나라

1837년에 즉위한 빅토리아 여왕(Queen Victoria, 1819~1901)은 1840년 2월에 독일계 앨버트 공과 결혼했다. 그는 고결한 인격과 풍부한 교양으로써 여왕의 훌륭한 조언가가 되어, 공사(公事)와 가정 생활에서 그녀를 두루 뒷받침했다. 그녀가 국민이 자랑하고 존경하는 여왕으로 거듭날 수 있었던 것은 앨버트 공의 덕택이라 해도 과언이 아닐 것이다. 이들 사이에는 4남 5녀가 있었는데, 대부분의 자녀들이 유럽의 주요 왕족들과 결혼했기 때문에 말년에는 '유럽의 할머니'로 불리기도 했다.

1861년 12월 4일 앨버트 공이 42세의 나이로 죽자 그녀는 비탄에 잠겨 버킹엄 궁전에 틀어박힌 채 모든 국무(國務)에서 손을 떼었다. 하지만 B. 디즈레일리가 끈질기게 설득한 끝에 그녀는 국무에 복귀했다. 이런 연유로 자유주의적인 휘그당에 호의적이었던 그녀는 보수적인 토리당의 후신인 보수당으로 기울게 되었다. 이후 행복한 말년을 보내다가 1897년 즉위 60주년을 맞이했는데, 이 60주년 즉위 축하식을 '다이아몬드 주빌리(Diamond Jubilees)'라고 한다. 제2차 보어 전쟁이 한창이던 1901년 빅토리아 여왕은 82세의 나이로 64년 간의 치세를 마치고 세상을 떠났다.

여왕의 치세는 '빅토리아 시대(The Victorian)'로 불리는데, 당시 영국은 산업혁명을 통해 자본주의의 선진국으로 발돋움했다. 정치적으로는 디즈레일리로 대표되는 보수당과 W. 글래드스턴으로 대표되는 자유당

즉위 당시의 빅토리아 여왕

의 양당제(兩黨制) 의회 정치가 자리잡았으며, 국제관계에서도 인도를 비롯한 아시아와 아프리카의 식민지 건설을 통해 최고의 전성기를 이루었다. 그래서 사람들은 이때의 영국을 '해가 지지 않는 나라(An Empire Under the Sun)'라고 부르게 되었다.

장식미술 공예 분야에서 세계적 규모와 내용을 자랑하는 '빅토리아 앨버트 박물관'(1909년 개관)은 바로 이 여왕 부부를 기리기 위해 건립된 것인데, 이 밖에도 그녀는 아프리카의 빅토리아 폭포 등 영국의 식민지였던 곳곳에 자신의 이름을 남기고 있다.

# DAY 146 | 만국의 노동자여, 단결하라!

READ ☐

"Proletarier aller Länder, vereinigt euch!
(Workers of the world, unite!)"
만국의 노동자여, 단결하라!

이 말은 구(舊) 소비에트 연방의 표어이자 공산주의 운동, 노동자 파업, 집회에서 빠짐없이 등장하는 구호이기도 하다.

이는 인류 역사상 가장 영향력 있는 팸플릿 중 하나인 『공산당선언(Mani-fest der Kommunistichen Partei)』에 나오는 말이다. 이 선언은 1848년 2월 24일 칼 마르크스와 프리드리히 엥겔스에 의해 런던에서 발표되었다.

> 하나의 유령이 유럽을 배회하고 있다. 공산주의라는 유령이…. 이제까지 모든 사회의 역사는 계급 투쟁의 역사였다…. 지배 계급으로 하여금 공산주의 혁명 앞에 전율케 하라. 공산주의 혁명으로 프롤레타리아가 잃을 것은 쇠사슬뿐이요, 얻을 것은 전 세계이다. 만국의 노동자여, 단결하라!

산업혁명기 유럽의 자본가들은 노동자들을 저임금 노동과 장시간 노동에 몰아넣었고, 이에 불만을 품은 노동자 계급은 노조를 결성해 자본가에 대항했다. 이에 사회주의와 공산주의가 노동자들의 이익을 대변하면서 혁명의 열기가 고조되었다. 드디어 1848년 2월 파리에서 시

**『공산당선언』 초판**

작된 혁명은 이탈리아, 오스트리아 등 제국에 파급되었고, 마르크스는 브뤼셀, 파리, 쾰른 등지의 혁명에 참가했지만 각국의 혁명은 실패로 끝나고 말았다.

그러나 마르크스와 아나키스트들에 의해 1864년 최초의 국제 노동자 조직인 '국제노동자협회(제1인터내셔널)'가 조직되어 1876년까지 이어졌다. 이 운동은 신생 공업국인 미국에까지 이어졌다. 그리하여 마침내 1886년 미국 시카고 노동자들이 여덟 시간 노동을 요구하며 총파업에 돌입했다. 경찰은 어린 소녀를 포함한 여섯 명의 노동자들을 총으로 쏘아죽였고, 30여만 명의 노동자들은 다음 날 '헤이마켓 광장(Haymarket Square)'에서 경찰의 만행을 규탄하는 평화 집회를 열었다.

이후 1889년 7월 14일 엥겔스의 제창으로 제1인터내셔널 해산 후 13년 만에 프랑스 혁명 100주년을 기념하여 파리에서 제2인터내셔널 창립 대회가 열렸다. 여기 모인 각국의 노조 지도자들은 미국 노동자의 투쟁을 전 세계로 확산시키기 위해 5월 1일을 노동절(May Day)로 정했다. 그리하여 이듬해인 1890년 5월 1일 마침내 "만국의 노동자여, 단결하라!"를 외치며 제1회 노동절 대회가 열렸다.

# DAY 147 | 투표는 총알보다 강하다

1860년 11월 6일, 제16대 미국 대통령 선거가 치러졌다. 이때 공화당 후보로 나선 에이브러햄 링컨(Abraham Lincoln, 1809~1865)은 "투표는 총알보다 강하다(The ballot is stronger than the bullet)"는 말로 투표를 적극 권유했다. 결국 그는 민주당의 더글라스(Stephen A. Douglas), 남부 민주당의 브레킨리지(John C. Breckinridge), 그리고 신제헌연합당의 존 벨(John Bell) 등을 누르고 미국의 제16대 대통령에 당선되었다.

대통령에 취임한 이듬해, 농장의 흑인 노예를 지키려는 남부와 남부의 흑인 노예를 공장 노동자로 끌어들이려는 북부 사이에 '남북전쟁(American Civil War, 1861~1865)'이 벌어졌다. 하지만 그는 이 거대한 내부적 위기를 슬기롭게 극복하여 연방을 유지했으며, 노예제에 종지부를 찍었다.

에이브러햄 링컨은 남북 전쟁 중이던 1863년 11월 19일, 미국 펜실베이니아 주 게티즈버그 국립묘지를 찾아 연설을 했다. '국민을 위한, 국민에 의한, 국민의 정부'는 미국 역사상 가장 위대한 연설문으로 꼽히는 '게티즈버그 연설문(Gettysburg Address)'의 맨 마지막 부분에 나오는 말이다.

These dead shall not have died in vain-that this nation, under God, shall have a new birth of freedom, and that government of the

게티즈버그에서 연설하는 링컨

people by the people for the people, shall not perish from the
earth.

이는 그분들의 죽음이 헛되지 않도록 하고, 신의 가호 아래 이 땅에 새로
운 자유를 탄생시키며, 그리고 국민을 위한, 국민에 의한, 국민의 정부가
지구상에서 죽지 않도록 하는 것입니다.


그러나 그는 미국 대통령 최초로 암살을 당하는 비운을 겪었다. 유
명 배우이자 남부 지지자였던 존 윌크스 부스(John Wilkes Booth)는
대통령과 영부인이 포드 극장에서 연극 〈우리 미국인의 사촌(Our
American Cousin)〉을 관람한다는 첩보를 입수하고 링컨을 암살하기로
한다. 마침내 1865년 4월 14일, 부스는 경호원이 잠시 자리를 비운 틈
을 타 링컨을 암살했고, 나중에 자신도 암살당했다.

# DAY 148 당근과 채찍

'당근과 채찍(The carrot and stick)'은 '회유와 위협'이라는 뜻인데, 당근은 달고 맛있는 것을 상징하고, 채찍은 아프고 두려운 것을 나타낸다. 이 말은 당근을 무척 좋아하는 당나귀에서 유래되었다. 당나귀는 말보다 덩치는 작지만 힘이 세기 때문에 옛날부터 중요한 운송 수단이었다. 그런데 당나귀는 고집이 너무 세 주인에게는 골칫거리였다. 그래서 당나귀가 가장 좋아하는 당근과 고통을 주는 채찍을 번갈아 가면서 적절히 사용했다. 당나귀의 입에 닿을 듯 말 듯 당근을 매달아 놓고 엉덩이를 채찍질하면 당나귀는 눈앞에 아른거리는 당근의 유혹 때문에 앞으로 달려나간다.

이렇게 당나귀에게 주로 쓰이던 당근과 채찍은 가정이나 사회나 국가에서 어르고 달래면서 으름장을 놓아 목적을 달성하는 방법, 즉 병 주고 약 주는 방법을 상징하게 되었다.

이 말에 가장 어울리는 인물로 프로이센의 비스마르크(Otto Eduard Leopold von Bismarck, 1815~1898)를 꼽을 수 있다. 냉철한 현실주의자였던 그는 1862년 9월 30일 의회 연설에서 다음과 같이 말했다.

The great questions of the time will not be resolved by speeches and majority decisions—that was the great mistake of 1848 and 1849—but by iron and blood.

이 시대의 중요한 문제들은 더 이상—1848년과 1849년의 중대한 과오였던

오토 폰 비스마르크

—언론이나 다수결에 의해 좌우되는 것이 아니라, 오로지 철과 피에 의해서만 해결될 수 있는 것입니다.

이 연설로 비스마르크는 의회와 충돌을 일으키며 '철혈 재상(Iron and Blood Prime Minister)'으로 널리 알려졌다. 그는 1862년 빌헬름 1세 때 수상이 되어 독일 통일에 이바지한 인물이다. 1871년 '프로이센—프랑스 전쟁(보불전쟁)'에서 승리를 거둔 그는 같은 해 2월 빌헬름 1세를 독일의 황제로 옹립하고, 자신은 통일 독일(제 2 제국)의 초대 수상이 되었다.

그는 당시 상승일로에 있던 독일의 사회주의 운동을 저지하기 위한 채찍의 일환으로 1878년에 '사회주의자 진압법'을 제정하는 한편, 당근의 일환으로는 세계 최초로 3대 사회보험 제도, 즉 1883년에 질병보험법 사회보험, 1884년에 노동재해보험법(노동자 보상보험), 1889년에 노령폐질보험 노령연금을 실시했다. 비록 이 정책이 그리 큰 효과를 보지는 못했으나, 이는 역사적으로 전형적인 당근과 채찍 정책으로 남아 있다.

# DAY 149 │ 더 빨리, 더 높이, 더 힘차게

READ ☐

올림픽의 구호인 "더 빨리, 더 높이, 더 힘차게(Citius, Altius, Fortius)"
는 원래 아르퀼(Arcueil) 대학의 학장이자 도미니크 교단 소속의 신부
인 앙리 마르탱 디데용(Henri Martin Dideon)이 처음 쓴 말인데, 1897
년 쿠베르탱이 올림픽 대회 구호로 인용했다. 이후 이 구호는 1926년
IOC에서 정식으로 승인되어 오늘날까지 쓰이고 있다.

참고로 올림픽의 좌우명인 "승리보다 참가에 더 의의가 있다"는 말
은 1908년 제4회 런던올림픽 때 처음 등장했다. 런던의 세인트 폴 성
당에서 거행된 올림픽의 성공적인 개최를 기원하는 미사에서 펜실베이

1896년 근대 올림픽 경기가 시작되던 해의 IOC 위원들
왼쪽에 앉아 있는 사람이 쿠베르탱

니아 주교가 이 말을 했다고 한다. 그리고 5개 대륙을 상징하는 '오륜기(Olympic flag)'는 1920년 벨기에의 안트워프 대회 때부터 등장했다.

피에르 드 쿠베르탱 남작은 프랑스의 교육자이자 '근대 올림픽의 아버지'로 널리 알려져 있다. 그는 휴스(Thomas Hughes)가 지은 『브라운의 학창 시절』이라는 영국 고전을 번역판으로 읽고 대영제국의 청소년들이 운동경기를 통해 정신과 신체에 큰 영향을 받고 있음을 알게 되었다. 이것은 그의 일생을 통해 커다란 영향을 미쳤다. 그는 1871년 '프러시아―프랑스 전쟁'에서 패배해 사기가 저하된 프랑스 청소년들에게 스포츠를 통해 새로운 용기와 의욕을 북돋아주려고 마음먹었다. 때마침 그리스를 방문한 그는 독일 고고학자에 의해 발굴된 올림피아 유적지를 돌아보았다. 이때 그는 스포츠 제전을 통해 세계 각국 청소년들의 상호 이해와 우정을 다지고 세계 평화를 이룩하기 위해 고대 올림픽 대회를 부활시키겠다는 각오를 다졌다.

1892년 쿠베르탱은 소르본(Sorbonne) 대학에서 열린 행사에서 고대 올림픽 경기의 이상을 스포츠 실천의 지도 이념으로 삼고, 국제 경기 대회를 조직할 것을 제안했다. 마침내 1894년 6월 23일 파리에서 12개국의 79인의 대표자들과 함께 '국제올림픽위원회(IOC)'를 조직하여 그 위원장이 되었다. 그리하여 1896년 제1회 올림픽 대회가 고대 올림픽의 발상지인 그리스의 아테네에서 개최되었다.

# DAY 150 | 세기말과 벨 에포크

산업혁명은 대량 생산을 가능하게 만들었고 제국주의는 새로운 시장을 제공해주었다. 그리하여 19세기의 부르주아지들은 엄청난 부를 축적했다. 그들은 이를 밑천 삼아 권력과 지위를 샀다. 이제 돈은 사람들이 추구할 만한 유일한 가치이자 동시에 돈 이외에 어떤 가치도 그 의미를 상실하고 말았다.

이제 사람들은 중세 때처럼 신에 의한 구원을 믿지 못했고, 17세기 계몽주의자들처럼 혁명이 평등한 세상을 가져다줄 것이라는 것도 믿지 않았다. 18세기 낭만주의자들처럼 사랑이 세상의 마지막 안식처가 되리라는 것도 믿지 않았다. 결국 신의 구원도, 정치적 변혁도, 인간의 사랑도 믿지 못하게 된 그들은 절망과 찰나적 향락주의에 빠지고 말았다.

더 이상 희망을 보기 힘들었던 19세기 말은 우울함 속에서 저물어 갔다. 유럽, 특히 프랑스의 절망적이고 퇴폐적 분위기가 지배하던 19세기 말기의 사조를 바로 '세기말', 즉 'Fin de siècle; End of the century'이라고 한다.

인생에 대한 희망을 잃고, 퇴폐한 생활을 즐기는 풍조는 문학에서 두드러졌다. 모든 신앙과 권위가 추방되고, 우상(偶像)은 모조리 파괴되기 시작했다. 이와 같이 아무것도 믿지 않으려는 회의적 사상은 세기 말에 이르러 극도에 달해 데카당적인 경향이 문학에 반영되었다. 이러한 세기말의 관능과 퇴폐 속에서 지금까지 볼 수 없었던 특이한 아름다움이 독버섯 같은 빛깔로 피어났는데, 그 대표적인 작가가 오스카

와일드(O. Wilde)이다. 흔히 퇴폐적인 것을 통틀어 세기말적이라 하지만, 세기말 문학에는 예술지상주의와 퇴폐주의 그리고 보들레르(C. Baudelaire), 랭보(A. Rimbaud), 말라르메(S. Mallarmé) 등의 상징주의까지도 포함되어 있다.

그럼에도 불구하고 '프랑스 혁명'(1789)에서 '파리 코뮌'(1871)까지 약 100년 동안 격동의 세월을 보낸 프랑스 파리는 1890년대부터 제1차 세계대전 전까지 과거에 볼 수 없었던 풍요와 평화를 누렸다. 자동차, 비행기, 전기 등 과학 기술의 진보를 이룩했으며, 영화와 문학과 음악 등 예술과 문화가 번창했고, 고급 맞춤 의상인 오트 쿠튀르(haute couture)가 일반화되어 거리에는 우아한 복장의 파리지앵(Parisien)들이 넘쳐흘렀다.

뿐만 아니라 유럽의 다른 나라와 미국의 멋쟁이들은 앞다투어 파리로 몰려와 1889년에 개장한 화가 앙리 드 툴르즈 로트렉(Henri de Toulouse-Lautrec)의 단골 카바레 '물랭 루즈'와 1893년에 개장한 '맥심(Maxim's)'레스토랑에서 춤추고 마시는 것을 자랑으로 삼을 정도였다. 그리고 이 시기에 오스만 남작(Baron Georges-Engène Haussmann, 1809~1891)의 주도로 파리는 개조 작업에 들어갔으며, 1889년 파리 엑스포를 위해 에펠탑이 세워지고, 1895년 뤼미에르 형제(Auguste and Louis Lumière)에 의해 최초로 영화가 상영되었다. 사람들은 파리에 대해 무한한 애정을 가지고 이 시기를 'La belle époque', 즉 '황금 시대'(직역을 하면 '좋은 시대') 라고 불렀다.

그러나 밝을수록 그림자가 짙듯이 이러한 좋은 시절은 20세기 현대에 바통을 넘겨주면서 고통스런 시절을 보내야만 했다. 전대미문의 피비린내 나는 전쟁이, 다름 아닌 제1차 세계대전이 기다리고 있었기 때문이다.

# 6

## 현대 편

# DAY 151 | 피의 일요일

서양의 역사에서 '피의 일요일(Bloody Sunday)'이라는 명칭이 붙은 유혈 사건이 몇 건이 있지만, 1905년 1월 22일(율리우스력으로는 1월 9일) 상트페테르부르크에서 일어난 사건이 역사적으로 가장 의미가 있다.

'러일 전쟁(Russo-Japanese War, 1904. 1~1905. 9)' 당시 군수품을 조달하던 푸틸로프 공장(Putilov plant)에서 파업이 벌어졌고, 전국의 다른 공장들에까지 확산되어 8만 명에 달하는 노동자들이 동조 파업을 개시했다. 이들은 8시간 노동과 보통선거를 요구하며 시위를 벌였다. 불평등한 사회 체제에 억눌린 러시아 민중들은 사회 개혁론자이자 러시아 정교회 사제인 가폰(Georgy Gapon, 1870~1906) 신부의 주도로 마침내 1905년 1월 8일, 차르 니콜라이 2세의 초상화와 기독교 성화상 그리고 가폰이 작성한 청원서를 들고 '동궁(Winter Palace)'을 향해 비무장 평화 시위를 벌였다.

보름가량 시위가 계속되었고, 1월 22일 마침내 시위대가 동궁으로 가까이 오자 군대가 경고 사격을 하더니 바로 군중들을 향해 발포했다. 제정 러시아 정부는 이들에게 유혈 진압이라는 초강수를 두었고, 이 진압으로 1,000여 명의 사상자를 냈다. 간신히 현장을 빠져나온 가폰은 러시아를 탈출했고, 10월에 재입국했으나 비밀 경찰과 내통한 사실이 드러나 '사회혁명당'의 전투 조직원에게 암살당하고 말았다.

그런데 차르에 대한 백성들의 분노를 결정적으로 폭발시킨 것은 노동자들에 대한 발포가 아니라 그 뒤에 일어난 사건이었다. 노동자들에 대한 발포 소식에 격노한 학생들과 사태의 추이에 궁금해진 구경꾼들 그리고 귀가하던 노동자들이 '동궁' 앞으로 다시 모여들었을 때 또다시 발포함으로써 더 많은 사상자를 낸 것이다.

이 사건을 계기로 러시아 민중은 '러일 전쟁'에 반대하는 대규모 반전 운동으로까지 자신들의 역량을 확대시켰다. 그리하여 시베리아 철도 노동자들의 파업으로 인해 보급

'아버지 가폰'으로 불렸던
게오르기 가폰

품 운송이 중단되었고, 만주에 주둔하던 러시아 군이 더 이상 전쟁을 수행하지 못하는 상황에 처하기도 했다.

이에 차르가 전쟁 종식을 외치며 들고 일어난 노동자들을 학살하는 만행을 저질렀다. 하지만 민중들은 결코 물러서지 않았으며, 이러한 민중들의 힘은 군인들 내부 폭동으로 확산되었다. 시위대를 진압하라고 명령하는 장교를 총으로 쏴 죽이는 사병들도 많아졌다. 마침내 1905년 6월 27일(율리우스력으로 6월 14일) 저 유명한 '전함 포템킨 폭동 사태'를 계기로 차르는 무릎을 꿇었다.

그리하여 제정 러시아의 민중들은 차르 전제정으로부터 입헌 체제와 비슷한 형태의 양보를 얻어냈다. 또한 제1차 세계대전으로 인하여 러시아 내의 모순이 점점 심화되어가고 있던 1917년에는 '2월 혁명'을 통해 로마노프 왕조를 몰락시켰으며, 블라디미르 레닌의 지도 하에 '10월 혁명'을 주도함으로써 역사의 전면에 나섰다. 이후 내전을 거쳐 케렌스키가 이끄는 임시 정부를 쓰러뜨린 러시아 민중들은 1922년 마침내 역사상 최초로 볼셰비키 중심의 공산주의 정권인 '소비에트 연방공화국(USSR)'을 수립했다.

# DAY 152 | 한 사람의 열 걸음보다 열 사람의 한 걸음을

1917년 3월 8일 수도인 상트페테르부르크에서 자연 발생적으로 일어난 봉기에서 진압을 담당한 일부 군인들이 혁명 세력에 가담하자 전제정은 힘없이 붕괴되고 말았다. 3월 15일(율리우스력으로 3월 2일) 일단 니콜라이 2세가 퇴위한 다음에 한편으로는 밀류코프 등의 자유주의자들을 주축으로 한 임시 정부가 구성되었다. 다른 한편으로 노동자들과 병사들은 1905년 혁명에서 처음 등장한 '소비에트(Soviet, 러시아어로 '평의회'라는 뜻)'를 구성했다. 그리하여 소위 '이중 권력'의 형태가 성립되었기 때문에 임시 정부로서는 행동에 상당한 제약을 받을 수밖에 없었다.

이러한 혼란스런 상황에서 볼셰비키의 지도자였던 레닌이 4월에 망명길에서 귀국해 '4월 테제(April Theses)'를 발표했다. 이것은 임시 정부의 해산, 노동자 대표인 소비에트에게 권력 이양, 사유 재산의 몰수, 토지의 국유화, 군대, 관료, 경찰 제도의 폐지와 같은 급진적인 주장을 담고 있었다. 레닌의 이런 급진적인 주장은 심지어 멘셰비키 등 내부에서도 비판을 받았다. 하지만 막연히 점진적인 개혁안만을 제시하고 연합국들과의 조약에 얽매어 전쟁을 중단할 수 없었던 임시 정부의 노선보다는 대중에 대한 호소력을 더 가지고 있었다. 점차 사회가 불안정해지자, '사회혁명당' 소속이던 케렌스키가 새로 임시 정부의 수반에 올랐으나 임시 정부의 입지는 갈수록 약화되었다.

마침내 볼셰비키는 레닌의 주도 하에 1917년 11월 7일(율리우스력으

왼쪽부터 스탈린, 레닌, 트로츠키

로 10월 24일)에 무력으로 임시 정부를 전복시켰다. 임시 정부는 별다른 무력 저항을 벌이지도 못하고 붕괴되었고, 케렌스키는 미국 대사관으로 피신했다. 그리하여 레닌을 의장으로 하는 '인민위원회'가 정권을 장악했고, 외무 인민위원에는 트로츠키가, 민족 문제 인민위원에는 스탈린이 임명되었다. 볼셰비키 정권은 '10월 혁명' 이전부터 계획되어 있던 제헌의회에서 '사회혁명당'이 압도적인 승리를 거두자 제헌의회를 강제 해산하고 일당 독재를 강화해나갔다.

그리고 볼셰비키 정권은 독일과 단독 강화회담을 갖고 상당한 양보 끝에 마침내 1918년 3월 '브레스트-리토프스크 조약'을 체결했다. 그렇지만 1918년 여름에 발발한 백군파와의 내전과 외국 군대의 개입(간섭 전쟁)으로 신생 소비에트 정권은 심각한 위기에 직면하게 되었다. 이때 레닌은 "한 사람의 열 걸음보다 열 사람의 한 걸음을"이라는 구호를 외쳤다. 결국 볼셰비키 정권은 1920년 말 무렵 백군 세력을 물리치고 내전에서 승리를 거두었다.

이것은 원래 막심 고리키(Maxim Gorky, 1868~1936)의 소설 『어머니

(The Mother)』(1906~1907)에 나오는 말이다.

> 아들의 말에 따라 먼지를 닦고 투명한 유리창으로 바라보니 세상은 평등
> 하지 못하고 예서제서 신음하는 백성들뿐. 한 사람의 열 걸음보다 열 사람
> 의 한 걸음으로 나아가리. 진정으로 인간다운 사회를 향해.

당시 러시아는 언제든지 불씨만 있으면 타오를 수 있는 민중의 자생
성이 풍부했고 그들에게 필요했던 건 단지 강력한 조직뿐이었다. 따라
서 러시아는 강력한 지도력을 갖춘 레닌이라는 인물을 필요로 했다.
혁명의 불길이 타오르는 순간 민중은 상상을 초월한 가공할 만한 힘
을 발휘하지만 거기까지 가기에는 수많은 사람들의 희생과 지식의 확
산 그리고 사회주의 이념에 대한 확신을 필요로 했다. 따라서 한 번의
혁명이 성공하기 위해서는 한 사람의 혁명가보다는 열 사람의 어머니
와 같은 사람이 더욱 절실히 요구되었다.

막심 고리키는 레닌에 대해 다음과 같이 평하기도 했다.

> 구원을 받으려면 누구나 고통을 참을 수밖에 없다고만 역설되는 나라 러
> 시아에서, 아니 이 세상 전체에서 레닌만큼 심각하고 강력하게 불행과 슬
> 픔과 고통을 미워하고 경멸하고 저주한 사람을 나는 처음 보았다. 고통은
> 인생의 피할 수 없는 운명이 아니라 민중의 힘으로 물리쳐야 하고 또 물리
> 칠 수 있는 악이라고 굳게 믿고 있었다는 점에서 그는 특히 위대한 인물이
> 었다.

# DAY 153 | 천재는 1퍼센트의 영감과 99퍼센트의 노력으로 만들어진다

READ ☐

발명왕이자 사업가이기도 한 토머스 에디슨(Thomas Alva Edison, 1847~1931)은 축음기, 활동사진 카메라, 백열등을 비롯해 무려 1,093개의 미국 특허를 보유한 인물이다.

1876년에 설립한 '멘로파크 연구소(Menlo Park Lab)'의 기술을 바탕으로 1878년 뉴욕에 백열등을 제조하는 '에디슨 전구회사(Edison Electric Light Company)'를 차렸으며, 이어 1880에는 '에디슨 조명회사(Edison Illuminating Company)'를 차렸다. 그는 '멘로파크 연구소'에서 전구를 비롯한 온갖 발명품들을 쏟아냈기 때문에 '멘로파크의 마법사(the Wizard of Menlo Park)'라는 별명을 얻기도 했다.

하지만 실제로 에디슨의 기업 경영 성과는 그리 좋지 않았다. 에디슨이 시작한 벤처 기업은 모두 실패했다. 에디슨은 자금을 모으고 기업을 세우고 수요를 창출하는 법은 알고 있었지만, 경영에 심각한 문제가 있었다.

그는 개발팀을 이끄는 연구 개발자로서는 타의 추종을 불허했지만, 전문적인 경영 관리는 서툴렀다. 별도의 경영 관리팀을 두지 않으려 했던 에디슨이 물러나고 전문 경영자가 들어선 다음에야 비로소 회사가 되살아났다. 이후 에디슨 회사는 1892년 '톰슨-휴스턴 전기회사(Thomson-Houston Electric Company)'을 합병하여 현재의 '제너럴 일렉트릭(GE)'이 되었다.

토머스 에디슨

Genius is one percent inspiration and ninety-nine percent perspiration.

천재는 1퍼센트의 영감과 99퍼센트의 노력으로 만들어진다.

이 말은 말년인 1929년 기자 회견에서 한 말로 알려져 있는데, 1932년 《하퍼스 먼슬리(Harper's Monthly)》 9월호에 실린 이 문장의 전문은 다음과 같다.

None of my inventions came by accident. I see a worthwhile need to be met and I make trial after trial until it comes. What it boils down to is one percent inspiration and ninety-nine percent perspiration.

내 발명 중 우연으로 만들어진 것은 없다. 충족되어야 할 가치가 있는 요구를 발견하고, 그것을 위해 실험하고 또 실험하는 것이다. 요약하자면 1퍼센트의 영감과 99퍼센트 땀이다.

여기에는 천재라는 말이 없으며, 이 말은 '영감(inspiration)'과 '땀(perspiration)'의 발음이 비슷하기 때문에 빗대서 표현한 것으로 1퍼센트의 영감이 없으면 99퍼센트 땀방울이 있다고 해도 온전하지 않다는 뜻이었다. 영감은 순간 번득이는 아이디어 같은 것이라고 볼 수 있는데, 이는 1퍼센트의 운(luck)을 의미하기도 한다. 물론 영감이 중요하다고 해서 노력을 평가절하하는 것은 아니며, 노력은 노력으로서 중요한 요소이지만 동시에 영감도 결코 하찮은 것이 아니다.

프랜시스 아서 존스(Francis Arthur Jones)의 책 『토머스 에디슨: 발명의 세월 60년(Thomas Alva Edison: Sixty Years of an Inventor's Life)』 (1908)의 14쪽에는 다음과 같은 명언도 있다.

Everything comes to him who hustles while he waits.

성공은 열심히 노력하고 기다리는 사람에게 온다.

# DAY 154 | 우리는 전투에서 졌지만, 전쟁에서는 아직 지지 않았다

제1차 세계대전 때 프랑스가 독일군 포병대의 공격을 막아낼 수 있었던 것은 근대적인 요새 덕분이었다. 프랑스는 독일의 공격에 대비한 항구적인 방어 수단으로 튼튼한 방어용 장벽을 구축하기로 결정했다. 그래서 1930년 이후 프랑스는 라인 강을 따라 동부 국경에 강고한 요새선(要塞線)을 쌓았는데, 책임자였던 육군 장관 앙드레 마지노(1877~1932)의 이름을 따서 '마지노선(Maginot Line)'이라고 불렀다.

그런데 불행히도 이 방어선은 프랑스와 독일의 국경에만 건설되었고, 벨기에와 접한 서부 국경에는 설치되지 않았다. 그래서 제2차 세계대전 당시 독일군은 1940년 5월 이 방어선을 우회하여 아르덴 숲을 넘어 벨기에를 침공함으로써 마지노선을 무용지물로 만들었다. 여기서 '마지노선이 무너졌다'는 유명한 말이 생겨났다. 지금도 마지노선은 '어떤 사안에 대해 받아들일 수 있는 최저 한계선'이라는 말로 쓰이고 있다.

1940년 6월 14일 파리가 함락되자 영국으로 탈출한 샤를 드골(Charles de Gaulle, 1890~1970)은 '자유프랑스 군'을 이끌고 독일과 전쟁을 계속했다. 독일에 항복한 프랑스 북부는 독일이 점령했으며, 남부는 휴양 도시 비시(Vichy)에 세워진 앙리 페탱(Henry Philippe Petain, 1856~1951) 원수의 괴뢰 정부가 통치하게 되었다.

1940년 6월 18일, 영국에 있던 드골 장군은 런던의 BBC방송 스튜디오에서 프랑스 인들에게 저항(레지스탕스)할 것을 호소했다. 그의 메시지는 22시에 전파를 탔고, 다음 날 16시에 재방송되었다. 프랑스 남부

BBC에서 대국민 호소 방송을 하는 드골

의 아직 자유로운 신문들이 이 메시지를 보도했다. 프랑스의 라디오 청취자들은 1940년 6월 17일 라디오에서 페탱 원수가 전쟁에서 졌다는 연설을 듣고 난 바로 이튿날, 드골의 호소문을 청취한 것이다.

### 모든 프랑스 인들에게

프랑스는 전투에서 패배했습니다. 그러나 전쟁에서 패배하지는 않았습니다! 몇몇 위정자들이 두려움에 굴복하여 명예를 실추시키고 항복함으로써, 이 나라를 예속 상태로 넘겨버렸습니다. 그러나 우리는 결코 패배하지 않았습니다!

우리는 아무것도 잃지 않았습니다. 왜냐하면 이 전쟁은 세계의 전쟁이기 때문입니다. 이 자유 세계 속에, 거대한 세력들은 아직 자리를 잡지 않았습니다. 그러나 언젠가 이 세력들이 적을 분쇄할 것입니다. 바로 그날, 프랑스는 그 승리의 순간에 참여해 있어야 합니다. 그렇게 해야만 자유와 영광을 되찾을 수 있을 것입니다. 그것이 바로 나의 목적, 나의 유일한 목적입니다.

그렇기 때문에 지금 나는 모든 프랑스 인들에게 우리가 있어야 할 그곳에서 나와 함께 손을 잡고 행동하고 희생하며 화합하자고 청하는 것입니다.
우리 조국은 지금 풍전등화의 위기에 처해 있습니다. 우리 조국을 구하기
위해 모두 함께 나가 싸웁시다!
프랑스 만세!


이러한 시대적 상황에서 나온 샤를 드골의 명언은 모든 프랑스 인
들에게 아직 전쟁이 끝나지 않았음을 전했다. 비록 프랑스 본토는 점
령당했지만 영국에서 결성된 '자유프랑스 군'에 의해 프랑스 인의 전쟁
은 계속될 것이며, 프랑스의 정신은 여전히 건재하다는 것을 과시한
것이다.

드골과 프랑스 국민들은 제2차 세계대전이 끝나자 나치 점령 치하
에서 독일에 부역한 자들을 '민족 반역자'로 규정하고 범죄 소멸 시효
없이 끝까지 색출하여 수만 명을 처단했다. 드골은 프랑스 국민들에게
이렇게 자랑스럽게 선언했다.


우리는 반드시 나치 기간 동안 나치에 옹호하고, 부역했던 민족 반역자들
을 처벌해야 한다. 왜냐하면 그들을 살려둔다면 그들은 끊임없이 자신들
의 행위에 대해서 무수한 거짓으로 정당화하기 때문이다. 우리의 조국 프
랑스가 다시 외세의 침략을 당하더라도 결코 민족 반역자는 생기지 않을
것이다.


그에 비하면 우리는 얼마나 부끄러운가? 프랑스가 독일에 점령당한
기간은 3년에 불과했다. 그런데도 그들은 수만 명을 처형하거나 감옥
에 보냈다. 우리는 35년이나 일제 강점기였음에도 불구하고 단 한 명도
처단하지 못했다. 오히려 '반민특위'가 이승만에 의해 해체되었고, 일제

강점기에 일본군 장교였던 박정희가 5·16 쿠데타로 대통령이 되었다. 이런 까닭으로 매국노의 자손들이 국가를 상대로 재산 반환 소송을 벌이는가 하면, '뉴라이트'가 "일본이 조선을 근대화했으며 김구는 테러범이다"라고 당당히 외치는 기막힌 나라가 되어버렸다.

---

# DAY 155 | 한 명의 죽음은 비극이지만, 백만 명의 죽음은 통계 수치에 불과하다

READ ☐

1941년 6월 22일부터 1945년 5월 9일까지 독일의 나치가 소련을 침공한 이래 중부 및 동부 유럽에 형성된 동부전선에서 벌인 전쟁을 '독소 전쟁'이라고 한다. 소련은 이 전쟁을 '대조국 전쟁(大祖國戰爭)'이라고 부르는데, 이 전쟁은 1945년 5월 9일, 베를린 공방전을 마지막으로 독일이 항복하면서 끝났고, 이후 중부 유럽 전체를 점령한 소련이 군사 및 산업에서 초강대국으로 부상하는 결과를 가져왔다.

제2차 세계대전 중에서도 이 동부전선은 가장 광대하고, 많은 피를 흘린 지역이었다. 소련은 '레닌그라드 봉쇄, 스탈린그라드(현재 볼고그라드) 전투' 등으로 대략 3천만 명 이상의 사상자를 냈는데, 이는 인류 역사에서 가장 값비싼 대가를 치른 전쟁이었다는 데 이론(異論)이 없다.

이 '독소 전쟁'을 벌이면서 요시프 스탈린(Joseph Vissarionovich Stalin, 1879~1953)은 "한 명의 죽음은 비극이지만, 백만 명의 죽음은 통계 수치에 불과하다"는 말을 했다고 한다. 이 말은 원래 독일의 언론인이자 작가인 쿠르트 투촐스키(Kurt Tucholsky, 1890~1935)의 책 『프랑스인의 위트(Franzo-sischer Witz)』(1932)에 나오는 한 구절이다.

> At which a diplomat from Quai d'Orsay replies: "The war? I can't find it too terrible! The death of one man: that is a catastrophe. One hundred thousand deaths: that is a statistic!"

거기서 프랑스 외교관 한 사람이 대답한다. "전쟁? 그건 너무 공포스러워

366

차마 볼 수가 없다. 한 명의 죽음은 비극이지만, 십만 명의 죽음은 통계 수 치에 불과하다."

이와 비슷한 말로 "한 명을 죽이면 살인자라 하고 백만 명을 죽이면 영웅이라 한다"가 있다. 최근에는 스티브 잡스가 이를 패러디해서 죽음과 기아로 죽어가는 수많은 아프리카 어린이들을 놓고 "One dies, Million cries; Million dies, No one cries (한 사람이 죽으면 백만 명이 울고, 백만 명이 죽으면 한 사람도 울지 않는다)"라는 쓴소리를 하기도 했다.

스탈린은 제2차 세계대전 이후에도 철저히 정적을 숙청하고 동지들 마저 반혁명 혐의로 숙청함으로써 자신의 지위를 확고히 했다. 그는 국가 중심의 통제 경제와 중소 공업을 양성하고 대량의 일자리를 창출하면서 소련의 경제를 살린 인물로 평가되어 생전에 우상화되었다. 하지만 사후에는 니키타 흐루시초프(Nikita Sergeyevich Khrushchev, 1894~1971)에 의해 격하당하고 그의 동상과 초상화는 모두 철거되었다. 이후 1991년 소비에트 연방이 붕괴되자 인권 탄압과 정적 숙청을 자행한 독재자로 몰렸으나, 연방 붕괴에 따른 후유증이 지속되고 경제가 침체되자 다시 그를 그리워하는 움직임이 있었고, 2000년대 중반 이후에는 러시아의 기틀을 다진 지도자로 재평가하려는 시도까지 일고 있다.

# DAY 156 | 네 가지 자유

미국의 32대 대통령 프랭클린 D. 루즈벨트는 1941년 1월 6일 의회 연두교서에서 '네 가지 자유(Four Freedoms)'를 언급했다. 루즈벨트가 제시한 네 가지 자유란 첫째 언론과 의사 표현의 자유, 둘째 신앙의 자유, 셋째 결핍으로부터의 자유, 넷째 공포로부터의 자유를 말한다.

표현의 자유와 신앙의 자유는 종교, 언론 및 출판의 집회 및 청원의 권리를 규정하는 미합중국 헌법 수정조항 제1조에 들어 있다. 결핍으로부터의 자유와 공포로부터의 자유는 미합중국 헌법의 전통적인 가치는 아니지만 제2차 세계대전 기간과 그 이후에 사상적 측면에서 세계적인 영향을 끼쳤다.

프랭클린 D. 루즈벨트가 의회 연두교서에서 발표한 네 가지 자유에 관한 내용은 다음과 같다.

… 우리가 안전하게 유지하고자 하는 가까운 장래에는 세계가 네 가지 기본적인 인간의 자유에 기초하길 갈망하고 있습니다.
첫째, 세계 모든 곳에서 언론과 의사 표현의 자유입니다.
둘째, 세계 모든 곳에서 모든 사람이 자기 방식대로 신앙 생활을 할 수 있는 자유입니다.
셋째, 세계 모든 곳에서 결핍으로부터의 자유입니다. 말하자면 세계 각국이 그 주민에게 건강하고 평화로운 삶을 보장해주는 경제적 조치를 의미합니다.
넷째, 세계 모든 곳에서 공포로부터의 자유입니다. 말하자면 어떤 나라도 다른 나라에 대해 물리적인 공격 행위를 취할 수 없도록 하는 철두철미한 세계적 규모의 군비 축소를 의미합니다.

하지만 이런 목표를 안정적으로 추구하려면 우선 평화가 보장돼야 한다. 전 지구적 규모의 전쟁을 방지하려면, 유명무실해진 '국제연맹(League of Nations)'보다 훨씬 강력하고 평화 유지와 인권 보장을 최우선으로 하는 국제 기구의 건설이 요구됐다. 결국 이 '네 가지 자유' 연설은 그와 같은 원칙에 입각한 '국제연합'(United Nations; UN)의 창설로 이어졌다.

# DAY 157 │ 철의 장막과 죽의 장막

제2차 세계대전이 끝난 뒤 당시 서방 세계와 소련은 냉전 체제로 돌입했는데, 이들 사이의 정치적 장벽을 '철의 장막(the iron curtain)'이라고 불렀다. 이것은 1991년 냉전이 종식될 때까지 유럽을 두 개의 이념 집단으로 나누었다. 철의 장막은 제2차 대전을 승리로 이끈 영국의 수상 처칠(Winston Churchill, 1874~1965)이 1946년 미국을 방문했을 때 처음 이 말을 하면서부터 정치 용어로 세간에 알려지게 되었다.

원래 '철의 장막'은 1914년 벨기에의 엘리자베스 여왕(Elisabeth of Bavaria, 1876~1965)이 독일과 벨기에 사이의 정치적 상황을 묘사하면서 신조어로 등장했다. 이후 영어 용어로 처음 등장한 것은 1920년 에텔 스노든(Ethel Snowden)의 책 『볼셰비키 러시아를 통해서(Through Bolshevik Russia)』에서이다. 공산주의 러시아 영향권의 경계라는 뜻으로 쓰이기 시작한 이 말은 '꿰뚫을 수 없는 방벽(an impenetrable barrier)'이라는 의미였다. 그리고 나치 독일의 선전상(宣傳相) 요제프 괴벨스(Joseph Goebbels)도 자신이 발간한 신문 《제국(Das Reich)》에서 '얄타회담'에서 처칠, 루스벨트, 스탈린이 모의해 '철의 장막'을 쳤다고 보도하기도 했다.

그러나 이 말이 유명해진 것은 1946년 3월 5일, 윈스턴 처칠이 미국 미주리 주 풀턴의 웨스트민스터 대학에서 명예 학위를 받은 뒤 행한 '평화의 원동력(Sinews of Peace)'이라는 제목의 연설 때문이다. 그는 소련의 지배 하에 있는 동유럽을 두고 '철의 장막'이라는 용어를 사용했다.

웨스트민스터 대학에서 연설하는 처칠

From Stettin in the Baltic to Trieste in the Adriatic an 'iron curtain' has descended across the continent. Behind that line lie all the capitals of the ancient states of Central and Eastern Europe. Warsaw, Berlin, Prague, Vienna, Budapest, Belgrade, Bucharest and Sofia; all these famous cities and the populations around them lie in what I must call the Soviet sphere, and all are subject, in one form or another, not only to Soviet influence but to a very high and in some cases increasing measure of control from Moscow.

발트 해의 슈테틴에서 아드리아 해의 트리에스테까지 철의 장막이 대륙을 가로질러 드리워져 있습니다. 이 선 뒤에는 중앙 유럽과 동유럽에 있는 옛 국가들의 수도가 자리잡고 있습니다. 바르샤바, 베를린, 프라하, 빈, 부다페스트, 베오그라드, 부쿠레슈티, 소피아. 이 유명한 도시들과 이곳 주민들 모두가 소위 소련의 영역 안에 있으며, 어떤 식으로든 소련의 영향뿐만 아니라 어떤 경우에는 점증하는 모스크바의 통제를 심하게 받고 있습니다.

한편 동아시아에서는 1949년 마오쩌둥(毛澤東, 모택동)을 주석으로 한 '중화인민공화국'이 수립된 이후 서방 세계와 정치적 알력이 거세지자 서방 언론들은 이를 '죽의 장막(the bamboo curtain)'이라고 부르기도 했다. 이는 중국의 명산물인 대나무의 울창한 숲을 정치적 장벽으로 묘사한 것인데, 이후부터 대나무는 서양에서 중국을 비유할 때 많이 쓰이고 있다.

# DAY 158 | 노병은 죽지 않는다. 다만 사라질 뿐이다

1951년 4월 19일, 미국 워싱턴 D.C. 상하 양원 합동 회의장은 한 퇴역 장군의 연설로 인해 순간 긴장감이 감돌았다. 당시 연단에 섰던 주인공은 해리 S. 트루먼 대통령과의 불화로 군복을 벗은 70세가 넘은 맥아더(Douglas MacArthur, 1880~1964)였다. 그의 연설문 중 미군 군가(軍歌)의 후렴구를 인용한 마지막 글귀는 52년 동안 복무해온 자신의 군 생활의 마침표나 다름없었다.

Old soldiers never die. They just fade away.
노병은 죽지 않는다. 다만 사라질 뿐이다.

맥아더는 1937년 퇴역하고 필리핀 육군 대장으로 추대되었다가, 1941년 미 육군 대장으로 복귀한 후 1944년 원수 계급을 달았다. 그리고 일본 패망 이후 1945년부터 1951년까지 일본군 점령 사령부 원수를 지냈다. 그러다 1950년 '한국 전쟁' 당시 유엔군 사령관직을 맡아 인천상륙작전을 지휘한 것으로 잘 알려져 있는 인물이다.

1950년 6월 25일 '한국 전쟁'이 터졌다는 보고를 받은 트루먼(Harry Truman, 1884~1972)과 맥아더의 반응은 너무 달랐다. 도쿄의 극동 사령부에서 이 소식을 들은 맥아더는 무관심하면서도 초연했다. 함께 있던 덜레스 국무부 고문이 걱정하자 맥아더는 "단순한 정찰 병력이며 등 뒤에 한 손을 묶은 채로도 처리할 수 있다"며 별다른 신경을 쓰지 않았다. 이튿날도 천하태평이었다. 덜레스가 "무초 미 대사가 서울을 탈출했다"는 급보를 전하자 그제야 알아보겠다고 했을 정도였다. 맥아더는 '한국 전쟁'을 지휘하는 동안 한국에서 단 하룻밤도 보내지 않았다. 전용기를 타고 전황을 살펴보러 잠시 들렀다가 곧바로 도쿄로 돌아갔다. 인천상륙작전 때나 북진 공격 때도 마찬가지였다.

압록강까지 거침없이 북진하면서 "중공군의 개입은 절대 없을 것"이라는 장담과 달리 중국군의 개입으로 연합군이 뒤로 밀리자 워싱턴의 합동참모본부 대표들은 맥아더가 한국의 전황을 제대로 파악하지 못하고 있다는 판단을 내렸다. 다행히 이에 대한 트루먼의 대처는 단호하고도 빨랐다. 연합군이 중국군에 쫓겨 38선 이남으로 후퇴한 1951년 4월 11일, 트루먼 대통령은 맥아더에게 해임을 통보했다. 맥아더의 해임은 "남북 전쟁 이후 처음으로 미국에 헌정 위기를 불러왔다"고 기술될 정도로 커다란 혼란을 불러일으켰다.

더글러스 맥아더 원수는 웨스트포인트 육군사관학교에서 4년 동안 역대 최고 학점을 기록했고, 미군 역사상 모든 최연소 기록을 갈아치운 인물이다. 1918년 장군으로 진급하여 최연소 사단장, 웨스트포인트 육군사관학교 교장, 육군 참모장, 대장, 원수에 올랐다. 이렇듯 화려한 경력 때문에 1944년도 대통령 선거에서는 가장 유력한 공화당 후보로 꼽히기도 했다.

그런 맥아더에게 트루먼은 자신이 전쟁에서 승리하는 것을 싫어하고 두려워하는 경쟁자이자 워싱턴에 있는 반대 세력의 수장에 불과했다. 대학도 나오지 못했고, 군 경력은 주 방위군 대위가 전부인 '미주리 촌뜨기'에 불과했다. 그래서 자신을 해임한 트루먼 대통령을 탄핵하는 것은 시간 문제로 보았다. 그가 도쿄를 떠날 때 25만 명의 일본인이 성

조기를 흔들며 울었고, 뉴욕에 도착해 행진을 벌였을 때 700만 명의 인파가 열광하면서 장군의 귀향을 슬퍼했다. 이때까지만 해도 미국인들은 그를 한국 전쟁의 순교자로 여겼다.

하지만 그의 해임 건을 놓고 3일간 상원청문회가 열리자 대통령을 꿈꾸었던 70세 노병의 진실이 완전히 발가벗겨지고 말았다. 그는 문민통제에 대한 불복종과 오판은 물론, 거짓말까지 줄줄이 드러나 고개를 숙여야만 했다. 그러나 미 의회는 전쟁 영웅에 대한 예우로 청문회 공식 보고서는 내지 않았다.

또한 그는 대통령에게 경례하지 않은 처음이자 마지막 장군이기도 하다. 트루먼 대통령과 처음으로 대면했던 자리에서 맥아더 장군은 통수권자인 대통령에게 경례하지 않았다는 사실이 나중에 드러났다. 그리고 두 번씩이나 본국 소환에 불응하는 기록을 세운 전무후무한 장군이었으며, 미국의 대외 정책에 대해 공개 언급하지 말라는 대통령 훈령을 여섯 번이나 위반한 거만한 인물이었다.

# DAY 159 | 역사가 이들을 무죄로 하리라

체 게바라, 안토니오 히메네스와 함께 쿠바 혁명의 삼두 체제였던 피델 카스트로(1926~ )가 법정에 서서 남긴 말이다. 당시 서슬 퍼런 바티스타 독재 정권 아래에서 나온 이 말은 그 후 세계 양심수들의 슬로건이 되다시피 했다.

쿠바는 1492년 스페인 왕실의 후원을 받은 콜럼버스가 신대륙에 닿은 후부터 스페인의 식민지가 됐다. 이후 독립운동이 처음 일어난 것은 1868년이며, 호세 마르티가 이끄는 1차 전쟁(10년 전쟁)과 1895년 2차 전쟁을 거쳐 1898년에 독립을 쟁취했다. 하지만 미국의 준(準) 식민지 상태가 된 쿠바는 1940년 미국이 밀어준 군부 출신 바티스타가 대통령에 당선되자 친미 독재 정권으로 바뀌었다. 이후 빈부 격차는 더욱 심해져 수도 아바나는 도박과 매춘이 들끓는 환락지로 전락하고 말았다.

이때 등장한 인물이 바로 피델 카스트로이다. 카스트로는 1953년 반란군을 조직해 정부군의 몬카다 병영을 공격했다가 붙잡혀 15년형을 선고받았다. 법정에서 스스로를 변호하며 한 말이 바로 "나에게 유죄 판결을 내리시오. 역사가 나를 무죄로 할 것입니다"이다. 피델 카스트로는 2년 간 복역 후 특사로 풀려나 멕시코로 망명했다. 바로 그곳에서 체 게바라(1928~1967)와 운명적인 만남을 가졌다. 체 게바라 부부는 과테말라의 아르마스 독재 정권으로부터 핍박을 받아 멕시코에서 망명 생활 중이었다. 이후 다시 쿠바로 들어온 그는 체 게바라와 함께 혁명군을 조직해 1959년 바티스타 친미 독재 정권을 무너뜨리고 마침

카스트로(왼쪽)와 체게바라

내 혁명에 성공했다.

아르헨티나 출신의 의대생 체 게바라는 남미 여행 도중 민중의 고통스러운 삶을 보고 난 뒤 혁명가가 됐다. 카스트로와 함께 혁명에 성공한 체 게바라는 공업장관, 중앙은행 총재 등 요직을 맡다가 1965년 쿠바를 떠났다. 콩고를 거쳐 볼리비아 혁명에 가담했던 그는 결국 1967년 미군의 지원을 받은 볼리비아 독재 정권에 체포되었다. 체 게바라의 인기와 그의 활동으로 인해 남미 국가들을 장악하는 데 골치를 앓던 미국은 체 게바라의 총살에 동의했고, 체 게바라는 1967년 10월 9일 마리오 테란이라는 볼리비아 군 하사관에 의해 사살되었다. 죽기 전 체 게바라는 그에게 이렇게 말했다고 한다.

알아두어라. 너는 지금 사람을 죽이고 있다.

체 게바라의 본명은 에르네스토 라파엘 게바라 데 라 세르나(Ernesto Rafael Guevara de la Serna)다. 체(che)는 스페인 어로 '이봐'라는 말 정도로, 친근한 사람을 부를 때 붙이는 호칭이다.

# DAY 160 | 지구는 푸르다!

지구는 푸르다. 주변을 돌아봤지만, 아무도 존재하지 않는다.

1961년 4월 12일, '보스토크 1호(Vostok 1)'를 타고 인류 최초로 우주에서 지구를 한 바퀴 도는 데 성공한 27세의 소련 공군 중위 유리 가가린(Yuri Alekseyevich Gagarin, 1934~1968)이 지구를 바라보며 남긴 유명한 말이다. 이는 지구가 태양계에서 가장 많은 물을 안고 있는 행성임을 입증하는 말이기도 하다. 하지만 안타깝게도 그는 1968년 훈련 도중 갑작스러운 사고로 사망하고 말았다.

1957년 10월 4일 인류 최초의 인공위성 '스푸트니크 1호(Sputnik 1)'를 발사하고, 11월 3일 라이카(Laika)라는 개를 태운 '스푸트니크 2호'를 발사한 기술을 토대로 소련은 미국을 제치고 세계 최초로 유인 우주선을 띄울 수 있었으니 그것이 바로 '보스토크 1호'였다.

유리 가가린

호루시초프 소련 공산당 서기장은 유리 가가린을 "새로운 크리스토퍼 콜럼버스"라고 부르며 미국의 젊은 대통령 케네디에게 "따라올 테면 따라와봐라"라며 자존심을 건드렸다. 게다가 "이번 성공은 소련 인민의 우수성과 공산주의의 막강함을 보여주는 것이다. 가가린의 우주비행은 과학 기술의 모든 분야에서 소련의 우월성을 보여주는 증거이다"라고 주장했다.

이러한 소련의 인공위성이 미국 본토로 핵탄두를 쏘아 보낼 수 있음을 증명해보인 데다, J. F. 케네디가 취임한 지 3개월도 채 안 된 시점에 유리 가가린이 인류 최초로 지구 궤도를 돈 우주비행사가 되자 미국 국민들이 크나큰 충격을 받았다. 이를 만회하기 위해 케네디는 1962년 9월 12일 라이스 대학에서 행한 연설에서 1960년대가 가기 전에 달에 인간을 보내겠다고 선언했다.

> We choose to go to the Moon, we choose to go to the Moon in this decade and do the other things, not because they are easy, but because they are hard, because that goal will serve to organize and measure the best of our energies and skills, because that challenge is one that we are willing to accept, one we are unwilling to postpone, and one in which we intend to win, and the others too.

> 우리는 1960년대가 끝나기 전에 달에 갈 것이며 이일은 그 어떤 일보다도 우선입니다. 쉽지 않은 일이지만 바로 그렇기 때문에 선택한 것입니다. 이 일은 우리가 가진 힘과 능력의 최고치를 보여줄 것이기 때문입니다. 미국은 이 도전을 받아들일 용의가 있고 미루고 싶지 않습니다. 그리고 우리는 승자가 되려고 합니다. 하지만 이는 소련도 마찬가지입니다.

1958년 1월 31일 미국 최초의 인공위성 '익스플로러 1호(Explorer 1)' 발사에 성공한 이후 1958년 10월 1일 나사(NASA: National Aeronautics and Space Administration)를 설립한 미국은 마침내 1961년 5월 5일 첫 유인 우주선 '프리덤 7호(Freedom 7)'를 발사했다. 이후 1969년 7월 20일 '아폴로 11호(Apollo 11)'의 닐 암스트롱이 인류 최초로 달을 밟음으로써, 소련은 더 이상 우주 개발 계획에서 미국의 적수가 되지 못했다.

케네디의 약속이 지켜지자 미국 국민의 마음은 무엇이든 할 수 있다는 자부심으로 가득찼으며, 이로써 미국은 제2차 세계대전 이후 '팍스 아메리카나(Pax Americana)'를 구가할 수 있는 최대의 발판을 마련하게 되었다.

# DAY 161 | 역사는 현재와 과거의 대화

READ ☐

에드워드 핼릿 카(Edward Hallett Carr, 1892~1982)는 1961년 1월부터 3월에 걸쳐 모교 케임브리지 대학 강단에서 '역사란 무엇인가?'라는 제목으로 연속 강연한 내용을 묶어 가을에 같은 제목을 붙여 『역사란 무엇인가?(What is History?)』라는 책을 펴냈다. 이 책은 출판되자마자 베스트셀러가 되었으며, 지금까지도 꾸준히 팔리면서 현대 지식인들의 필독서로 자리잡았다.

그는 케임브리지 대학 트리니티 칼리지를 졸업하고, 1916년부터 20년 간 영국 외무부 공무원으로 근무했으며, 1936년 사임한 뒤에는 웨일스 대학의 국제정치학 교수로 있다가, 《더 타임스》 부편집인을 거쳐 1948년에는 UN의 '세계인권선언 기초위원회' 위원장을 맡기도 했다. 이후에는 옥스퍼드 대학 정치학 교수를 지내는 등 다양한 이력을 소유했다. 그리고 역사가로서 그는 기념비적인 저작 『소비에트 러시아사(History of Soviet Russia)』를 남겼다. 1945년부터 쓰기 시작하여, 거의 30여 년간 매달려 14권으로 완성한 이 책에 대해 영국의 일간지 《가디언(Guardian)》은 "금세기의 한 영국인 역사가에 의해 집필된 가장 중요한 저작들 중 하나"라고 찬사를 아끼지 않았다.

E. H. 카

E. H. 카는 『역사란 무엇인가?』의 제1장에서 다음과 같이 말했다. "'역사란 무엇인가?'라는

질문에 대한 나의 첫 번째 대답은, 역사란 역사가와 사실의 지속적인 상호작용 과정, 현재와 과거의 끊임없는 대화이다." 즉 그의 관점에서 보면, 역사는 역사가의 해석이며, 끊임없는 변화이다. 따라서 이러한 변화는 가치와 관점의 변화에 따라 언제나 달리 해석될 수 있다는 것이다.

E. H. 카는 이 책에서 독일의 역사가 레오폴트 폰 랑케(Leopold von Ranke, 1795~1886)의 실증주의 사관을 비판했는데, 랑케는 과거 사실 그 자체를 '역사가의 마음 밖에 존재하는 실재'로 생각했다. 따라서 역사가는 수많은 자료를 찾아 존재했던 그대로 과거를 밝히기만 하면 된다는 것이다. 그래서 그는 역사가의 임무란 단지 "그것이 실제로 어떠했는가를 보여주는 것(bloss zeigen wie es eigentlich gewesen)"이라는 금언을 남긴 사람으로 유명하다. 하지만 랑케를 비판한 E. H. 카가 진짜 하고 싶었던 말은 이 책의 마지막에 있었다.

역사는 점진적인 개선을 추구한 사람들이 아닌 기존 질서에 근본적인 도전을 감행했던 사람들에 의해 진보했다.

# DAY 162 │ 트롤로프의 수

쿠바 미사일 위기를 맞아 미 정부는 비둘기파와 매파로 극명하게 갈렸다. 비둘기파의 입장에서 볼 때, 미소의 냉전이 극에 달했을 때 쿠바를 공격하는 것은 결국 제3차 세계대전을 불사하겠다는 것이고, 이는 곧 공멸을 뜻했다. 물론 여기에는 쿠바 침공 실패에 따른 교훈도 큰 영향을 미쳤다. 1961년 4월 17일 미국 CIA가 훈련시킨 쿠바 망명자들이 미군의 지원 속에 침공하다 실패한 '피그스 만 사건(Bay of Pigs Invasion)'은 결국 미국에게 쿠바 미사일 위기를 자초하는 계기가 되었기 때문이다. 반면에 매파들은 쿠바에 대해 공습과 함께 지상 공격을 감행해 카스트로를 제거해야 한다고 맞섰다.

이 와중에 쿠바가 SS-4 중거리 미사일을 미국 전역을 사정권으로 하는 대륙간 탄도미사일(ICBM)로 바꾸려고 했다. 이에 케네디는 10월 22일 국가 비상사태를 선포하고 쿠바 봉쇄와 관련한 담화문을 발표한다. 그럼에도 소련에서 출발한 수송선이 다가오자 군부와 CIA 등은 쿠바에 대한 저공 정찰과 미사일을 실은 수송선에 대한 무력 시위를 요구했다.

10월 23일, 드디어 쿠바 봉쇄령이 발동되었다. 그리고 이튿날 소련 잠수함 세 척이 수송선을 호위하며 등장하자 군부는 즉각 공격을 요구했다. 일촉즉발의 상황에서 갑자기 수송

앤서니 **트롤로프**

선이 뱃머리를 돌렸다. 하지만 쿠바 상공에서 U-2가 격추되는 등 또 한 차례의 위기가 들이닥치고 마침내 케네디는 29일을 디데이로 정하고 전군에 명령을 내렸다.

전면전을 이틀 앞둔 27일 밤, 마지막 협상이 진행되었다. 미국은 터키에 주둔한 미군 미사일 기지를 철수하는 한편 쿠바를 전복시키지 않고 소련은 쿠바의 미사일 기지를 철수하기로 보장하는 비밀 협상안을 갖고 로버트 케네디와 백악관 특별 보좌관 케니 오도넬이 군부의 격렬한 반대 속에 주미 소련 대사관으로 향했다. 그리고 다음 날 소련은 이에 합의를 했다.

당시 케네디가 보여준 위기 관리 리더십은 돋보였다. 군부의 쿠데타 협박에도 불구하고 봉쇄 전략을 채택하며 대화와 협상을 포기하지 않아 평화를 가져왔기 때문이다. 특히 군부의 호전적 움직임을 간파한 케네디가 디데이와 최후 협상이라는 두 가지 카드를 동시에 꺼내든 전략을 우리는 '트롤로프의 수(Trollope Ploy)'라고 부른다.

이 '트롤로프의 수'는 영국 빅토리아 여왕 시대의 소설가인 앤서니 트롤로프(Anthony Trollope, 1815~1882)의 연작소설 『바셋 주(州) 연대기(The Barsetshire Chronicles)』(1855~1867)라는 작품에서 비롯되었다. 짝사랑으로 인해 마음이 들뜬 아가씨가 남자가 손을 잡는 자세를 취하자 청혼하는 것으로 지레짐작한 데서 나온 말이다. 현대에 들어 이것은 '협상 기술(negotiation technique)'이라는 뜻으로 많이 쓰이는데, '위기 국면을 타개하는 지혜의 결정판'으로 불리며, 지금까지도 케네디의 리더십을 상징하는 전략으로 널리 알려져 있다.

# DAY 163 | 나비같이 날아서 벌처럼 쏜다

무함마드 알리(1942~ )는 켄터키 주 루이빌(Louisville)에서 태어났다. 1960년 18세에 로마 올림픽에서 라이트 헤비급 금메달리스트가 되었다. 하지만 미국으로 돌아오는 길에 흑인이라는 이유로 백인 전용 레스토랑 출입을 거부당하자 화가 난 그는 오하이오 강에 금메달을 던져버렸다.

본명은 캐시어스 마셀러스 클레이 주니어(Cassius Marcellus Clay, Jr.). 그는 키 191센티미터에 팔 길이 200센티미터의 거구에도 유연한 테크닉과 스피드, 강철 같은 체력 등을 두루 갖춘 선수였다. 1964년 2월 25일 '인간 기관차'로 불리던 당시 헤비급 챔피언 소니 리스턴과 대결을 앞두고 그는 승리를 장담하면서 "나비같이 날아서 벌처럼 쏜다(Float like a butterfly, Sting like a bee)"고 말해 지금까지도 명언으로 남아 있다. 클레이의 후원사가 리스턴 측에 제발 큰 부상 없이 경기를 마칠 수 있게만 해달라고 부탁할 정도로 그에게 승산이 거의 없었지만 클레이는 뛰어난 스피드와 유연성으로 리스턴을 제압하며 7회 TKO승을 거두었다. 이 경기 후 그는 말콤 X의 권유로 '네이션 오브 이슬람(Nation of Islam)'에 가입하여 이슬람교로 개종했으며, 이름도 무함마드 알리로 바꾸었다. 알리는 이듬해에 벌인 재대결에서도 1회 KO승을 거두었다.

그 후 알리는 1964년 징병 검사에서 지능지수 78이 나와 병역 면제 판정을 받았지만 재검 후 현역 입영 대상자로 판정받았다. 그러자 알리는 입영을 거부했다. 그는 베트남 전쟁이 자신의 종교적 신념에 배치되

조 프레이저와 알리(오른쪽)의 경기

고 가난한 청년들만 희생되는 것이기 때문에 참전할 수 없다고 밝혔다. 결국 법정에 선 알리는 1967년 양심적 병역 거부로 5년형의 유죄 판결을 받고 타이틀도 박탈당했다.

이 사건은 급기야 미국 사회의 흑인 인권 운동과 베트남 반전 운동의 새로운 기폭제가 되었다. 더구나 이슬람 국가인 이집트와 파키스탄에서는 알리를 지지하는 단식 투쟁과 시위까지 벌어졌다. 1968년 멕시코 올림픽에서 육상 200미터에 출전한 토미 스미스와 존 카를로스(각각 금메달, 동메달 리스트)는 검은 장갑을 끼고 시상대에 올라 알리의 유죄 판결에 항의하기도 했다.

결국 미 당국이 한 걸음 물러나 형식적으로 군복을 입고 입대한 것으로 하고 복싱 선수 생활을 계속 할 수 있도록 해주겠다고 제안했으나 알리는 "백인들이 함부로 다룰 수 없는 저항하는 검둥이가 되겠다"라며 그 제의를 단호히 거부했다. 마침내 1970년 대법원 상고심에서 그의 병역 거부에 대해 배심원 전원이 알리에게 무죄 평결을 내렸다.

그리하여 30대에 접어든 알리는 3년 만에 링으로 돌아왔다. 마침내 1974년 아프리카 자이레의 수도 킨샤샤에서 조지 포먼과 '정글 속의 혈투(Rumble In The Jungle)'를 벌였다. 1973년 1월 프레이저에게 타이틀을 빼앗은 조지 포먼은 40전 37KO승의 엄청난 주먹에 당시 몇 년 동안 그를 상대로 3라운드 이상을 버틴 선수가 한 명도 없었다. 그래서 도박사들은 당연히 포먼에게 배팅했다. 예상대로 포먼은 8회까지 알리를 세차게 몰아붙였고, 예전 같지 않던 알리는 나비처럼 날긴 했으나 벌처럼 쏘지는 못하고 피하기만 했다. 하지만 알리는 8라운드 종료 20초 전에 스스로 지친 포먼을 원투 펀치로 다운시켜 세계를 놀라게 했다. 이후 그는 스핑크스, 패터슨, 지미 영, 프레이저, 켄 노튼 등 내로라하는 선수들을 모두 물리치며 세 차례나 헤비급 챔피언에 등극하여 권투 선수로서 누릴 수 있는 최고의 영예를 누렸다. 그리고 1981년 트레버 버빅과의 경기를 마지막으로 링에서 은퇴했다.

그는 지금 현역 시절에 강한 상대들에게 많이 맞아 생긴 파킨슨 증후군으로 병마와 싸우고 있다. 하지만 코란 공부에 몰두하면서 "말을 못하고 행동에 제약을 겪음으로써 비로소 인간적인 삶을 살게 됐다"고 말해 병을 앓고 있는 자신의 마음가짐을 보여주었다. 이런 와중에도 그는 아프리카 극빈국의 아이들을 위해 자선활동을 벌였다. 그리고 한때 병역을 기피하며 정부와 치열한 싸움을 벌였지만 미국 정부와 이슬람 국가 사이에 문제가 생길 때마다 해결사로 나섬으로써 링 밖에서도 혈전을 이어가고 있다.

알리가 다시 대중들에게 선보인 것은 1996년 애틀랜타 올림픽 개막식에서였다. 그가 성화의 최종 점화자로 감동적인 모습을 보여주자 그를 기억하는 전 세계 사람들은 알리에게 경의를 표했다. 당시 IOC는 알리가 강물에 던져버린 로마 올림픽 금메달을 대신해 그에게 새로운 메달을 제작해 증정하기도 했다.

미국의 최초 흑인 대통령 버락 오바마도 집무실에 알리가 소니 리스턴을 다운시킨 뒤 포효하는 사진을 걸어놓을 정도로 알리의 열렬한 팬이다. 대통령 선거 당시에는 알리가 오바마의 선거 캠프를 방문했으며, 대통령에 당선된 오바마는 취임식에 알리를 초청하기도 했다.

| 금지하는 것은 금지되어 있다

"금지하는 것은 금지되어 있다(Il est interdit d'interdire; It is forbidden to forbid)"라는 말은 프랑스 대학생들이 1968년 '5월 혁명' 때 내걸었던 슬로건으로, 기성 세대의 모든 억압과 가치에 대한 거부를 표현한 것이다. 즉 전후 오랫동안 자행되었던 국가적 이익을 위한 개인의 자유, 노동자의 인권, 학생의 평등권 등의 억압을 금지한다는 모토이다.

프랑스는 제2차 세계대전이 끝나고 전쟁 영웅이었던 드골이 대통령이 되었는데, 그는 기본적으로 국가주의자이자 보수 우익이었다. 전후 사회 복구가 중요했기 때문에 그는 경제 성장을 최우선 정책으로 삼았다. 따라서 노동자는 열악한 근무 환경도 무조건 참고 일하라는 억압이 암암리에 깔려 있었다. 그리고 대다수의 학생들은 차별적인 교육 제도와 억압적인 기성 세대의 가치관에 불만을 품고 노동자 인권 문제로 인해 대두되고 있던 사회주의 사상에 물들어 있었다.

대호황 속에서 지배 계급은 '소비 사회'라는 아편으로 사람들을 기계 부품처럼 길들이고, 노조와 공산당 등 구좌파들은 몇 푼의 임금을 올리고자 지배층과 타협을 일삼았다. 그래서 혁명적 의지를 전면에 내세운 젊은 세대는 체 게바라의 쿠바 혁명과 마오쩌둥의 문화대혁명에 열광했으며, 구좌파들의 지침이나 의회를 통한 협상에 의존하지 않고 직접 행동에 나섰다.

처음에는 파리의 몇몇 고등학교, 대학 행정부와 경찰에 대한 학생 봉기로 시작했다. 드골 정부는 경찰력을 동원했으나 이는 오히려 운동

1968년 파리 시내 벽에 적힌 슬로건

의 열기에 불을 붙이는 꼴이 되었다. 학생들은 '몰로토프 칵테일 ((Molotov cocktails)'이라 불리는 화염병을 던지며 라틴 지구의 경찰과 가두 전투를 벌였고, 마침내 프랑스 전역의 학생들이 동맹 휴업을 결의 했고, 파리의 전체 노동자의 3분의 2에 해당하는 수가 총파업을 감행했다. 그러자 드골 정부는 한술 더 떠 군사력을 동원했으며, 급기야 의회를 해산하고 1968년 6월 23일에 다시 총선을 실시했다.

이 즈음 정부는 붕괴되기 일보직전이었고 드골은 잠시 피신하기까지 했으나, 혁명적인 상황은 지속되지 못했다. 좌파 연합인 노동총연맹과 프랑스 공산당의 실책 덕분에 드골의 '신공화국연합'이 승리를 거두었기 때문이다. 그리하여 드골은 이전보다 더 힘을 얻게 되었으나 이듬해 물러나고 말았다.

'5월 혁명'은 '68 혁명(Mai 68)'으로도 불린다. 이 혁명의 주도자들은 제도적 경직성과 권위주의에 찌든 구좌파와 차별성을 보이면서도 구좌파의 다양한 가치를 융합한 진일보한 좌파, 즉 '신좌파'라고 할 수 있다. 구좌파의 노동 해방과 빈부 격차 타파라는 평등주의를 계승하면서 생태주의, 여성주의, 소수자 운동 등으로까지 영역을 넓히고, 주변부의 사회적 약자에 대한 연대와 해방을 추구했기 때문이다. 하지만 신좌파는 하나의 이념으로 결속된 단일 세력이 아니었기 때문에 사회주의자, 무정부주의자, 트로츠키주의자, 마오쩌둥주의자 등으로 노선에 따라 분화되었다. 직접 행동 민주주의, 혁명적 투쟁을 중시한 신좌파는 처음엔 제도권에 참여하기보다 주로 반체제 비판 세력으로 남았다. 하지만 '68 혁명'에서 크게 영향을 받은 환경 운동 단체들이 정치에 본격적으로 뛰어들면서 정치계의 주목을 끌었다. 특히 프랑스와 독일에서는 녹색당이 결성되어 좌파 연립 정부에 참여하면서 유럽 사회에 큰 활력소가 되었다.

비록 '68 혁명'은 실패로 끝났으나, 사회적으로 엄청나게 큰 영향을 미쳤다. 프랑스에서는 종교, 애국주의, 권위에 대한 복종 등의 보수적인 가치들을 대체하는 평화, 성해방, 인권, 공동체주의, 환경, 생태 등의 진보적인 이념들이 사회의 주된 가치로 자리매김했다. 그리고 무엇보다 지금 전 세계를 휩쓸고 있는 세계화에 대안적 사상을 제공했기 때문에 '68 혁명'은 아직도 현재 진행형이라 말할 수 있다. 그렇기 때문에 예일대 석좌 교수 임마누엘 월러스타인(Immanuel Wallerstein, 1930~ )은 "지금까지 세계 혁명이라고 할 수 있는 혁명은 1848년 혁명과 1968년 혁명뿐이다. 물론 둘 다 실패로 끝났다. 그리고 둘 다 세계를 바꿔놓았다"라고 말했다.

# DAY 165 | 바더 마인호프 콤플렉스

프랑스의 '68 혁명'은 서독과 체코로까지 이어졌다. 특히 서독에서 일어난 '68 혁명'의 원인으로 베노 오네소그와 루디 두치케의 죽음을 꼽을 수 있다. 먼저 1967년 6월 2일 미국의 꼭두각시인 이란의 팔레비 국왕 부부의 방독을 반대하는 시위대가 베를린과 전국 대도시에서 발생했고, 그중 베노 오네소그라는 대학생이 경찰이 쏜 총에 맞아 숨지면서 시위가 확산됐다. 이어 '사회주의 대학생 연맹(SDS)'의 유명한 연설가였던 루디 두치케(Rudi Dutschke, 1940~1979)가 1968년 4월 11일 베를린 시내에서 경찰관에 의해 피격당한 사건이 일어나자 '68 혁명'의 불씨는 걷잡을 수 없이 서독 전체로 번져 나갔다.

자본주의 중심으로 빠르게 재편되는 세계의 흐름과 미국의 베트남전 침공에 대한 부당함을 거론하며 반대 의지를 표명하는 데서 시작한 대학생과 지식인 등의 온건 좌파 세력들의 저항 운동은 루디 두치케의 살해 이후 점차 공격적으로 변해갔다. 그리하여 '68 혁명' 이후에는 적군파가 급진화와 과격화를 주도했다. 평화적인 방법으로는 정부의 반성을 이끌어낼 수도 없고 국민들의 관심도 끌지

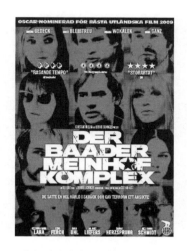

영화 〈바더 마인호프 콤플렉스〉 포스터

못한다고 여긴 젊은 혁명가 안드레아 바더(Andreas Baader)와 기자 출신 울리케 마인호프(Ulrike Meinhof)가 주축이 되어 1970년 5월 14일 '독일 적군파(RAF: Red Army Faction)'가 결성되었다. 이 급진적 혁명 단체가 내세우는 정치적 목적은 나치의 잔재를 청산하고, 미국의 존재를 독일에서 완전히 제거하기 위해 테러를 이용하는 것이었다.

'독일 적군파'는 테러와 도시 게릴라 활동으로 서독 정부를 전율시켰는데, 1991년까지 무려 26명의 목숨을 앗아갔다. 그들은 극우 성향의 판검사를 사살하고, 보수 언론사를 폭파했으며, 급기야 루프트한자 여객기까지 납치했다. 여객기 납치는 감옥에 갇힌 바더와 마인호프 등을 석방시키기 위해서였다. 하지만 납치범들은 특공대에 의해 사살되고 감옥의 동료들도 의문의 죽음을 당했다. 당시 서독 사회에 엄청난 충격을 준 '독일 적군파'는 결국 1998년 4월 자진 해체되었다.

이 사건은 '68 혁명' 40주년을 맞은 2008년에 독일에서 영화로도 만들어졌다. '브룩클린으로 가는 마지막 비상구'를 감독한 울리 에델(Uli Edel)의 〈바더 마인호프 콤플렉스(Der Baader-Meinhof Komplex)〉가 바로 그것이다.

## DAY 166 | 나를 이끈 것은 공산주의가 아니라 애국심이었다

제1차 세계대전이 끝나자 베트남 내 민족주의 운동이 활발히 전개되었다. 그중 호치민(Ho Chi Minh, 1890~1969)이라는 청년은 공부를 더하기 위해 1918년 파리로 건너가 프랑스 사회당에 헌신하면서 조국의 독립을 준비했다. 하지만 당이 이념만 앞세우고 식민지 국가 문제를 등한시하자 이에 회의를 품은 그는 다음과 같이 말했다.

나를 이끈 것은 공산주의가 아니라 애국심이었다.

프랑스에 머무는 동안 '구엔 아이 쿡(阮愛國, 애국자 구엔)'이라는 이름으로 애국을 택한 그는 1941년 2월 8일 '호치민'으로 이름을 바꾸고 무려 30년 만에 조국으로 귀국했다. 호치민은 마르크스 사상을 공유한 공산주의자이지만 동시에 프랑스 식민 지배에 저항한 민족주의자였기 때문에 대중들의 지지를 얻을 수 있었다. 대중의 지지를 등에 업은 그는 마침내 1945년 9월 2일, '베트남 민주공화국(Democratic Republic of Vietnam)'을 선포했다.

그러나 1946년 하이퐁 항구에서 베트민(비엣민: Viet-Minh)과 프랑스 사이에 무력 충돌이 일어났는데, 이를 '베트남 독립전쟁(또는 제1차 인도차이나 전쟁)'이라고 부른다. 베트남은 중국으로부터, 프

1946년의 호치민

랑스는 미국으로부터 군수물자를 지원받아 서로 치열한 전투를 벌였다. 토지 개혁을 통해 지주제를 폐지하고 실질적인 자신의 토지를 받은 농민들의 절대적인 지지를 받은 베트민은 1954년 5월 7일 디언 비엔 푸(Dien Bien Phu) 전투에서 승리를 거두며 기나긴 전쟁에 종지부를 찍었다.

전후 중국과 소련은 공산 세력을 확산시키려 위도 17도선을 기점으로 국경을 분할할 것을 요구해 베트남은 남북으로 분리되었다. 그리하여 미국의 후원을 받은 남베트남에서는 1955년 응오 딘 지엠(Ngo Dinh Diem, 1901~1963)을 대통령으로 '베트남 공화국(Republic of Vietnam)'이 건국되었다.

그러나 노동당을 중심으로 이 정권에 대항하고, 베트남 민족의 통일을 위해 '제네바 협정'에서 약속한 통일선거를 요구하면서 베트남 전쟁의 제2막이 올랐다. 탄압이 점점 심해지자 남베트남에서는 메콩 강 하류 델타 지역에서 봉기가 확산되었고, 1960년 12월 '남베트남 민족 자유 전선(NLF: National Liberation Front of South Vietnam)'이 결성되었다. 이후 1963년 사이공에서는 불교도들의 시위와 틱꽝득(Thinch Quang Duc, 1897~1963) 승려의 분신 자살이 발생했고, 11월에는 군사 쿠데타가 일어나 지엠 대통령이 암살당하면서 남베트남은 더욱 혼란스러운 국면으로 접어들었다.

남베트남 혁명 세력의 공세가 점점 심해지자 미국은 베트남을 지키기 위해 라오스와 캄보디아를 관통하는 이른바 '호치민 트레일(Ho Chi Minh Trail)'을 공격하기 시작했다. 1964년 8월 마침내 통킹 만 사건이 일어나고 미국은 '베트남 전쟁'에 본격적으로 개입했다. 미국은 1961년 케네디(John F. Kennedy) 대통령의 결정으로 1963년 말까지 처음으로 남베트남에 1만 6천 명의 군대를 파견했다. 미국은 북베트남에 100만톤이 넘는 폭탄을 투하하여 전투력을 마비시키고자 했지만 오히려 북베트남에서 본격적으로 개입하는 단초가 되었다.

마침내 1968년 NLF 무장 게릴라는 새해 '테트(Tet, 구정)' 축제를 기해 전국의 주요 도시에서 동시다발적으로 미국의 주요 시설을 공격했다. 당시 미국 내에서는 전쟁에서 패배할 것이라는 심리적 위축감이 팽배했고, 미국 내에서 반전 시위가 확산되었다. 1968년 11월의 대선에서 존슨 대통령이 패배하자 새로 당선된 닉슨(Richard Nixon)은 이듬해 소위 '닉슨 독트린'을 발표하며 미국이 베트남전에서 철수할 것이라고 시사했다. 그리하여 1968년 5월부터 평화 교섭이 벌어졌지만, 미국이 북위 17도 이남 지역을 사수하겠다는 의지를 천명하면서 전쟁이 캄보디아(1970)와 라오스(1971)로 확대되어 '2차 인도차이나 전쟁'의 양상을 띠고 말았다. 마침내 1972년 3월 B-29 폭격기를 동원한 북베트남에 대한 미국의 대대적인 '구정 공세'가 여름까지 계속되었다.

그러나 1973년 1월 '파리 평화 협정'에서 미국은 전쟁에 대한 패배를 인정하며 정전 협정에 합의하고, 북베트남에 미군 전쟁 포로를 석방해 줄 것을 요구했다. 더구나 닉슨이 소위 '워터게이트 사건'으로 낙마하자 사이공 정부에 대한 미국의 지원은 약화될 수밖에 없었다. 1975년 초 북베트남은 남베트남에 총공세를 벌였고, 마침내 4월 30일 사이공이 함락되면서 베트남의 마지막 대통령 즈엉반민(Dong Van Minh)이 호치민에 항복했다. 미국의 야욕이 빚어낸 이 전쟁은 베트남 전체의 민간인만도 2백만 이상의 사상자를 내면서 20세기 중반 인도차이나 반도에 커다란 상처를 입혔다.

# DAY 167 | 목구멍 깊숙이

1968년 대선에서 리처드 닉슨이 간발의 차로 승리하자 닉슨과 그의 측근들은 불안감을 감추지 못했다. 그래서 1971년 차기 대선을 위해 정적들을 감시하고 그들의 활동을 무력화하기 위해 '배관공'이라는 이름의 특수 조직을 가동시켰다.

1972년 6월, 워싱턴 D.C.의 워터게이트 빌딩에 있는 민주당 전국 위원회 본부에 배관공 몇 명이 침입하여 도청 장치를 설치했다. 민주당의 기밀을 빼낸 덕분에 닉슨은 11월에 열린 대선에서 압도적인 표차로 재선되었다. 그러나 경비원이 도청 테이프를 발견하고 경찰에 신고했고, 출동한 경찰은 민주당 선거 사무실에 불법 침입한 다섯 명을 현행범으로 체포했다. 그중 제임스 W. 맥코드(James W. McCord)의 수첩에 백악관 고위 관료의 연락처가 나오자 백악관이 의심을 받기 시작했다. 이에 《워싱턴 포스트》의 젊은 기자 밥 우드워드(Bob Woodward)와 칼 번스타인(Carl Bernstein)은 익명의 제보자의 도움을 받아 닉슨 정권이 저지른 부정 행위에 대한 진실을 끈질기게 밝혀내기 시작했다.

결국 1972년 6월 워터게이트 배관공들은 가택 침입 혐의로 기소되어 1973년 1월 유죄 판결을 받았는데, 3월 23일 선고공판에서는 제임스 W. 맥코드가 이번 사건에서 백악관이 연루되었으나 그 사실을 은폐해왔다는 내용을 재판부에 제출했다. 백악관이 연루되어 있다는 사실은 날이 갈수록 명백해졌고, 이 스캔들은 결국 닉슨 대통령의 몰락을 불러오게 되었다.

워터게이트 사건(Watergate Affair)으로 인해 닉슨 정권이 자행한 선거 방해, 정치 헌금의 부정, 수뢰, 탈세 등이 속속 드러났으며, 1974년 8월 하원 사법위원회에서 대통령 탄핵 결의가 가결됨에 따라 닉슨은 미국 역사상 최초로 임기 중에 사임하게 되었다. 하지만 부통령 G. 포드가 대통령직을 이어받으면서 9월 8일 닉슨이 재임 기간 중 저지른 모든 죄에 대해 특사를 발표해 이 사건은 일단락되었다.

〈모두가 대통령의 사람들〉 영화 포스터

《워싱턴 포스트》의 편집 이사이던 하워드 시몬스(Howard Simons)는 익명의 제보자에게 '딥 스로트(deep throat, 목구멍 깊숙이)'라는 이름을 붙였는데, 두 기자가 1974년에 공저로 펴낸 『모두가 대통령의 사람들(All the President's Men)』에서 처음으로 일반에 공식 소개되었다. 이 책은 1976년 더스틴 호프먼과 로버트 레드포드가 주연을 맡아 〈대통령의 음모〉라는 제목의 영화로도 만들어졌다.

'딥 스로트'라는 말은 당시 인기 있던 포르노 영화의 제목에서 따온 것이다. 1972년 개봉 당시 미 연방 수사국(FBI)이 포르노 영화 〈목구멍 깊숙이〉의 극장 상영을 저지하기 위해 영화 필름을 압수하여 실험실에서 영화 필름 원본을 분석했고 배우와 제작자, 영화 필름 운반자 등 이 영화와 관련된 대부분의 사람들을 심문했기 때문에 이를 조롱해 붙인 것이다. 이후 이 말은 일반인 사이에서도 널리 퍼져 '익명의 제보자(secret informant), 내부 고발자'라는 뜻으로 사용되었다.

딥 스로트의 정체는 미국 정치계 및 언론계의 최대 미스터리였으며, 온갖 추측이 난무했다. 우드워드와 번스타인이 제보자가 죽기 전에는 그가 누구인지 밝히지 않겠다고 선언했기 때문이다. 하지만 2005년 5월 31일 당시 91세였던 FBI 부국장 출신의 윌리엄 마크 펠트(William Mark Felt, Sr., 1913~2008)가 미국의 월간지 《배너티 페어(Vanity Fair)》와 한 인터뷰에서 자신이 딥 스로트임을 밝혀 세상을 놀라게 했다.

# DAY 168 | 작은 것이 아름답다

READ ☐

시대 정신을 사로잡은 세계적인 베스트셀러 『작은 것이 아름답다 (Small is beautiful)』는 1973년에 출간된 독일 출신의 영국 경제학자 에른스트 프리드리히 슈마허(Ernst Friedrich Schumacher, 1911~1977)의 대표 저작이다.

성장 지상주의에 대한 성찰과 반성의 근거를 제공하고 그 대안을 모색한 저자는 경제학이 인간을 인간답게 살도록 해주는 상식의 바탕이 된다는 사실을 우리에게 전해주고 있다. 영국의 주류 경제학과 테크놀로지에 대한 비판과 도전을 담은 이 책은 아직까지도 세계 경제 연구의 혁신적 저작으로 꼽히고 있다. 그는 이 책에서 근대 산업 사회의 대량 생산 기술은 폭력적이고, 생태계를 파괴하며, 재생할 수 없는 자원을 낭비하기 때문에 지식과 경험을 잘 활용하고, 분산화를 유도하며, 생태계의 법칙과 공존하면서 희소한 자원을 낭비하지 않는 중간 기술(intermediate technology)이 필요하다고 역설했다.

특히 중간 기술을 '인간의 얼굴을 한 기술(technology with a human face)'로 표현해 인류 복지 향상을 위한 중간 기술의 역할을 강조했다. 또 그는 중간 기술 개발 그룹(ITDG: Intermediate Technology Development Group)을 설립하고, 중간 기

E. F. 슈마허

술 확산에 평생을 바쳤다. 이후 ITDG에서 중간 기술이 첨단 기술과 비교되는 것을 피하고, 기술에 정치 사회적 의미를 포함하는 의미로 적정 기술(appropriate technology)이라고 용어를 고쳤는데, 이 개념은 아직까지도 통용되고 있다.

또한 그는 실제 경험이 없는 이론화에 불만을 느끼고 여러 분야에 진출하여 기업가, 언론인, 경제학자로 알려지게 되었으며, 2차 대전 중에는 옥스퍼드에서 잠시 학업을 재개했다. 독일의 영국 점령 지역 통제 위원회 경제 자문관, 영국 석탄공사 경제 자문관, 영국 토양협회 의장, 스코드 바더사(社)의 이사 등을 역임했으며, 개발도상국을 위해 중간 기술 개념을 창안하고 중간 기술 개발 집단을 설립하여 의장으로도 활동했다.

이후 농촌 개발에 대한 그의 권고안은 수많은 외국 정부로부터 주목받았으며 활발한 학술 활동으로 1974년에는 대영제국 지도자 훈장(OBE)을 받았다. 현대 환경 운동사에서 최초의 합리적 사상가로 평가되는 슈마허는 아주 다양한 관심사들을 하나의 참조 틀 속에 융합시킨 경제학자였다.

우리의 '산업 문명'이 지닌 기본적인 오류는 대체 불가능한 자연 자본을 계속해서 소득으로 취급한다는 데 있다. 그리고 그것을 팔고 그 대가를 받는 비교적 직접적인 상거래보다 사람들에게는 '노동'이 훨씬 더 큰 의미가 있다는 사실을 망각한다. 현재 시장은 자유롭지도, 언제나 효율적이지도 않으며, 부의 차이를 심화시키고 환경 파괴를 가속화한다. 근대 산업 사회는 보다 높고 강한 것을 '경쟁력'의 척도로 여기며, 이를 통해서 경쟁자보다 빠르게 행복에 도달할 수 있다고 착각한다.

슈마허가 제안하는 행복론은 경쟁과 속도전에서 벗어나, 인간이 자신의 행복을 위해 스스로 조절하고 통제할 수 있을 정도로 소규모의 경제를 유지할 때 환경과 인간이 공존하는 경제 구조가 확보된다는 것이다. 인간이 자신의 행복에 맞추어 성장을 조절해야 한다. 그것이 바로 '인간의 얼굴을 한 기술'이다.

## DAY 169 | 블록버스터

블록버스터(blockbuster)란 원래 '초대형 폭탄'을 말하는데, Block은 '도시나 마을의 구획'을 의미하며 bust는 '폭파하다, 날려버리다'라는 의미를 가지고 있기 때문에 '한 구획을 날려버릴 정도로 파괴력을 가진 것'이라는 뜻이다. 이것은 원래 제2차 세계대전 당시 영국 공군이 썼던 4.5톤짜리 초대형 폭탄의 이름이었다.

이 말이 처음 엔터테인먼트 업계에서 사용된 것은 1957년으로, 어떤 연극이 대성공을 거두어 그 구획 안에 있는 다른 모든 경쟁 극장들을 날려버렸다고 해서 블록버스터라는 말을 썼다고 한다. 이후 이 용어는 연극이나 영화의 '대히트작'이라는 의미로 급속도로 확산되었으며, 의미가 확장되어 '압도적인 것, 유력자, 영향력이 큰 사람(또는 사물, , 쇼크를 주는 것' 등을 가리키는 말로 쓰였다. 요즘에는 영화나 제약회사의 '초대작, 대히트작, 초베스트셀러'라는 뜻으로 더 많이 쓰이고 있다.

〈바람과 함께 사라지〉(1939), 〈쿠오바디스〉(1951), 〈십계〉(1956), 〈벤허〉(1959), 〈매리 포핀스〉(1964), 〈사운드 오브 뮤직〉(1965) 같은 영화들은 관객 동원 규모로 봤을 때 '엄청난 히트작'으로서 블록버스터이다. 총액으로 봤을 때 모두 1억 달러 이상의 입장료 수입을 올렸는데, 당시 미국의 극장 입장료가 1달러 미만이었음을 감안하면 엄청난 관객이 든 것이다. 이때까지만 해도 블록버스터는 관객이 결정해주는 것이었다.

그러나 1975년 여름에 방영되어 그해에 1억 3천만 달러를 벌어들인

스티븐 스필버그 감독의 〈조스〉
이후로 '여름 블록버스터의 시대'
가 도래했다. 할리우드의 제작자
들은 미국의 독립 기념일인 7월
4일에 맞춰 개봉할 영화에 엄청
난 자금을 투입하기 시작했다.
이러한 블록버스터 시리즈를 만
든 거장으로는 스티븐 스필버그
이외에도 〈스타워즈〉의 조지 루
카스가 손꼽힌다.

이처럼 관객이 정의해주던 블
록버스터는 1990년대에 들어서
엄청난 제작비를 투입하여 입장
료 수입과 비디오 및 관련된 각

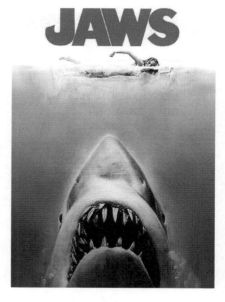

〈조스〉의 포스터

종 상품의 판매 수익을 통해 대중 시장을 겨냥하는 개념, 즉 기획자가
정의하는 영화로 탈바꿈했다. 우리나라에도 이러한 추세가 자리잡아
무려 24억 원을 투입하여 620만 관객을 동원한 강제규 감독의 〈쉬
리〉(1998)가 '한국형 블록버스터' 시대를 활짝 열었다.

# DAY 170 | 매일 전쟁을 치르듯이 살았다

READ ☐

마거릿 대처(Margaret Hilda Thatcher, 1925~2013)는 1925년 식료품상의 둘째딸로 태어났다. 특출난 성적의 학생은 아니었지만 노력파였던 그녀는 옥스퍼드 대학을 졸업했다. 그녀가 화학도에서 벗어나 법률 공부를 할 수 있게 된 결정적인 계기는 남편 데니스 대처를 만나면서부터였다. 1951년 12월에 결혼했을 당시 남편의 수입은 부인이 일을 하지 않아도 될 만큼 충분했다. 그 덕분에 그녀는 1955년에 변호사가 되었고, 1959년에 마침내 의회에 입성하게 되었다.

이후 1975년 보수당 당수가 된 그녀는 야당 당수로서 노동당 정부를 매섭게 몰아붙였다. 1979년 경제난과 총파업이 엎친 데 덮치며 노동당이 무릎을 꿇었고, 마침내 1979년 5월 그녀는 영국 최초로 여성 총리에 올랐다. 이후 하루에 열아홉 시간씩 일주일 내내 일하는 초능력을 과시했다. 가까운 친구도 별로 없고 말수도 적은 대처는 가족들과 둘러앉은 시간 이외에는 대부분의 시간을 정치에 할애했다. 그녀는 유럽 통합에 대한 비타협적인 자세로 당 지도부의 반발을 초래하여 1990년 11월 22일 사퇴하기까지 11년간 최장기 재임을 했다. 재임 기간 동안 그녀는 누구에게도 굴복하지 않는 강력한 리더십을 발휘함으로써 사람

≪타임≫ 표지에 실린 대처

들로부터 '철의 여인(The Iron Lady)'이라는 별명을 얻었다.

특별한 배경도 없는 중산층 여성이라는 핸디캡을 극복하고 총리까지 된 그녀의 정치 철학에는 "결국 개인이 노력하기 나름이다. 사회가 개인의 처지를 일일이 돌봐줄 필요는 없다"라는 사고방식이 자리잡았다. 그래서 집권 초기 영국의 광산 노동조합을 폭력적으로 진압하고, 사회 복지 혜택을 감축했으며, 1980년대 중반에는 대대적인 공기업 민영화와 함께 금융 빅뱅을 통해 오늘날의 광폭한 '신자유주의'를 관철해나갔다. 외교적으로는 철저한 반공주의를 추구했으며, 영국의 유럽 공동체 가입에 적대적이었고, 1982년에는 아르헨티나와 '포클랜드 전쟁'을 벌이기도 했다.

"매일 전쟁을 치르듯이 살았다"라는 그녀의 말은 국가를 위해 헌신한 일면만 부각시키고 있지만, 국가를 위해 매일같이 힘없는 자들과 싸웠으며 시민들의 저항에 폭력으로 대응해왔다는 어두운 이면도 존재한다.

# DAY 171 | 페레스트로이카와 글라스노스트

READ ☐

　1987년부터 세계 매스컴에서 '페레스트로이카'와 '글라스노스트'라는 유행어가 보편화되었고, 이 두 단어는 소련 공산당 서기장 고르바초프(Mikhail Sergeyevich Gorbachev, 1931~ )의 미국 방문을 계기로 90년대 최고의 시사 유행어로 자리잡았다.

　페레스트로이카(perestroika)는 pere(고치다)와 stroika(건축), 즉 '고쳐 세운다'는 뜻으로 '재건, 개편'에 해당한다. 소비에트 연방은 흐루쇼프(Nikita Sergeevich Khrushchov, 1894~1971) 이래 이윤 도입론 등 온건한 개혁을 수차례 시도했으나 모두 실패로 돌아갔기 때문에 페레스트로이카는 부분적인 개혁보다 전면적으로 고쳐 세우는 변혁에 가까운 대개편 작업의 의지를 표명한 것이다. 이 전략 덕분에 사회주의 체제에 시장 경제가 도입되고, 당내 민주화 및 비밀 투표, 복수 정당제, 대통령제 도입 등 민주적 방식의 선거 제도가 마련되었다.

　글라스노스트(glasnost)는 '소리를 내다, 자유로이 발언하다, 반포, 공표하다'라는 뜻으로 '정보 공개'에 해당한다. 비록 제한적 공개였지만 열린 사회를 지향한 이 정책은 국민의 알 권리를 활성화하고 보수 관료와 사회의 부패를 비판함으로써 소련의 민주화에 영향을 미쳤다. 언론의 자유와 검열 폐지 등을 골자로 한 이 정책 덕분에 방송과 미디어에 대한 언론 규제가 완화되어 계급 투쟁을 비판하는 사설이 신문에 실리거나 미국 팝가수의 공연이 방송되기도 했으며, 공산당의 만행이 텔레비전을 통해 공개적으로 비판되고, 포럼과 토론이 대대적으로 진행

1991년 8월 의회에서 고르바초프를 윽박지르는 옐친

되어 수많은 비밀 문서들이 폭로되었다. 그리고 이 정책의 하나로『닥터 지바고』가 소련에서 해금, 출판되고, 파스테르나크도 사후에나마 복권되었다. 하지만 솔제니친의『수용소 군도』는 해금시켜주지 않아 글라스노스트의 한계를 보여주기도 했다.

한편 이 두 가지 정책의 영향으로 소비에트 연방에 속해 있던 각 공화국들이 독립을 주장하면서 개혁은 각종 난관에 부딪혔다. 특히 1986년 4월 26일 '체르노빌 원자력 발전소 사고'가 발생하면서 엄청난 피해가 발생했고, 이로 인해 소련의 관료주의 체제의 무능이 드러나면서 소련 국민들은 더욱 진보적인 개혁을 원하게 되었다. 이는 고르바초프의 노선보다 더 급진적이었던 보리스 옐친(Boris Nikolayevich Yeltsin, 1931~2007)에게 힘을 실어주는 계기가 되었다.

그동안 고르바초프의 개혁 정책에 불만을 품고 있던 공산당 내 보수파들은 공산당의 권위와 국내 경제의 악화를 이유로 1991년 8월 쿠데타를 일으켜 고르바초프를 실각시키려 했다. 하지만 옐친이 주도한 개혁파가 시민의 지지를 업고 이를 막아내자 사흘 만에 복귀한 고르바 초프는 공산당을 전격 해산해버렸다.

　이후 급진적인 개혁을 주장한 옐친은 소비에트 연방에 속해 있던 러시아를 비롯한 11개 공화국을 모아 '독립국가 연합(CIS: Commonwealth of Independent States)'을 창설하면서 70년 가까이 지속된 '소비에트 연방 공화국(USSR; Union of soviet socialist republic)'은 완전히 붕괴되고 말았다. 얼마 뒤 고르바초프는 더 이상 존재하지 않는 소비에트 연방의 초대 대통령직을 사임함으로써 20세기를 뒤흔든 공산주의 통치는 역사의 뒤안길로 사라지고 말았다. 그리고 1990년 유럽의 동서 냉전 종식에 기여한 공로로 고르바초프는 '노벨 평화상'을 받았다.

# DAY 172 | 다윈의 불독과 다윈의 로트와일러

READ ☐

　찰스 다윈(Charles Robert Darwin, 1809~1882)은 원래 남 앞에 나서 는 적극적인 성격이 아니었고, 평소 건강도 좋지 않아 나약한 마음을 갖고 있었다. 그래서 자신이 주장한 진화론 때문에 야기될 정치와 종 교 세력과의 충돌을 가급적 피하려고 했다. 이처럼 나약한 다윈의 대 변자로 나선 이가 바로 영국의 생물학자 토머스 헉슬리(Thomas Henry Huxley, 1825~1895)이다. 다윈이 『종의 기원(The Origin of Species by Means of Natural Selection)』을 출간하였을 때 그의 '자연 선택'을 통한 진화의 설명 방법을 놓고, 헉슬리는 "이것을 생각해내지 못하다니 얼마 나 어리석은가!"라고 탄식을 했다는 일화도 있다.

　얼마 후 그가 다윈의 적극적인 옹호자로 각인된 유명한 사건이 바 로 '영국학술협회' 총회에서 벌어졌다. 1860년 찰스 다윈이 『종의 기원』 을 발간한 지 한 달 후인 6월 30일 옥스퍼드 대학에서 열린 이 총회에서 그는 사무엘 윌버 포스 대주교와 진화론과 창조론 논쟁을 벌였 다. 이 논쟁은 대중들에게 진화론에 대한 확 고한 이미지를 심어주는 데 큰 역할을 했다.

　윌버포스 주교는 진화론을 조롱하면서 헉 슬리에게 "원숭이가 조상이라면 당신은 할머 니로부터 물려받은 것인가요, 아니면 할아버 지한테 물려받은 것인가요?"라고 물었다. 그러

토머스 헉슬리

자 헉슬리는 궤변에 지능을 쏟는 사람보다는 원숭이를 조상으로 삼겠다고 답했다.

> I would rather be the offspring of two apes than be a man and afraid to face the truth.
>
> 나는 진실을 대하길 두려워하는 사람이 되느니 차라리 두 원숭이의 자손이 되는 편이 낫습니다.

이 한 마디로 헉슬리는 윌버포스 대주교를 굴복시켰고, 헉슬리에게는 아주 용감무쌍하며 주인에게 맹종하는 불독의 이름을 따서 '다윈의 불독(Darwin's bulldog)'이라는 별명이 붙여졌다. 하지만 역설적이게도 그의 손자 앨더스 헉슬리(Aldous Leonard Huxley, 1894~1963)는 나중에 진화론의 길에 약간 회의를 품고 『멋진 신세계(Brave New World)』(1932)라는 소설을 통해 진화론을 신봉하는 사회는 그 미래가 암울해질 수 있음을 경고하기도 했다.

반면에 동물행동학에 기반을 둔 진화생물학자 리처드 도킨스(Clinton Richard Dawkins, 1941~ )는 다음과 같은 말로써 진화론을 설파했다.

> 진화를 믿지 않기 위한 방법이 하나 있다. 그것은 당신이 무지몽매한 바보 천치가 되거나, 아니면 정신 나간 미친 사람이 되는 것이다.

이로써 도킨스는 '다윈의 로트와일러(Darwin's Rottweiler)'로 불렸다. 독일이 원산지인 로트와일러는 충성스럽고 용맹하며 끈질겨 중세 시대부터 전투견으로 그 진가를 발휘했기 때문에 지금도 경찰견이나 경호

견으로 널리 쓰이고 있다.

리처드 도킨스

도킨스는 연구 활동보다는 강의나 저술을 통해 일반 대중에 생명과학을 쉽게 설명하는 데 더 관심을 가졌다. 그는 진화에 대한 유전자 중심적 관점을 대중화한 책 『이기적 유전자(The Selfish Gene)』(1976)에서 인간이란 유전자 복제의 숙주밖에 안 된다고 말했다. 최초로 생겨난 단 하나의 유전자, 그 유전자로부터 시작된 자기 복제가 오랜 세월을 거치면서 각기 다른 형태의 돌연변이가 생겨나고 서로 경쟁을 거치면서 환경에 적응해나간 결과 현재 존재하는 수많은 식물과 동물이 생겨났다는 것이다.

특히 그는 여기서 '모방'이라는 뜻이 담긴 그리스 어 '미메메(mimeme)'에서 따온 '밈(meme)'이라는 용어를 제시했는데, 이는 유전적 방법이 아닌 모방을 통해 습득되는 문화 요소라는 뜻이다. 광고, 노래, 사상, 종교, 패션, 건축 양식 등 거의 모든 문화 양식들이 여기에 속한다.

무신론자인 도킨스는 학문적인 독설과 저술로 기독교를 비판하기 위해 『만들어진 신(The God Delusion)』(원제는 '신이라는 망상', 2006)이라는 책을 펴냈다. "누군가 망상에 시달리면 정신 이상이라고 한다. 다수가 망상에 시달리면 종교라고 한다"로 시작하는 이 책에서 그는 초자연적 창조자는 거의 확실히 존재하지 않으며, 종교적 신앙은 굳어진 착각에 불과하다고 주장했다. 논리적으로 검증될 수 없는 신의 존재를 믿는 망상이야말로 인간의 이성에 심각한 해악을 끼친다는 것이다. 그리고 사람들이 종교에 집착하는 주된 이유는 "종교가 주는 위안 때문이 아니라 교육에 따른 무의식적인 수용, 그리고 믿지 않을 대안에 대한 인식 부재 때문"이라고 했다.

# DAY 173 │ 하나의 언어, 하나의 유럽

READ ☐

유럽이라는 대륙 이름은 그리스 신화에 나오는 에우로페(Europe)에서 유래되었다. 제우스가 아름다운 에우로페에게 한눈에 반해 흰 황소로 변해 그녀를 태우고 다녔는데, 이때 돌아다닌 지방을 그녀의 이름을 따 유럽(Europe)이라고 부르게 되었다.

프랑크 왕국의 샤를마뉴 대제가 800년 서로마 제국의 황제로 즉위하면서 헬레니즘과 헤브라이즘 그리고 게르만 족의 전통이 서로 융합되어 서유럽 문화가 형성되었다. 유럽의 국가들은 각기 다양한 모습으로 발전했지만 종교와 언어 및 사고방식 등 여러 면에서 비슷한 면이 많았다. 그러나 한때 세계 역사를 좌지우지했던 유럽이 두 차례의 세계대전을 치르면서 미국과 소련의 강대국들에게 점점 밀리게 되자, 유럽 사람들은 '하나의 유럽'을 만들려는 생각을 갖기 시작했다.

유럽 통합 운동은 서로 앙숙이던 프랑스와 독일의 화해에서 시작됐다. 1950년에 석탄이 풍부한 독일과 철광이 풍부한 프랑스가 경제적으로 협력하기로 하고 이듬해에 이탈리아와 벨기에, 룩셈부르크, 네덜란드까지 참여하면서 '유럽 석탄 철강 공동체(ECSC)'가 만들어졌다. 이것이 성공을 거두자 프랑스, 서독, 이탈리아, 네덜란드, 벨기에 등의 나라가 참여해 '유럽경제공동체(EEC)'를 만들고, 이후 1967년에는 유럽의 경제 통합을 목적으로 하는 '유럽공동체(EC)'를 출범시켰다.

경제적 통합으로 출발한 '유럽공동체'는 정치적인 통합까지 이루기 위해 1991년 12월 '유럽연합(EU)'으로 새롭게 탄생했다. 이후 1998년 6월

에는 '유럽중앙은행(ECB)'을 설
립하고, 2002년 1월 1일부터
는 '유로화'라는 하나의 화폐
를 사용하기 시작했다. 이로
써 회원국들 사이에 거래할
때 생기는 온갖 불편한 점들
이 줄어들었고, 회원국 사이
의 거래가 활발해지면서 유로
화는 미국의 달러에 버금가는
역할을 하기 시작했다. 그리고
'유럽의회(EP)'를 만들어 외교
와 방위를 함께 논의하기로
했다.

'하나의 언어'를 지향하는 유럽 의회의 바벨탑 포스터

'유럽연합'의 탄생으로 회원
국 사람들은 '유럽연합 시민'으로서의 권리도 갖게 되었고, 어느 나라에
서든 상품뿐 아니라 원하는 직장을 가질 수 있게 되었다. 하지만 21세
기에 들어 서유럽에 비해 가난한 동유럽 국가들과 그리스 등 남유럽이
가입하면서 국가 간의 경제적 수준 차이가 커져 통합에 어려움을 겪고
있다.

『구약성서』의 '창세기' 제11장 1절을 보면 다음과 같은 말이 나와
있다.

세상이 한 가지 말을 쓰고 있었다. 물론 낱말도 같았다. 사람들은 동쪽에
서 옮아오다가 시날 지방 한 들판에 이르러 거기 자리를 잡고는 의논하였
다. … '어서 도시를 세우고 그 가운데 꼭대기가 하늘에 닿게 탑을 쌓아 우

리 이름을 날려 사방으로 흩어지지 않도록 하자.'

야훼께서는 사람들을 거기에서 온 땅으로 흩으셨다. 그리하여 사람들은 도시를 세우던 일을 그만두었다. 야훼께서 온 세상의 말을 거기에서 뒤섞어놓아 사람들을 온 땅에 흩으셨다고 해서 그 도시의 이름을 바벨이라고 불렀다.


'유럽의회'는 이 『구약성서』의 원래 정신에 따라 '하나의 언어, 하나의 유럽'이라는 구호를 채택했으며, 1999년에 완공된 프랑스 스트라스부르에 있는 '유럽 의회' 건물도 바벨탑을 본떠 지었다.

# DAY 174 | 21세기는 생각의 속도가 결정한다

'마이크로소프트'의 창업자 빌 게이츠(Bill Gates, 1955~ ). 그가 1999년에 펴낸 책 『생각의 속도(Business@The Speed of Thou-ght)』에 등장하는 '생각의 속도'는 '정보의 속도'와 같은 맥락에 있다고 할 수 있다. 이 책에서 그는 인간의 '생각의 속도'는 흔히 일컬어지는 '빛의 속도'보다 빠르다고 말했는데, 책의 제목을 '생각의 속도'로 정한 것은 속도의 혁명을 강조하기 위한 것이었다.

IT시대의 패러다임, 즉 생각의 틀은 정보이다. 정보 시대에는 남보다 먼저 정보를 입수하고, 남보다 빠르게 분석해서, 남보다 빠르게 이용해야 수혜자가 된다. 그래서 빌 게이츠는 여기에 '속도'라는 핵심적인 요소를 접목시킨 것이다.

그가 말하는 '생각의 속도'는 신경망의 구축을 전제로 하고 있다. 신경망의 구축은 정보의 공유 속도를 높이고 기업의 발 빠른 이익 창출을 가능하게 한다. 소비자의 욕구가 다양해지고 시공간의 개념이 거의 무시되는 금세기의 상황에서 이익을 남기지 못하는 기업은 언제나 그랬듯이 무대의 뒤편으로 사라질 뿐이다.

이 책에서 빌 게이츠는 21세기 인터넷이

빌 게이츠의 『생각의 속도』

가져올 변화된 세상에 대해 전망했는데, 앞으로는 인터넷이라는 디지털 신경망(digital nervous system)을 통해 생각하는 비즈니스만이 살아남는다고 주장했다. 빌 게이츠가 최종적으로 제시하는 속도는 의사 결정에 필요한 시간을 '생각의 속도' 수준까지 빠르게 앞당기는 것이다. 최고 경영자의 머리에서 아이디어가 떠오르는 것과 거의 동시에 중간 관리자, 말단 직원까지 바로 알 수 있어야 한다는 것이다.

미래의 비즈니스에서는 다가올 10년 동안에 지난 50년보다 훨씬 더 큰 변화를 겪게 될 것이고, 21세기에는 정보의 전달 속도가 광속보다 빨라지며, 기업체와 학교, 가정에 디지털 신경망이 구축될 것이다. 실제로 지난 10년 사이 인터넷을 기반으로 한 세계 각국은 e-Business와 전자 업무 처리 부분에서 놀랄 만큼 발전했고, 현재 정부 기관이나 관공서, 기업체 등 수많은 기관과 단체들이 웹을 비롯한 자체 네트워크로 서로 촘촘히 묶여 있는 실정이다.

디지털 신경망의 핵심 요소는 지식 관리–사업 운영–상거래라는 각기 다른 시스템을 서로 연결해주는 일이다. 빌 게이츠는 디지털 도구의 발달은 인간의 정신 능력과 삶의 가치를 높여줄 것이라고 예측했다. 그리고 디지털 신경망을 기업 경영에 적용함으로써 사실에 입각하여 객관적으로 접근하는 경영이 가능할 것이며, 이러한 접근은 '동적인 정보'의 상호 피드백을 통해 가능할 것이라고 내다보았다.

# 우리가 자주 쓰는 라틴어 관용구

Absit omen (압시트 오멘).
May this omen be absent (제발 그런 불길한 일이 없기를).

A cappella (아 카펠라)
Music in church style, i.e unaccompanied voices ('성당풍으로'라는 뜻으로.
원래는 중세 유럽에서 반주 없이 부르던 합창곡)

Alea iacta est (알레아 약타 에스트).
The dice has been cast (주사위는 던져졌다).

A priori (아 프리오리)
From what comes before (선험적인)

Ad absurdum (아드 압수르둠)
To the point of absurdity (불합리하게)

Ad hoc (아드 호크)
For this purpose (적격인, 특별한)

Ad infinitum (아드 인피니툼)
Without limit, endlessly (무한정한)
Adios Amigo (아디오스 아미고).
Good-bye, friend (친구여, 안녕).

Ad nauseam (아드 나우세암)
To a sickening extent (지겹도록)

Ad rem mox nox (아드 램 목스 녹스).
Get it done before nightfall (밤이 오기 전에 끝내자).

Agnus Dei (아그누스 데이)
Lamb of God (하느님의 어린 양)

Alis volat propriis (알리스 볼라트 프로프리스).
She flies with her own wings (그녀는 자신의 날개로 난다).

Alma Mater (알마 마테르)
One's old school (모교)

Alter ego (알테르 에고)
Other (alternative) self (또 다른 자아)

Amicus ad adras (아미쿠스 아드 아드라스)
A friend until one's death (죽을 때까지 친구)

Amor vincit omnia (아모르 빈치트 옴니아).
Love conquers all (사랑은 모든 것을 극복한다).
Anima sana In corpore sano (아니마 사나 인 코르포레 사노).
A sound mind in a sound body (건전한 육체에 건전한 정신이 깃든다).

Annus horribilis (아누스 호리빌리스)
A horrible year (끔찍한 해)

Ante victoriam ne canas triumphum (안테 빅토리암 네 카나스 트리움품).
Do not sing your triumph before the victory (승리를 거두기 전에 승전가를 부르지 마라).

Aqua pura (아쿠아 푸라)
Pure water (증류수)

Aqua vitae (아쿠아 비대)
Alcoholic spirit, e.g. brandy/whisky (생명수. 브랜디나 위스키 같은 알코올 증류주를 가리킴)

Ars longa, vita brevis (아르스 롱가 비타 브레비스).

Art is long, life is short (예술은 길고 인생은 짧다).

Au pied de la lettre (아우 피에드 데 라 레트레)
Literally (문자 그대로)

Ave Maria (아베 마리아)
Hail Mary (로마 가톨릭교의 성모송)

Brevissima ad divitias per contemptum divitiarum via est (브레비
시마 아드 디비티아스 페르 콘템프툼 디비티아룸 비아 에스트).
The shortest road to wealth lies through the contempt of wealth
(부자가 되는 지름길은 부를 멀리하는 것이다).

Bellum omnium contra omnes (벨룸 옴니움 콘트라 옴네스)
War of all against all (만인에 대한 만인의 투쟁)

Bono malum superate (보노 말룸 수페라테).
Overcome evil with good (선으로 악을 이겨라).

Carpe diem (카르페 디엠).
Seize the day (현재를 잡아라. 오늘을 즐겨라).

Cave canem (카베 카넴)
Beware of the dog (개조심)

Caveat emptor (카베아트 엠프토르)
Let the buyer beware (살 때 조심하라. 구매 물품의 하자 유무에 대해 구매자가 확인할
책임이 있다는 '구매자 위험 부담 원칙')

Canes timidi vehementius latrant quam mordent (카네스 티미디 베헤멘
티우스 라트란트 쿠암 모르덴트).
Timid dogs bark more fiercely than they bite (겁 많은 개들은 물기보다는
맹렬히 짖는다).

Cogito ergo sum (코기토 에르고 숨).

I think, therefore I am (나는 생각한다. 고로 존재한다).

Corpus Christi (코르푸스 크리스티)
The body of Christ (예수 그리스도의 육신; 삼위일체 대축일 후의 목요일에 성체에 대한 신앙심을 고백하는 성체 축일)

Credo qvia absurdum (크레도 크비아 앱수르둠).
I believe because it is absurd (나는 신이 불합리하기에 믿는다).

De facto (데 팍토)
In fact; In reality (사실상)

Deferto neminem (데페르토 네미넴).
Accuse no man (남을 탓하지 마라).

Dei Gratia (데이 그라티아)
By the grace of God (신의 은총으로, 정식 문서에서 왕호 (王號) 뒤에 붙임)

De nihilo nihilum (데 니힐로 니힐룸).
Nothing can be produced from nothing (무에서는 아무것도 생겨나지 않는다).

Deo volente (데오 볼렌테).
God willing (신의 뜻대로).

Dicta docta pro datis (딕타 독타 프로 다티스).
Smooth words in place of gifts (고운 말은 선물을 대신한다).

Dominus illuminatio mea (도미누스 일루미나티오 메아)
The Lord is my light (주님은 나의 빛)

Dum vita est, spes est (둠 비타 에스트, 스페스 에스트).
While there's life, there's hope (생명이 있는 한 희망이 있다).

E Pluribus Unum (에 플루리부스 우눔)
One from many (여럿이 하나로)

Ego spem pretio non emam (에고 스펨 프레티오 논 에맘).
I do not buy hope with money (나는 희망을 돈으로 사지 않는다).

Errare humanum est (에라레 후마눔 에스트).
To err is human (인간이라면 실수도 할 수 있는 법이다).

Et alii (엣 알리)
And others (et al; 그리고 다른 사람들, 등등)

Et cetera (엣 세테라, etc.)
And the res (기타 등등)

Et tu, Brute(엣 투, 브루테).
And you, Brutus (브루투스, 너 마저도).
Ex libris (엑스 리브리스)
'Out of the books', i.e. from the library ('…의 장서에서', 책의 앞면에 책 주인 이름 앞에 붙이는 글귀)

Experientia docet (엑스페리엔티아 도세트).
Experience is the best teacher (경험이 최고의 선생이다).

Fata regunt orbem! Certa stant omnia lege! (파타 레군트 오르벰! 케르타 스탄트 옴니아 레게!).
The fates rule the world, all things exist by law (운명은 세상을 지배하고, 만물은 법칙에 따라 존재한다).

Fele absente, mures saltant (펠레 압센테, 무레스 살탄트).
While the cat's away, the mice will play (고양이가 없으면 쥐들이 날뛴다).

Festina lente (페스티나 렌테).
Hurry slowly (천천히 서둘러라, 급할수록 돌아가라).

Frustra laborat qui omnibus placere studet (프루스트라 라보라트 퀴 옴니부스 플라세레 스투데트).
He labors in vain who strives to please everyone (모든 사람의 마음에 들게 하려는 것은 헛수고다).

Fuctu non foliis arborem aestima (푹투 논 폴리스 아르보렘 아이스티마).
Judge a tree by its fruit, not by its leaves (나뭇잎이 아니라 열매를 보고 그 나무를 평가하라, 겉모습이 아니라 결과를 보고 판단하라).
Gaudeamus, Igitur uvenes dum sumus (가우데아무스 이기투르 우베네스 둠 수무스).
Let's rejoice, therefore, While we are young (그러므로 우리가 젊을 때 기뻐하자).

Gloria in excelsis deo (글로리아 인 엑스켈시스 데오).
Glory to God in the highest (지극히 높은 곳에서는 하느님께 영광).

Gnothi seauton (그노티 세아우톤).
Know yourself (너 자신을 알라).

Gutta cavat lapidem (구타 카바트 라피뎀).
Constant dripping wears the stone (물방울이 바위를 뚫는다).

Habe ambitionem et ardorem (하베 암비티오넴 에트 아르도렘).
Have ambition and passion (야망과 열정을 가져라).

Habeas corpus (하베아스 코르푸스)
You must have the body (in court) / writ of the protection of personal liberty (인신 보호 영장)

Hic et nunc (히크 엣 눙크)
Here and now (여기 지금, 외교 용어로는 '현 상황 하에서')
Hic et ubique (히크 엣 유비퀘)
Here and everywhere (여기나 어디에나, 도처에)

Hic jacet sepultus (히크 야켓 세풀투스, H.J.S).
Here lies buried (여기에 묻혀 잠들다).

Hic Rhodus, hic salta! (히크 로두스, 히크 살타!)
Here is Rhodes, jump here! (여기가 로두스다, 여기서 뛰어!)

Hodie mihi, cras tibo (호디에 미히, 크라스 티보).
It is my lot today, yours to-morrow (오늘은 나에게, 내일은 당신에게).

Id est (i.e... 이드 에스트)
That is (to say) (즉, 말하자면)

Igitur qui desiderat pacem, praeparet bellum (이기투르 데시데라트 파켐, 프라이파레트 벨룸).
If you want peace, prepare for war (평화를 원하거든 전쟁을 준비하라).

Imperaturus omnibus eligi debet ex omnibus (임페라투루스 옴니부스 데베트 엑스 옴니부스).
He who govern all men shall be chosen from among all men (만인을 통치할 사람은 만인 가운데서 선택되어야 한다).

In absentia (인 압센티아)
In one's absence (부재중에)
In camera (인 카메라)
In private chamber (개인 방 안에서, 즉 비공개로)

In flagrante delicto (인 플라그란테 델릭토)
In the act of committing an offence (현행범으로)

In loco parentis (인 로코 파렌티스)
In the place of a parent (부모 대신에)

In vino veritas (인 비노 베리타스).
In wine [there is the] truth (술 속에 진리가 있다).

In vitro (인 비트로)
In a test tube (체외[시험관]에서 진행되는)

Ipsa scientia potestas est (입사 시엔티아 포테스타스 에스트).
Knowledge itself is power (지식은 그 자체가 힘이다).

Ipso facto (입소 팍토)
By that very fact (앞에서 언급한 그 사실 때문에)

Ira brevis furor est (이라 브레비스 프로르 에스트).
Wrath is but a brief madness (분노는 한낱 미친 짓에 지나지 않는다).

Ira deorum (이라 데오룸)
wrath of the gods (신의 분노)
Iram pui vincit, hostem syperat maximum (이람 퀴 빈키트, 호스템 시페라트 막시 뭄).
He who overcomes the wrath is to defeat the biggest enemy (분노를 이 기는 자는 최대의 적을 극복하는 것이다).

Leges sine moribus vanae (레게스 시네 모리부스 바나이).
Lacking moral sense, laws are in vain (도덕 없는 법은 쓸모가 없다).

Letum non omnia finit (레툼 논 옴니아 피니트).
Death does not end it all (죽음이 모든 것을 끝내는 것은 아니다).

Lucete (루케테).
To shine (밝게 빛나라).

Lumen Gentium (루멘 겐티움)
Light of the Nations (나라의 빛)

Lumen in caelo (루멘 인 카일로)
Light in the Sky (하늘에서의 빛)

Lupus pilum mutat, non mentem (루푸스 필룸 무타트, 논 멘템).
A wolf can change his coat but not his character (늑대는 털은 바꿔도 마음은 못 바꾼다).

Medicus curat, natura sanat (메디쿠스 쿠라트, 나투라 사나트).
The doctor treats, the nature cures (의사는 치료하고, 자연은 치유한다).
Magnum opus (마그눔 오푸스)
A great work (대작)

Manus manum lavat (마누스 마눔 라파트).

One hand washes the other (한 손이 다른 손을 씻는다).

Mea culpa (메아 쿨파).
My fault (내 탓이오).

Memento mori (메멘토 모리).
Remember death (죽는다는 것을 기억하라).

Mens et Manus (멘스 에트 마누스)
Mind and Hand (마음과 손)

Mens sana in corpore sana (멘스 사나 인 코르포레 사나).
A sound mind in asound body (건전한 정신은 건전한 육체에 깃든다).

Modus operandi (모두스 오페란디, M.O.)
Mode of operating (작동 모드)

Mors innotescit repedante latrone per horas (모르스 인노테스시트 레펜단테 라
트로네 페르 호라스).
Death is coming back every hour appear like a flock of bandits (죽음
은 매 시간마다 다시 돌아오는 도적떼처럼 나타난다).

Mors sola (모르스 솔라)
The only death (죽을 때까지 한 몸)

Mortui vivos docent (모르투이 비보스 도켄트).
The dead teach the living (죽음이 삶을 가르친다).

Mortuo leoni et lepores insultant (모르투오 레오니 에트 레포레스 인술탄트).
The lion dies and even the hares insult him (죽은 사자는 토끼마저 깔본다).

Multa fidem promissa levant (물타 피뎀 프로미사 레반트).
Many promises lessen confidence (약속이 많으면 믿음이 떨어진다).

Multum non multa (물툼 논 물타)

Not many things, but much (많게가 아니라 깊게)

Multi multa, nemo omnia novit (물티 물타. 네모 옴니아 노비트).
Many know many things, but No one Knows it All (많은 것을 아는 사람은 많지만. 모든 것을 아는 사람은 없다).

Mundus vult decipi, ergo decipiatur (문두스 불트 데시피. 에르고 데시피아투어).
The world wants to be deceived, so let it be deceived (세상은 속아 넘어가려 한다. 고로 그 세상은 속아 넘어간다).

Ne quid nimis (네 쿠이드 니미스)
All things in moderation (무슨 일이든 지나치지 않게)

Nemo sine vitio est (네모 시네 비티오 에스트).
No one is without fault (결점 없는 사람은 아무도 없다).

Nihil lacrima citius arescit (니힐 라크리마 시티우스 아레시트).
Nothing dries more quickly than a tear (눈물보다 빨리 마르는 것은 없다).

Nunc est bibendum (눙크 에스트 비벤둠).
Now is the time to drink (이제 술을 마실 때가 되었다).

Omne initium difficile est (옴네 이니티움 디피킬레 에스트).
Beginnings are always hard (처음은 항상 어렵다).

Omne trinum perfectum (옴네 트리눔 페르펙툼).
Every combination of three is perfect; All good things go by threes (3으로 이루어진 것은 모두 완벽하다).

Omniae viae quae ad romam duxerunt (옴니애 비애 쾌 아드 로만 둑세룬트).
All roads lead to Rome (모든 길은 로마로 통한다. 같은 목표에 도달하는 데 많은 다른 길이 있다).

Omnibus requiem quaesivi, et nusquam inveni in angulo cum libro (옴니부스 레쿠엠 쿠아이시비 에트 누스쿠암 인베니 인 앙굴로 쿰 리브로).

Everywhere I have searched for peace and nowhere found it, except in a corner with a book (이 세상 도처에서 쉴 곳을 찾아보았으나 책이 있는 구석방보다 더 나은 곳은 없었다).

Opus Dei (오푸스 데이)
The work of God (신의 작품)

Pax Romana (팍스 로마나)
Roman peace (로마의 평화)

Per ardua ad astra (페르 아르두아 아드 아스트라)
Through difficulties to the stars (역경을 헤치고 별을 향하여)

Per fumum (페르 푸뭄)
By means of smoke (연기를 통해서, 향수의 어원)

Plus ratio quam vis (플루스 라티오 쿠암 비스).
Reason means more than power (이성은 힘보다 강하다).

Post partum (포스트 파르툼)
After childbirth (아이를 낳은 뒤의)

Potius sero quam numquam (포티우스 세로 쿠암 눔쿠암).
Better Late Than Never (안 하는 것보다는 늦게라도 하는 것이 낫다).

Praemonitus, praemunitus (프라이모니투스 프라이무니투스).
Forewarned is forearmed (경계가 곧 경비이다[유비무환]).

Prima facie (프리마 파키에)
At first sight; on the face of it (처음 볼 때는; 언뜻 보기에 증거가 확실한)
 Pro bono (프로 보노)
Without charge-for the public good (공익을 위해 무료로. 원래는 미국 변호사들이 사회적 약자에게 무료로 제공하는 법률서비스)

Quam libet (쿠암 리베트)

As much as you wish (필요한 만큼, 마음대로)

Quid pro quo (퀴드 프로 쿠오).
Something for something (보상으로 주는 것, 오는 게 있어야 가는 게 있다).

Quid rides? Motato nomine de te fabla narratur (무타토 노미네 데 테 파불라 나라투르).
Why are you laughing? Change the name and the story is about you (뭘 웃나? 이름만 바꾸면 당신 이야긴데).

Quo vadis? (쿠오 바디스).
Where are you going? (주여, 어디로 가시나이까?).

Ratias tibi agit res publica (라티아스 티비 아기트 푸블리카).
The state should thank you (국가는 그대에게 감사한다).

Requiescat in pace (레퀴에스카트 인 파케).
Rest in peace (편히 잠드시오).

Respice finem (레스피케 피넴).
Look to the end [consider the outcome] (결과를 생각하라).
Res, non verba (레스, 논 베르바)
Facts instead of words (말만이 아닌 사실), Action, not words (말이 아닌 행동)

Rigor mortis (리고르 모르티스)
The rigidity of death (죽음의 엄격함)

Roma non uno die aedificata est (로마 논 우노 디에 아이디피카타 에스트).
Rome was not built in a day (로마는 하루아침에 이루어지지 않았다).

Sanctus, nullus repentini honoris, adeo non principatus appetens (상크투스, 눌루스 레펜티니 호노리스, 아데오 논 프린키파투스 아페텐스).
Wise men do not covet the position of sudden fame and the best (현자는 갑작스러운 명예나 최고의 지위를 탐내지 않는다).

Si vis vitam, para mortem (시 비스 비탐, 파라 모르템).
If you want to endure life, prepare yourself for death (삶을 원하거든 죽음을 준비하라).

Suaviter in modo, fortiter in re (수아비테르 인 모도, 포르티테르 인 레)
Resolute in execution, gentle in manner (행동은 꿋꿋하게, 태도는 부드럽게)

Semper apertus (셈페르 아페르투스)
Always open (언제나 열려 있는)

Scientia est potentia(시엔티아 에스트 포텐티아).
Knowledge is power (아는 것이 힘이다).
Si me amas, serva me (시 메 아마스 세르바 메).
If you love me, save me (나를 사랑한다면, 나를 구원해).

Sine qua non (시네 쿠아 논)
Indispensable (필요불가결한)

Sit vis tecum (시트 비스 테쿰).
May the Force be with you (힘이 너와 함께하길).

Solum omnium lumen (솔롬 옴니움 루멘).
The Sun shines everywhere (태양의 빛은 모든 곳을 비춘다).

Sperandum est infestis (스페란둠 에스트 인페스티스).
Keep hope alive when it is difficult (어려울 때 희망을 가져라).

Spero Spera [Dum spiro spero] (스페로 스페라, 둠 스피로 스페라).
While I breathe, I hope (숨쉬는 한 희망은 있다).

Spes agit mentum (스페스 아지트 멘툼).
Hope will stimulate the mind (희망은 정신을 자극한다).

Status quo (스타투스 쿠오)
The current state of affairs (현재의 상태, 현상 유지)

Sub judice (수브 유디케)
Before a court (미결 상태), (소송 사건의) (심리 중인)
Sustine et abstine (수스티네 에트 압스티네).
Sustain and abstain (참고 절제하라).

Taedium vitae (타에디움 비타에)
Pessimism (삶의 권태. 염세)

Tempus edax rerum (템푸스 에닥스 레룸)
Time, the devourer of all things (모든 것을 잡아먹는 시간)

Tempus fugit (템푸스 푸기트).
Time flees (시간은 흐른다).

Terra firma (테라 피르마)
Solid ground; Solid earth (하늘과 바다와 대비되는 육지. 대지)

Ubiquitous (유비쿼터스).
Existing or being everywhere at the same time (언제 어디서나 동시에 존재한다)

Urbi et orbi (우르비 에트 오르비)
To the city and to the globe [world] ( [로마] 도시와 전 세계에게)

Vade in pace (바데 인 파케).
Go in peace (편히 가시오).

Vade retro Satanas (바데 레트로 사타나스).
Go back, Satan (사탄아, 물러가라).

Veni vidi vici (베니 비디 비키).
I came, I saw, I conquered (왔노라, 보았노라, 이겼노라).

Verba volant, scripta manent (베르바 볼란트, 스크립타 마넨트).
Spoken words fly away, written words remain (말은 날아가지만, 글은 남는다).

Veritatis lumen (베리타티스 루멘)
The Light of Truth (진리의 빛)

Veritas lux mea (베리타스 룩스 메아)
The truth is my light (진리는 나의 빛)

Veritas omnes mortales alligat (베리타스 옴네스 모탈레스 알리가트).
The truth shall be binding upon all people (진리는 모든 사람을 구속한다).

Vice versa (비세 베르사)
The other way around (거꾸로도, 반대로도 마찬가지)

Vivat Regina (비바트 레기나).
Long live the queen. (여왕 폐하 만세).

Vox populi vox dei (폭스 포풀리 폭스 데이)
The voice of the people is the voice of the God (민중의 소리는 신의 소리)

Xitus acta probat regulam (크시투스 악타 프로바트 레굴람).
The result justifies the actions (결과는 행위를 정당화한다).